David Porter

Die Reise nach Wien

David Porter

Die Reise nach Wien

BRUNNEN
VERLAG GIESSEN · BASEL

ABCteam-Bücher erscheinen in folgenden Verlagen:
Aussaat Verlag Neukirchen-Vluyn
R. Brockhaus Verlag Wuppertal und Zürich
Brunnen Verlag Gießen und Basel
Christliches Verlagshaus Stuttgart
Oncken Verlag Wuppertal und Kassel

Titel der englischen Originalausgabe:
The Vienna Passage
verlegt bei Eagle, St. Nicholas House,
14 The Mount, Guildford, England

Aus dem Englischen von Ulrike Zellmer
Lektorat: Eva-Maria Busch

Die Deutsche Bibliothek – CIP-Einheitsaufnahme

Porter, David:
Die Reise nach Wien / David Porter.
[Aus dem Engl. von Ulrike Zellmer]. -
Giessen ; Basel : Brunnen-Verl., 1997
(ABC-Team)
ISBN 3-7655-1116-1

Umschlagmotiv: Martin Figlhuber
Umschlaggestaltung: Ralf Simon
Satz: DTP Brunnen
Herstellung: St.-Johannis-Druckerei, Lahr
ISBN 3-7655-1116-1

Inhalt

Vorspiel: Juli 1912

Salomon Meschrach schlurft, einer zerlumpten Vogelscheuche gleich, im Schatten der Hauswand entlang. Er hat soeben einen langatmigen, aber ergötzlichen theologischen Disput mit dem Rabbi geführt und befindet sich nunmehr auf dem Heimweg. Ein paar verspätete Fußgänger beeilen sich ebenfalls, nach Hause zu kommen. Sie bemerken ihn kaum, Männer wie Salomon gehören zum Straßenbild der Heinestraße in Wien. Er trägt die dunkle Kleidung, die ihn als frommen Juden ausweist, und eine kleine Mappe, in der sein Gebetsschal steckt.

Kirchenglocken schlagen eben die volle Stunde. Ein Vogelschwarm, der vor dem rötlichen Abendhimmel als schwarze Silhouetten erscheint, beschreibt einen weiten Bogen, dreht dann Richtung Stephansdom ab. Die Straßen leeren sich zusehends.

Der alte Mann klemmt seine Mappe fester unter den Arm und läuft schneller; seine Stiefel trommeln rhythmisch auf das Straßenpflaster. Trotz des warmen Abends fröstelt ihn. Er bemüht sich, die Lichtkegel der Straßenlaternen rasch zu durchqueren, wie ein Kind über Steine in einem Bach springt. „Gleich bin ich zu Hause“, denkt er erleichtert. Die vertrauten Straßen des jüdischen Viertels, sie sind nun voll Angst.

Gleich bin ich zu Hause!

Drei Männer kommen aus einer Seitenstraße, verstellen ihm den Weg.

„Dreckiger Jid.“ Der Anführer, ein großer, untersetzter Rohling im schäbigen Mantel, spricht ruhig und überlegt. Sein Gesicht ist nicht zu erkennen.

„Itzig“, fügt sein Gefährte hinzu. Er starrt finster auf den verängstigten alten Mann.

„*Dreckiger* Itzig“, stößt der Dritte hervor.

Salomon kichert aus schierer Panik. Er breitet seine Hände aus. „Ich habe nichts für euch.“ Sehnsüchtig blickt er auf den Lichtkegel der nächsten Straßenlaterne, die nur einen Schritt von seiner Haustür entfernt steht. „Vielleicht einen Segen …“

„Deinen dreckigen, verdammten Segen kannst du für dich behalten“, sagt der Anführer mit harter Stimme. Die beiden anderen nicken heftig. „Du Schwein hast Christus gekreuzigt!“

Der Stoß trifft den alten Mann direkt unterhalb der vierten Rippe, doch nicht so stark, daß sie bricht. Der nächste Schlag wird härter sein, das weiß Salomon inzwischen. Es liegt Methode in diesen Dingen. „Sonntagabendhelden“ nennt der Rabbi sie; Schlägertrupps aus der Stadt, die in das jüdische Viertel eindringen, um dort Unruhe zu stiften. Immer kommen sie zu dritt oder viert; nie sind es so viele, daß man von einem Pogrom oder einer organisierten Säuberungsaktion sprechen könnte. Doch es genügt, um die Straßen gefährlich zu machen.

„Das habe ich mir selbst zuzuschreiben“, denkt Salomon, als die Schläge heftiger auf ihn niederprasseln, „ich hätte das Haus des Rabbi noch bei Tageslicht verlassen sollen. Die Schläger sind nur im Schutz der Dunkelheit unterwegs.“

Ein Schlag in die Magengrube holt ihn aus seinen Gedanken zurück. Er ist so heftig, daß Salomon einen Augenblick lang überhaupt keinen Schmerz mehr empfindet. Dann jedoch macht sich in seinem Magen ein überwältigender, brennender Schmerz bemerkbar, der sich in seinem ganzen Körper ausbreitet. Der alte Mann stöhnt und sackt plötzlich zusammen. In einem dünnen Rinnsal läuft Speichel aus einem Mundwinkel und tropft langsam in seinen grauen Bart.

Die drei Männer sehen auf ihn herunter, wie er gekrümmt auf dem Pflaster liegt. „Erledigt“, sagt der große Mann knapp. „Wir können gehen. Seine Freunde werden sich schon um ihn kümmern.“

Sie flüchten in Richtung Fluß, rufen sich beim Laufen etwas zu und brechen dabei in schallendes Gelächter aus. Dann verhallen ihre Stimmen in der Ferne. Die nächtlichen Geräusche werden wieder hörbar; das Gekreisch der Stare, das Gestammel von Salomon Meschrach.

Abschied: September 1912

Die Planken der Fähre sind dick mit Farbe bestrichen, die im Regen ganz milchig aussieht. Toby ertappt sich dabei, wie er ganz allgemein über Farbe nachdenkt, auch über kirchliche Farben und insbesondere über die neuen Bänke der Versammlungshalle – jene gediegene und schmucklose Halle, in der ihre Gemeinde in Lancaster jeden Sonntagmorgen und -abend Gottesdienst feiert.

Viele Mitglieder halten die Anschaffung der Bänke immer noch für einen schrecklichen Mißgriff. Kirchenbänke sind ganz und gar unangemessen für eine Versammlungshalle. Der ganze *Sinn* einer Versammlungshalle liegt doch eben darin, daß sie keine Kirche ist. Hier gibt es weder einen Altar noch Kirchtürme, weder Buntglasfenster noch Geistliche im Talar. Und vor allem gibt es dort keine Bänke. Kirchenbänke bedeuten Ritual. Zeremonie.

David Wilkins, der Vorsteher der Sonntagsschule und Schreiner von Beruf, hat daraufhin, in einer wohlmeinenden Geste, das klerikale Mahagoni mit einem unzeremoniellen, blassen Kirschrot überstrichen. Dann, um ihnen den letzten Schliff zu geben (so erklärte er später), überpinselte er die Bänke noch einmal mit Lack. Natürlich auf eigene Kosten, wie die meisten, die für die Versammlung arbeiten. Er hätte nicht im Traum daran gedacht, eine Bezahlung für seine Arbeit zu verlangen.

Ob der Fehler nun im Material oder in Meister Wilkins' Handwerkskunst lag, hat man nie herausgefunden; doch der Lack wurde nie richtig trocken. Nach außen hin hart und glatt, verbindet er sich allmählich mit den Kleidungsstücken derjenigen, die auf den Bänken Platz genommen haben, so daß jedesmal ein leichtes Geräusch von reißendem Stoff zu hören ist, wenn der Gläubige und die Bank sich voneinander trennen wollen. Natürlich möchte jeder gern wissen, ob der Stoff *wirklich* gerissen ist. Und so kann man nach dem Sonntagsgottesdienst viele Leute vor der Halle in Grüppchen beieinanderstehen sehen, die sich mit der rechten Hand begrüßen, während sie mit der linken prüfend ihre Rückseite abtasten.

Toby schmunzelt und seufzt. Wie lange scheint es her, daß er von ihnen Abschied genommen hat! Und von seinem Vater, der ihm die Koffer geliehen hat, die nun auf dem Deck stehen. Ihr letzter gemeinsamer Abend kommt ihm in den Sinn, das Kofferpacken …

„Das hätte sonst deine Mutter getan", hatte Vater bemerkt, „wenn sie nicht schon in der Herrlichkeit wäre." Seine Augen wurden feucht. Toby empfand eine leichte Verlegenheit, wie immer, wenn seine Mutter erwähnt wurde. Sie starb, als er erst fünf Jahre alt war, und seine wenigen Erinnerungen an sie beschränkten sich auf ihren ausladenden Busen, ihre dicken Arme und einige sehr große Hüte, die nur an Sonntagen getragen wurden. Jetzt, im Alter von siebzehn, konnte er sich kaum noch an sie erinnern, aber das erwähnte er seinem Vater gegenüber nie.

Er sah zu, wie sein Vater die Kleidungsstücke ordentlich zusammenfaltete und sie mit Bedacht in die beiden Koffer und die Reisetasche packte. „Diese Sachen wirst du auf der Überfahrt benötigen", erklärte er. „Deshalb lege ich sie in die Tasche. Dann brauchst du nicht die Koffer zu öffnen." Es hatte keinen Sinn, Vater daran zu erinnern, daß die Überfahrt nach Belgien nur fünf Stunden dauerte und daß der Zug nach Wien lediglich weitere achtzehn Stunden benötigte. Vater nahm in seiner umständlichen Art ein Hemd aus dem Koffer und faltete es noch einmal ordentlich zusammen. „Hast du deine Kragen- und Manschettenknöpfe eingepackt?"

Toby hielt das Lederkästchen mit dem vergoldeten „T" hoch, das Vater ihm am Vortag als Abschiedsgeschenk überreicht hatte. Vater nickte und steckte es in eine Ecke des Koffers. Toby beugte sich herunter und rückte es zurecht. „Laß das!" sagte Vater scharf und bedeckte das Kästchen wieder mit einem Kleidungsstück. „Es kommt hierhin. Fingere du nicht daran herum." Sein Gesicht war vor Aufregung gerötet.

„In Wien", sagte Toby, um das Thema zu wechseln, „werden sie mich am Bahnhof abholen. In einem Wagen."

„Das hast du mir bereits gesagt. Und zwar *mehrmals* …" Vater faltete drei Paar Hosen erneut zusammen. „Du hast sie umgepackt. Sie lagen bei den Hemden. Warum hast du sie umgepackt?"

„Hab' ich gar nicht", sagte Toby ruhig.

„Doch, hast du", entgegnete Vater. Seine Stimme zitterte. Toby sah ihn hilflos an.

„Ich weiß nicht, warum du dich einmischen mußt", sagte Vater verstimmt. „Es ist auch so schon schwierig genug, das Packen deiner Koffer zu organisieren."

Toby fühlte sich überflüssig. Aber er wollte doch nicht aus dem Zimmer gehen, und so setzte er sich auf das Bett und sah seinem Vater bei der Arbeit zu. Seine Gegenwart schien den Vater zu verärgern, und er wurde noch aufgeregter. „Du brauchst doch nicht …", wagte Toby zu bemerken.

„Du warst noch nie von zu Hause fort", entgegnete Vater scharf. „Wenn du in Wien ankommst, erwarte ich zumindest, daß du Kleider trägst, die *nicht* deshalb zerknittert sind, weil du nicht sorgfältig genug den Koffer gepackt hast."

Toby seufzte. „Tut mir leid", flüsterte er. Wie deprimierend dies alles war! Dieser letzte Abend hätte sie einander näherbringen sollen, sie hätten miteinander reden und Erinnerungen austauschen können, mit dem Versprechen, sich gegenseitig zu schreiben, und der Vorfreude auf eine große Wiedersehensfeier bei seiner Rückkehr in zwölf Monaten. Aber es lief alles falsch.

Der letzte Koffer wurde geschlossen. Vater ließ die Schlösser einschnappen und zog die Riemen stramm. Er steckte die losen Enden sorgfältig unter das Gewebe und stand einen Augenblick da, mit zusammengepreßten Lippen, als würde er die Tränen zurückhalten.

Toby sah ihn an und liebte ihn.

Ein dröhnender hohlklingender Ton bringt Toby wieder in die Gegenwart zurück. Ein Möwenschwarm steigt kreischend aus dem Kielwasser auf, bevor er wieder in das wirbelnde Wasser eintaucht. Der Himmel ist voller Geräusche. Am Horizont erscheint eine graue Linie, mit flackernden Punkten bestückt. Das muß Ostende sein, entscheidet Toby und strengt seine Augen an, um mehr zu erkennen.

Aber die Sicht ist vom Regen getrübt. Der englische Sommer stirbt früh, und hier im Kanal ist sowieso alles grau in grau. Das Meer ist eine riesige gekräuselte Fläche. Toby sieht auf sein Gepäck und fragt sich, wie lange es wohl dauern würde, bis man die Koffer nicht mehr sehen könnte, würde man sie über Bord werfen. Er bemerkt, daß die dünne Leinenbespannung des einen Koffers nicht mehr festsitzt; offenbar löst sich der Kleber im Wasser auf, das an Deck gespült wurde.

Das Schiff nimmt langsam Kurs auf den entfernten Hafen. Toby hebt seine feuchten Koffer auf und müht sich mit ihnen die Treppe hinunter. Dann setzt er sich auf die unterste Stufe und versucht vergeblich, den sich wölbenden Deckel glatt zu streichen. Anscheinend beginnt die darunterliegende Pappschicht ebenfalls sich aufzulösen.

Als das Schiff sich dem Hafen nähert, streben die Passagiere dem Landungsdeck zu. Die meisten gehen, ohne sich zu beschweren, an Toby vorbei, der noch immer auf der Treppe sitzt, seine Koffer neben sich.

„Entschuldigen Sie." Die Stimme klingt ruhig, aber gebieterisch.

Tobys Augen schweifen von den polierten Stiefeln mit ihren cremefarbigen Gamaschen aufwärts zu den eleganten Flanellhosen, der hellgelben Weste über einem stattlichen Bauch, dem hohen Kragen, der Seidenkrawatte, die fest um einen massigen Hals gebunden ist.

Das Gesicht darüber paßt überhaupt nicht zu der restlichen Erscheinung.

Stechende, blaue Augen blicken auf Toby herab. Der Rest des rosigen Gesichtes ist nur undeutlich hinter einer Fülle von Haar zu erkennen; ein herrlicher Schnurrbart, der in einen Bart einmündet, welcher – ordentlich gestutzt – bei den Koteletten beginnt, sich jedoch dann zu einem üppig-wirren Spitzbart auswächst, der bis an den Adamsapfel reicht, aber hoffnungslos zerzaust aussieht. Genauso wie die dicke Mähne, die von der Stirn in regennassen Locken herabfällt. Über einer Stupsnase sitzt eine goldfarbene Brille, über deren Rand hinweg ihr Besitzer Toby mißbilligend mustert.

„Sie sind mir im Weg!"

Toby steht auf. Hilflos deutet er auf seine Koffer. Der andere zuckt die Achseln. „Nehmen Sie die bitte weg. Ich möchte vorbeigehen."

Andere Passagiere eilen an ihnen vorüber. Das Schiff strebt jetzt rasch dem Hafen zu. Dockarbeiter bereiten die Taue und Laufstege vor. Toby greift nach seinem Gepäck und geht zur Seite. Einer der Koffer gleitet ihm aus der Hand.

Der große Mann bückt sich schwerfällig. „Bitte", sagt er zynisch und wirft dabei einen Blick auf den Adreßzettel in Vaters spinnwebartiger Handschrift, die der Regen bereits stark verwischt hat. „Bitte, Tobias J. Burgate. Da haben Sie Ihr Eigentum." Einen Augenblick später ist er in der Menschenmenge verschwunden.

Die Burgates stammten aus dem Norden, von den flachen Feldern und rauhen Küsten Nordlancashires. Sie lebten in den Dörfern und Weilern an der großen Straße, die Lancashire auf dem Weg nach Schottland in zwei Teile teilte. Im Süden war es nicht weit zu den Industriestädten Preston und Liverpool, aber die Burgates waren keine Stadtmenschen. Die meisten hatten ihr ganzes Leben auf dem flachen Lande verbracht, nahe der Küste, und Arbeiten verrichtet, die sie zwar nicht liebten, aber geduldig ertrugen. Schon seit fast fünfhundert Jahren gab es Burgates in Lancashire, und keiner von ihnen hatte es jemals zu irgend etwas gebracht.

Toby hatte sich nie sonderlich für seine Vorfahren interessiert, aber die Familienbibel mit ihrem reliefartigen schwarzen Einband und glänzenden Messingschließen hatte ihn immer angezogen. Er liebte es, den Stammbaum der Familie durch die Eheschließungen, Geburten und Todesfälle zurückzuverfolgen, die Generationen von Burgates in die Bibel eingetragen hatten. An Sonntagen waren die Bibel und eine Handvoll Lebensbilder von Missionaren der einzige Lesestoff, der im Haus der Burgates gestattet war. Und so hatte der Stammbaum eine angenehme Abwechslung geboten.

Aus den ordentlich eingetragenen Reihen von Namen und Daten konnte Toby ersehen, wann – um die Mitte des neunzehnten Jahrhunderts – Mitglieder der Familie begonnen hatten, die örtlichen Kirchengemeinden zu verlassen, um die Versammlungshallen dieser neuen Glaubensbewegung zu besuchen. Sie nannten sich „Brüder" oder „die Heiligen", und ihr Glaube beschränkte sich auf wenige und einfache Grundsätze. Sie wandten sich gegen alles formelle Ritual, gegen feste Gottesdienstformen und die Liturgie. Sie feierten ihre Gottesdienste in bescheidenen und spärlich eingerichteten Räumen, sie verabscheuten alles, was irgendwie an die etablierte Kirche erinnerte. Und sie hegten ein tiefsitzendes Mißtrauen gegen die Welt um sie herum, die sie voll von Fallstricken und Täuschungen wähnten.

Sie hatten keinesfalls die Absicht, der Staatskirche ihre Vorrangstellung streitig zu machen. Mitgliederzahlen waren ihnen unwichtig, die öffentliche Anerkennung ebenfalls. Sie fühlten sich ganz einfach unwohl in der Zeit, in der sie lebten, und mißtrauten ihr in jeder Hinsicht.

Im Laufe der Jahrzehnte verhärtete sich dieses Mißtrauen. Alles, was die Fantasie anregte oder nur der Belustigung diente, wurde als weltlich – und somit gefährlich – abgestempelt, wie etwa Konzerte, Oper, Theater, Kartenspiel, Alkohol ... Eigentlich gab es kaum etwas, das nicht unter irgendeine Art von Zensur fiel. Außer Büchern, natürlich nur mit erbaulichem Inhalt, war alles verboten.

Mit diesem Vermächtnis war Toby aufgewachsen. Aus religiösen Gründen wurde er sogar vom Musikunterricht der Schule befreit. Im Alter von siebzehn Jahren, in den letzten Augusttagen des Jahres 1912, hatte Toby noch niemals eine Sinfonie gehört.

Die Gangway wird ausgefahren, ihre kleinen metallenen Räder schlagen Funken auf dem Kopfsteinpflaster des Kais. Die Passagiere gehen an Land.

„Das ist meine erste Reise ins Ausland“, sagt Toby zu sich selbst. „Fremder Boden.“

Er wird von der Menge mitgerissen, über den Kai mit seinem Geruch von Öl und Rauch und Salz, durch die riesige Zollabfertigungshalle. Sein spärliches Gepäck wird mit einem Wink abgefertigt, und er folgt den anderen Passagieren zu einem Bahnsteig, wo bereits ein Zug wartet. Ein Träger mit einem Karren hebt seine Hand an die Schirmmütze, als er an Toby vorübergeht, aber der schüttelt den Kopf und hievt sein Gepäck selbst in den Zug. Toby findet einen leeren Sitzplatz, aber der Geruch von Pfeifentabak ist ihm unerträglich. Ein paar Waggons weiter vorn entdeckt er einen Platz am offenen Fenster, und dankbar läßt er sich in den Sitz fallen.

Zwei Frauen befinden sich noch in dem Abteil, beide in eine Zeitschrift vertieft. Toby lächelt scheu. „*Bonjour!*" Er bemüht sich um eine gute Aussprache. Sein Französischlehrer könnte stolz auf ihn sein.

„Good morning!" Ihr Englisch ist tadellos. Toby sieht, wie sie über seine auf dem Boden stehenden Koffer die Nase rümpfen. Er springt auf, ergreift die Koffer und hievt sie auf das Gepäcknetz über seinem Kopf. Es wackelt bedenklich, aber er kann die Koffer nicht mehr anders zurechtrücken und verbringt deshalb die folgenden Stunden in ständiger Sorge, sie könnten herunterfallen und irgend jemanden verletzen.

Die letzten Passagiere besteigen den Zug. Türen werden zugeschlagen, ein Pfiff – dann setzt sich die Lokomotive zischend und kreischend in Bewegung. Eine Wolke von schwarzem Rauch zieht am Fenster vorbei. Eine der Frauen weist mit dem Finger darauf. Schließen Sie es bitte, soll das wohl heißen. Toby gehorcht. Als er sich hinsetzt, bemerkt er einen Rußstreifen an seiner Hand. Verstohlen leckt er ihn ab und greift nach seinem Taschentuch. Die Frau widmet sich wieder ihrer Zeitschrift.

Er zieht ein Buch aus der Tasche: eine Sammlung französischer Lyrik. Vater hielt diese Lektüre wohl für angemessen, da Toby das Fach Französisch für seine Zulassungsprüfung zur Universität gewählt hat. Er starrt auf die schmalen Seiten und begann zu lesen, mit seinen Lippen formt er die fremden Worte. Vor dem Fenster zieht die belgische Landschaft vorüber, aber sie ähnelt dem trostlosen Flachland seiner nordenglischen Heimat. Der Zug fährt in einem trommelnden, eintönigen Rhythmus, gelegentlich von dem langgezogenen Geheul der Lokomotive unterbrochen.

Unmöglich, er kann sich nicht auf das Buch konzentrieren. Toby beschließt, noch einmal nach seiner Fahrkarte zu schauen, die in seiner Innentasche steckt, zusammen mit einem Bündel anderer Papiere, die er dort sicher aufbewahrt: seine Fahrkarten, seinen Paß, seine Heimatadresse, eine Liste nützlicher Anschriften in Wien und einige andere Dokumente.

Mitten in dem Stapel befindet sich auch der Brief, jener denkwürdige Brief, mit dem dieses ganze Abenteuer überhaupt begonnen hat. Er ist durch das viele Ent- und Zusammenfalten schon ganz zerknittert. Ehrfurchtsvoll faltet Toby ihn wieder auseinander und streicht ihn auf seinem Knie glatt. „Lieber Bruder Burgate", beginnt der Brief. Er ist an Tobys Vater gerichtet und in jener altertümlichen Sprache geschrieben, derer sich die Frommen bedienen, wenn sie unter ihresgleichen sind.

„Der Herr hat uns durch einen Bruder wissen lassen, daß Ihr Sohn vor kurzem das Studium unserer deutschen Sprache beendet hat. Wir von der Gemeinschaft in Wien trachten danach, Gott so zu dienen, wie es Ihm wohlgefällt, und in Seiner Gnade ..."

Die großartigen Sätze fließen dahin und erinnern Toby an die sonntäglichen Versammlungen und so manche endlosen Gebete der älteren Brüder. Rasch liest er weiter, wobei er mit geübtem Blick die bedeutsamen Sätze herausfiltert:

„Unter denen, die wir zu unserer Gemeinschaft zählen, befindet sich ein gewisser Gerhard Onkel, Inhaber einer kleinen Sprachschule in der Stadt. Er sucht einen der deutschen Sprache mächtigen Engländer, der bereit ist, ein Jahr lang an dieser Schule die englische Sprache zu unterrichten. Die Stelle ist mit einer kleinen Vergütung verbunden ..."

Dieses schier atemberaubende Angebot hat offenbar eine derartige Anziehungskraft auf Vater ausgeübt, daß sie die Sache ernsthaft miteinander besprachen – mit dem für sie beide überraschenden Ergebnis, daß alles Notwendige in die Wege geleitet wurde.

Und so befindet sich Toby jetzt auf der Reise nach Wien. Er faltet den Brief wieder zusammen und steckt ihn in den Umschlag zurück. Noch lange, nachdem er ihn in seine Tasche hat gleiten lassen, liebkost er ihn dort mit seiner Hand.

Die Frauen lesen immer noch Zeitschriften. Im Abteil ist es warm, verglichen mit dem zugigen Deck des Fährschiffes. Draußen steht der Mond am Himmel; eine Landschaft mit ebenen Feldern und gepflegten Dörfern und Städten gleitet in der silbrigen Abenddämmerung vorüber. Toby döst langsam ein.

Gerhard Onkel knallt die Tür hinter sich zu. Finsteren Blickes verläßt er sein Haus, das im Wiener Stadtteil Kaisermühlen liegt, und stapft die matschigen Straßen entlang Richtung Stadtzentrum. Weder das heftige Zuschlagen der Tür noch der finstere Blick bedeuten, daß er in einer schlechteren Stimmung ist als gewöhnlich. Doch ein paar aufgeschreckte Passanten, die ihn nicht kennen, begeben sich vorsichtshalber auf die gegenüberliegende Straßenseite.

Bevor er ging, hat es einen Wortwechsel mit seiner Frau gegeben, ärgerliche Worte sind gefallen. Die Einladung des Jungen aus England ist seine Idee gewesen, das will er ja gar nicht leugnen. Aber seine Frau ist unvernünftig gewesen.

Zunächst einmal braucht die Schule einen Lehrer, das ist unabdingbar. Ohne einen neuen Lehrer wird die Schule eingehen. Der andere Engländer, Smith, hat bereits drei Monate dort gearbeitet. Obwohl er nur Wirtschaftsenglisch unterrichtet, beklagt er sich bereits über ein zu großes Arbeitspensum. Das nimmt er ihm allerdings nicht so ganz ab. Smith benimmt sich ein wenig zu lässig. Ihm fehlt der Eifer, die Ernsthaftigkeit für einen solchen Posten. Und zweifellos hat er zu viel Geld in der Tasche. Onkel sieht es lieber, wenn seine Angestellten in ihrem Lebensunterhalt von ihm abhängig sind. Dann vergessen sie wenigstens nicht, wem sie zu Dank verpflichtet sind.

Ein Mann und eine Frau mit zwei Jungen, offensichtlich ihre Söhne, schlendern vor ihm her. Vater und Söhne tragen jüdische *Yarmulka*-Käppis. Die Jungen sind in ein Gespräch mit dem Vater vertieft. Wahrscheinlich eine theologische Erörterung, vermutet Onkel. Diese Juden diskutieren anscheinend ständig über Gott.

Onkel, der ein Faible für Theologie hat, hätte höchstwahrscheinlich Geschmack an der Debatte gefunden, denn auch er liebt Wortgefechte. Aber er hätte es für unter seiner Würde gehalten, sich an dem Gespräch zu beteiligen, selbst wenn die Familie vor ihm nicht so offensichtlich mit sich selbst beschäftigt gewesen wäre. Wie die meisten gebildeten Wiener kennt Onkel die Geschichte des Wiener Judentums – die Geistesströmungen des vergangenen Jahrhunderts, wodurch die Juden in entscheidende Positionen in Politik, Wirtschaft und Kunst gelangt sind, und das hohe Ansehen, das die Juden erst unlängst unter Europas intellektueller Elite erlangt haben.

Onkel hat seine eigenen Ansichten über Juden.

Er erinnert sich an die Aufregung, als er noch ein Schuljunge war. Damals hatte der berühmte Spionagefall, der als die „Dreyfus-Affäre" bekannt wurde, Frankreich mit der Furcht erfüllt, daß die Juden an die Macht gelangen würden. Dreyfus war dann zwar rehabilitiert worden, aber Onkel – wie viele seiner Wiener Freunde – ist stets geneigt zu glauben, daß da, wo es Rauch gibt, vermutlich auch ein Feuer ist. Verstandesmäßig bedauert er, daß die Stimmung nach der Emanzipationsbewegung des neunzehnten Jahrhunderts sich nun gegen die Juden gekehrt hat. Doch wenn er von den Pogromen in Rußland und Säuberungsaktionen in Polen hört, empfindet er eine gewisse Genugtuung, daß die Geschichte sich doch gegen unliebsame Überraschungen zu schützen versteht.

Die Familie ist nun ein Stück entfernt. Onkel sieht, wie sie versuchen, ohne ihre Kleidung zu beschmutzen, an einer schlammigen Wasserlache vorbeizukommen, die sich aus einer Abflußrinne auf das Pflaster ergießt.

Hinter Onkel nähert sich ein Wagen mit lautem Motorgedröhn, eingehüllt in eine Wolke von Benzingestank. Der Fahrer blinzelte Onkel zu, knattert an ihm vorbei und fährt mitten durch die Wasserlache. Alle vier Passanten werden von oben bis unten mit schmutzigem Wasser bespritzt.

„Idiot!" ruft einer der Knaben und ballt die Faust.

Sein Vater legt einen Arm um ihn. „Es war ein Versehen. Er hat uns nicht gesehen."

„Er *muß* uns bemerkt haben. Wir sind zu viert. Das war kein Versehen." Die Mutter klingt resigniert, sie scheint an solche Vorfälle gewöhnt.

„Aber diese Motorfahrzeuge sind schwer zu kontrollieren", sagt ihr Mann einlenkend.

„Meine Hose ist ganz naß", jammert der ältere Junge, und der jüngere bricht aus Solidarität in Tränen aus.

Onkel hört ihr Gespräch, als er näherkommt. Er beschleunigt seine Schritte und wirft der Frau im Vorübergehen einen höhnischen Blick zu. Die vier sehen ihm nach.

„Man könnte doch erwarten, daß er stehenbleibt, um uns zu helfen", sagt die Frau.

„Was hätte er denn tun sollen?"

Die Frau tupft verärgert an dem schmutzigen Saum ihres Mantels herum. „Wer immer er war, er hatte sicher ein sauberes Taschentuch, das er uns hätte geben können", murrt sie. „Dies hier ist schon durchgeweicht."

Aber Onkel ist schon um die Ecke gebogen. Die Leute, die ihm auf der Straße Platz machen, bemerken ein zufriedenes, breites Lächeln auf seinem Gesicht.

Er lächelt eine ganze Weile vor sich hin, bis seine Gedanken wieder zu dem Jungen zurückkehren. Tobias Burgate würde ohne Zweifel gewisse Unannehmlichkeiten mit sich bringen. Onkel ist fünfzig, seine Frau dreiundvierzig, sie haben keine eigenen Kinder. Seit zehn Jahren wohnen sie nun schon in dem Haus im Stadtteil Kaisermühlen, und alles ist so organisiert, wie es ihm gefällt. Aber der Junge *muß* kommen, er ist dringend auf ihn angewiesen – und überhaupt: Er hat ja eine Vereinbarung mit dem Vater des Jungen getroffen.

Onkel zieht verächtlich die Brauen hoch. Tobys Vater hat das angebotene Gehalt auf Anhieb akzeptiert. Dabei wäre Onkel bereit gewesen, noch einmal halb soviel draufzulegen, wenn er mehr gefordert hätte. Aber der Junge würde nicht vermissen, was er nie gehabt hat. Und ... falls er doch ein höheres Gehalt fordern würde – sind nicht Kost und Logis teuer in Wien? Aber so teuer auch wieder nicht, sagt er zu sich selbst, und das Lächeln kehrt auf sein Gesicht zurück.

Er biegt um die Ecke in die Hauptstraße ein, blinzelt gegen die helle Herbstsonne, deren Licht zwischen die hohen, erhabenen Gebäude fällt. Onkel verspürt eine prickelnde Erregung, wie stets, wenn er bei so herrlichem Wetter ausgeht.

Diese prächtigen Gebäude und Straßen – sind sie nicht ein Zeichen für die Blüte des Reiches? Die Habsburger Herrscher haben Europa erfolgreich gegen die Türken verteidigt und seither eine

Vormachtstellung auf dem europäischen Kontinent eingenommen. Selbst jetzt – alt und kränklich nach sechzig Regierungsjahren und mit den wilden Serben in Bosnien an einem toten Punkt angelangt – bleibt Kaiser Franz Joseph gerissen bis zum letzten. Er spielt Machtspiele mit Deutschland und vertraut auf den alten Habsburger Geist. Irgendwie würde man das Chaos auf dem Balkan schon in den Griff bekommen!

Wie vieles davon würde der junge Engländer zu schätzen wissen, geschweige denn verstehen können?

Onkel durchquert das Gewirr von Straßen, die von der Donau zum Stadtzentrum führen, wo der Stephansdom und andere Wahrzeichen sich über niedrigere Gebäude erheben. Die Straßen werden belebter, und wieder einmal fällt ihm auf, wie rasch die alten Pferdewagen durch Motorfahrzeuge ersetzt werden. Er hätte mit der Straßenbahn fahren können, aber an diesem sonnigen, kalten Tag wollte er gern zu Fuß gehen. So braucht er fast eine halbe Stunde, bis er sein Ziel erreicht, die schmucklose Versammlungshalle ihrer Gemeinde.

Er begibt sich in den Hauptsaal, wo einige Männer auf kreisförmig angeordneten Stühlen kauern, mit Schals und Mänteln bekleidet, die Köpfe gesenkt. Keiner blickt auf, als er den Raum betritt. Während sie still beten, entweicht ihr Atem in kleinen Dampfwolken in den eiskalten Raum.

Onkel sitzt eine Stunde lang bei ihnen. Gelegentlich beten ein paar Männer laut. Einer betet für Tobias, der an diesem Abend von England ankommen soll, andere für den Krisenherd auf dem Balkan. Onkel denkt mit geschlossenen Augen über viele Dinge nach und formuliert manch stilles Gebet. Schließlich wirft er einen Blick auf seine Uhr, erhebt sich und verläßt den Kreis. Die nächste halbe Stunde verbringt er in dem kleinen Büro und sieht die Geschäftsbücher der Versammlung gemeinsam mit dem Schatzmeister durch, der ihn mit ernster Höflichkeit behandelt und seine zahlreichen Fragen beantwortet. Schließlich ist alles zu seiner Zufriedenheit geregelt; Onkel verläßt das Gebäude.

Anschließend begibt er sich in ein Kaffeehaus, wo bereits ein Mann auf ihn wartet. Als Onkel eintritt, sieht er auf, legt seine Zeitung beiseite, erhebt sich und reicht Onkel die Hand. Ruhig und ausführlich reden die beiden miteinander. Onkel zieht einen Stadtplan hervor, die beiden Männer zeichnen Linien mit Bleistift darauf und kritzeln Notizen auf kleine Zettel, die sie dann sorgfältig in ihrer Brieftasche verstauen.

„Also", sagt Onkels Bekannter schließlich und faltet den Stadtplan zusammen. „Es gibt viel zu tun. Und heute abend kommt dieser junge Mann. Tobias aus England! Eine Abwechslung für Sie, denke ich."

„Zuviel Abwechslung!" knurrt Onkel.

„Warum haben Sie ihn dann kommen lassen?"

„Es melden sich immer mehr Schüler an. Alle wollen Englisch lernen. Ich brauche mehr Lehrer."

„Ist doch ein Glück für Sie!" lacht der andere. „Mehr Geld in Ihrer Tasche. Und ich wette, Sie zahlen nicht gerade die höchsten Gehälter!"

„Das ist meine Sache", entgegnet Onkel scharf. „Wir werden uns um den Jungen kümmern. Er wird alles haben, was er benötigt. Es wird eine lehrreiche Zeit für ihn sein."

„Und obendrein wird er auch geistliche Betreuung haben ... Nun, es scheint für alle Beteiligten eine gute Sache zu sein", bemerkt Onkels Bekannter mit einem Anflug von Bosheit in der Stimme. „Vielleicht wird er Sie in der Arbeit unterstützen wollen. Sie könnten ihn dazu heranziehen."

„Der Herr wird selbst seine Diener berufen", erklärt Onkel entschieden. „Wer kann das wissen."

„Ja, wer kann das wissen?" Der andere lacht.

Müde schließt Onkel die Haustür auf. Heute ist er eine gute Strecke gelaufen, und die Heimfahrt mit der Straßenbahn – nachdem alles erledigt war, was er sich vorgenommen hatte – ist eher eine Notwendigkeit als ein Luxus gewesen.

In der Küche steht ein Tablett mit Speisen, das für Tobys spätere Ankunft bereitsteht und mit einem perlenverzierten Musselinstoff bedeckt ist. Der Raum ist makellos, alles befindet sich an seinem Platz, so wie er es liebt. Die Morgenzeitung liegt immer noch auf dem Tisch im Salon. Ein paar kleinere Scheite knistern im Kamin, in der Ecke des Zimmers, aber sie nehmen dem Raum kaum etwas von seiner Kälte. Onkel brummt ärgerlich und legt noch etwas Holz nach, dann setzt er sich hin, nimmt die Zeitung zur Hand.

Seine Frau kommt herein. Er nickt ihr zur Begrüßung zu, hält es aber nicht für nötig, ihr zu erzählen, was er an diesem Tag gemacht hat. Sie fragt auch nicht danach, die geschäftlichen Angelegenheiten ihres Mannes interessieren sie nicht – oder höchstens, wenn ein vielversprechender oder einflußreicher Schüler der Schule eingeladen wird, den sie pflichtbewußt bewirtet. Frau Onkels Welt beschränkt sich auf ein paar Freundinnen und den Frauenkreis der Gemeinde.

Keiner von ihnen kann sich später daran erinnern, wie ihr Streit eigentlich begonnen hat – aber derartige Auseinandersetzungen sind so sehr an der Tagesordnung, daß beide ihnen keine große Bedeutung mehr beimessen. Diesmal ist es Frau Onkel, die um mehr Geld gebeten hat, um Lebensmittel zu kaufen, woraufhin Herr Onkel sehr gereizt reagiert. Er habe nicht die Absicht, dem englischen Jungen teure Delikatessen vorzusetzen, und sei sicher nicht gewillt, ihn zu verhätscheln. „Er wird dasselbe essen wie wir", sagt er entschieden.

„Aber du hast keine Ahnung, wie teuer Lebensmittel sind", gibt Frau Onkel ärgerlich zurück.

„Ich kenne die Lebensmittelpreise *sehr wohl*", sagt Onkel, der zum Mittagessen eine Nudelsuppe, ein Schweinekotelett und eine riesige Portion Apfelstrudel verzehrt hat. „Dein Haushaltsgeld ist durchaus angemessen ..."

„Und die Arbeit im Haushalt – *die* wird sicher zunehmen, wenn der Junge da ist. Wir sollten eine Frau anstellen. Viele unserer Bekannten haben eine Haushaltshilfe. Es wird mir sonst zuviel ..."

Onkel blickt seine Frau entgeistert an. „Willst du etwa sagen, wir sollten das Geld des Herrn dazu benutzen, um uns selbst zu verwöhnen, während andere Hunger leiden?" Er schlägt mit der Faust auf die Zeitung. „Diesen Artikel solltest du einmal lesen. Auf dem Balkan verhungern die Leute. Sie sterben! Und wir leben im Überfluß. Wenn der Krieg erst einmal ausbricht, wird es dir noch leid tun, daß du so undankbar warst!"

Er kennt sehr genau die schwachen Stellen seiner Frau. Und ist darin geübt, seine Trümpfe ihr gegenüber im günstigsten Augenblick auszuspielen. Innerhalb weniger Minuten hat er ihren Zorn soweit herausgefordert, daß ihre Klagen launenhaft und kindisch klingen. Als sie schließlich die Treppe hinaufstürmt und sich schluchzend aufs Bett wirft, hätte niemand mehr daran gezweifelt, daß sie eine törichte, unvernünftige Frau ist – und er selbst ein schwergeprüfter Ehemann.

Hans Braun

„Haha!“ Die Wagentür fliegt auf; das gedämpfte Stimmengewirr der benachbarten Abteile wird sofort lauter. Toby ist plötzlich hellwach. Eine große, massige Gestalt steht in der Tür zum Abteil. Toby erkennt das vertraute Gewirr der üppigen Haarpracht, und sein Magen krampft sich zusammen.

„Tobias J. Burgate!“ ruft der neue Fahrgast und grinst die beiden Frauen an, als teile er einen privaten Scherz mit ihnen. Sie bedenken ihn mit einem frostigen Blick und schauen weg. Der Mann quetscht sich in den Sitz Toby gegenüber. Schweißtropfen glänzen auf seiner Stirn.

„Ich bin Hans Braun. Hans *M. K.* Braun“, fügt er jovial hinzu. Sein breites Lachen spiegelt sich nicht in seinen Augen wider. „Jetzt kennen wir uns also. Gut! Wir haben uns gegenseitig vorgestellt, wie gute Engländer, *ja*?“ Und wieder wirft er den Frauen einen verschwörerischen Blick zu, wieder wenden sie voller Abscheu den Blick von ihm ab. Er hebt Tobys Buch auf, das zu Boden geglitten ist, und reicht es ihm ohne Kommentar. „Was führt Sie aufs Festland, mein junger Freund?“

Toby lächelt nervös. „Ich fahre nach Wien.“

„Ich *wohne* in Wien“, entgegnet Braun. „Eine schöne Stadt! Sie werden sich dort wohlfühlen. Die prächtigen Bauwerke! Die herrlichen Straßen! Die eleganten Geschäfte! Die Geschäfte werden Ihnen gefallen.“ Seine Augen schweifen zu den feuchten Pappkoffern oben im Gepäcknetz. „Oh ja, die Geschäfte werden Ihnen gefallen. Sie werden in die Kärntner Straße gehen.“

Alle Fakten und Zahlen über Wien, die Toby sich so sorgfältig einzuprägen versucht hat, sie scheinen plötzlich wie ausgelöscht. Er zermartert sich den Kopf, was er wohl sagen könnte. Da fällt ihm ein halbvergessenes Zitat aus einem Schulbuch ein: „Die Landstraße in Wien ist der Anfang von Asien."

Seine Worte verhallen in einer plötzlich eintretenden, aufmerksamen Stille. Die beiden Frauen legen ihre Zeitschriften beiseite und sehen ihn an, als sei er verrückt geworden.

Braun nickt begeistert. „Metternich! *Ja*. Das Zitat stammt von ihm. Der große Staatsmann, er sprach von der Bedrohung durch die Türken, dem Fluch des Islam. Deshalb bezeichnete er die Landstraße als das Ende Europas. Weil es jenseits von ihr kein Europa mehr gab, sondern nur noch das Gebiet der Türken."

Braun lehnt sich zurück, macht zwei Knöpfe an seiner Weste auf, lockert seine Krawatte und tupft sich mit einem Seidentuch über das Gesicht. „Sagen Sie mir, junger Mann: Was ist die Landstraße?"

Toby windet sich auf seinem Sitz. Die Frauen beobachten das Ganze mit Vergnügen. „Ich weiß nicht", gibt er zu. „Irgendeine Straße, vermute ich."

„Diese Lehrer! Sie hätten Ihnen lieber Dinge beibringen sollen, die es wert sind, daß man sie behält", bemerkt Braun. Er weist mit einem dicken Finger auf Toby. „Eine Straße, *ja*? So! Aber sie ist *die* Straße, die *große* Straße, die aus Wien hinausführt. An dieser Straße wohnen die großen Kaufleute, die Berühmten, die Vornehmen." Er faltet sein Tuch umständlich zusammen. „Mein Haus steht auch an der Landstraße. Es ist ein schönes Haus."

Toby schluckt. Braun gähnt. „Wenn Sie in Wien sind, werden Sie zum Nachmittagstee in mein Haus kommen, wie die Engländer es tun. Und ich werde Ihnen meine wunderbare Stadt zeigen." Lässig winkt er ab. „Nein, bedanken Sie sich nicht. Es ist meine Pflicht. Sie werden mein Gast sein." Auf seinem Mund erscheint ein höfliches Lächeln, doch die stechend blauen Augen bleiben kalt und spöttisch.

Der Österreicher setzt sich ruckartig zurück, das Gespräch ist offensichtlich beendet. Die beiden Frauen dösen, ihre Köpfe bewegen sich im Takt mit dem Schwanken und Rütteln des Wagens. Brauns Kopf fällt nach vorne, sein Mund steht offen. Bald ist auch Toby wieder eingenickt.

Indem er seinen Körper entspannt und den Bewegungen des Wagens anpaßt, gelingt es Toby einigermaßen, sich schlafend zu stellen, was ihn vor einer weiteren Beteiligung an Gesprächen bewahrt, die sich in den folgenden Stunden immer wieder ergeben. Mit geschlossenen Augen hört er, wie Fahrgäste den Wagen betreten, wieder hinausgehen, sich im Gang unterhalten. Gelegentlich fährt der Zug mit kreischenden Bremsen in einen Bahnhof ein, vom Bahnsteig dringen fremdartige Geräusche ins Abteil. Toby hält noch immer die Augen geschlossen, der Band mit französischer Lyrik schwankt bedenklich auf seinem Knie.

In seinem Kopf hat sich ein Gewirr von Eindrücken angesammelt. So viele Dinge, die er in den letzten vierundzwanzig Stunden zum ersten Mal gesehen hat.

Zunächst die lange nächtliche Zugfahrt nach Süden: Die unterschiedlichen englischen Landschaften zogen an seinem Auge vorbei, Fabriken und andere Industrieanlagen glitten in dem bleichen Licht der Mondsichel vorüber; dann die gepflegten Felder und schmucken Häuschen Mittelenglands, die im Licht der Morgensonne heiter und strahlend wirkten; erstaunlich grüne Felder und kleine Wäldchen, selbst die entfernten Berge hoben sich klar und deutlich ab; und die paradiesischen Grafschaften um London, alles hell und neu, selbst die Bahnhöfe der Vorstädte schienen frisch gestrichen und geschrubbt.

Auf der Taxifahrt vom Bahnhof Euston nach Charing Cross erhaschte er hin und wieder einen Blick auf Gebäude, die er von Abbildungen in Schulbüchern her kannte. Durch das schmutzige Fenster des Taxis hatte Toby die aufreizend dekorierten Schaufenster bestaunt, deren Pracht kurz aufstrahlte und dann schnell in der Ferne verschwand. Kaum, daß er es sich versah, saß er im Zug nach Dover und fuhr zügig durch die eintönige Landschaft Südenglands einem Hafen zu, der viel zu klein schien, um das Tor zur Welt zu sein.

Ein Zollbeamter an der deutschen Grenze verlangt seinen Paß. Widerstrebend öffnet Toby die Augen, stellt dann aber fest, daß er der einzige Fahrgast im Abteil ist. Erleichtert zieht er seine Papiere hervor.

„Danke schön, mein Herr."

Toby kramt ein paar deutsche Worte aus seinem Gedächtnis hervor. Er setzt sich wieder bequem hin und verstaut seine Dokumente sorgfältig in der Tasche. „Sie sind dein wichtigster Besitz", hat Vater ihn ermahnt. „Wenn du sie verlierst, mußt du zur britischen Botschaft gehen. Und das wird Geld kosten und Unannehmlichkeiten bereiten, was ich beides schlecht gebrauchen kann. Ich verlasse mich also darauf, daß du sorgfältig mit ihnen umgehst."

Nachdem der Zollbeamte sich mit einem flüchtigen Gruß und einem gemurmelten Scherz verabschiedet hat, widmet Toby sich seinem beschädigten Koffer. Er ist jetzt fast getrocknet, der Inhalt scheint unversehrt. Er streicht die Pappe mit der Hand glatt, und dabei gelingt es ihm sogar, die beschädigte Ecke wieder in ihre ursprüngliche Form zurückzubiegen. Vorsichtig schiebt er den Koffer auf das Gepäcknetz zurück. Jetzt fühlt er sich schon etwas besser.

Toby hat seit dem Mittagessen auf der Fähre nichts zu sich genommen. „Wenn du mittags eine ordentliche Mahlzeit bekommst, wirst du für den Rest des Tages keinen Hunger verspüren", hatte Vater gesagt und deshalb für das Essen im voraus bezahlt. „Das ist gute Haushalterschaft." Auf gute Haushalterschaft legt Vater großen Wert. Es bedeutet, aus dem, was Gott einem gibt, das Beste zu machen und unnötige Ausgaben zu vermeiden, damit man so viel wie möglich für das *Werk des Herrn* geben kann.

Trotz der reichhaltigen Mahlzeit auf dem Schiff fühlt Toby sich schon wieder recht hungrig. Er hat zwar Proviant in der Reisetasche, der ist jedoch für den nächsten Tag vorgesehen, von Vater sorgfältig in Frühstück und Mittagessen eingeteilt. Also versucht Toby entschlossen, nicht an das Essen in der Tasche zu denken und die Forderungen seines Magens zu ignorieren. Er vertreibt sich die Zeit, indem er aus dem Fenster sieht.

Draußen, jenseits der flachen Felder und gepflegten Dörfer, kann Toby zuweilen mondbeschienene Hügel erkennen, an die sich kleine Dörfer und gelegentlich auch Städtchen kauern. Allmählich beginnen in den Häusern die Lichter zu erlöschen, wenn ihre Bewohner zu Bett gehen. Zuweilen ragen Fabrikgebäude vor ihm auf, die rasch wieder in der Ferne verschwinden, hell erleuchtet. Aus ihren Schornsteinen steigt feuerroter Rauch empor.

Menschen kommen und gehen den Gang entlang; sie stehen oft laut schwatzend in der Tür. Aber Tobys Kopf bleibt ans Fenster gelehnt, seine Lider werden langsam schwer. Er nimmt seine Uhr aus der Tasche, sie zeigt halb zehn. Da fällt ihm ein, daß die britische Zeit anders ist als die auf dem Kontinent, und stellt die Zeiger um eine Stunde vor. Dann dreht er das schwere silberne Stück um und liest die Inschrift, die sein Vater auf die Rückseite hat eingravieren lassen:

TOBIAS BURGATE ZU SEINEM 16. GEBURTSTAG
PSALM 1, 1.2

Wieder verfällt er in einen Halbschlaf, der immer wieder einmal unterbrochen wird, bis der Zug in der rauchigen, kathedralenartigen Halle des Kölner Hauptbahnhofs hält. Fast eine halbe Stunde lang werden Gepäckstücke hin- und hergeschoben, die Leute wechseln die Abteile oder steigen in andere Züge um. Es ist schon weit nach Mitternacht, als Toby wieder zur Ruhe kommt, immer noch allein in seinem Abteil.

Die Strecke verläuft nun direkt am Rhein entlang, der breite Strom glänzt silbrig im Mondlicht. Der Zug beschleunigt sein Tempo, er rast durch schlafende Städtchen und eine friedliche Landschaft. Schließlich sinkt Toby in einen tiefen, traumlosen Schlaf, eingelullt durch den stoßenden Rhythmus des Zuges und das Schaukeln des Wagens.

Das schrille Gekreisch der Räder und das Aneinanderschlagen der Kupplungen reißt ihn aus dem Schlaf, während der Zug langsam zum Stehen kommt.

Toby streckt sich und zuckt zusammen; er ist während des Schlafes in eine verdrehte Stellung geraten, und jetzt tun ihm alle Knochen weh. Sein Mund ist trocken, sein Haar zerzaust, und sein verschwitztes Hemd klebt am Rücken, wo er sich zu lange gegen den ledernen Sitz gelehnt hat. Mühsam richtet er sich auf und schiebt das Fenster ein wenig herunter. Eiskalte Luft strömt herein; ihm stockt der Atem.

Auf dem Bahnsteig herrscht im Morgengrauen ein geschäftiges Treiben. Dampfwolken entweichen aus der Lokomotive. Ein ohrenbetäubendes Zischen übertönt alle anderen Geräusche, als Arbeiter in graubraunen Uniformen den Schlauch eines großen Wasserleitungsrohres in den Tank der Lokomotive einführen. Die Fahrgäste sehen ihnen interessiert von den Waggonfenstern aus zu.

Ein geschäftstüchtiger Händler läuft mit seinem Korbtablett den Bahnsteig auf und ab und verdient anscheinend gut mit allerlei Süßwaren und Getränken. Toby steigt der verlockende Duft von Gebäck in die Nase, vermischt mit dem ölig-beißenden Gestank der Lokomotive. Toby spielt mit den österreichischen Münzen in seiner Tasche und bedauert nun doch, daß er nicht ein wenig von seinem englischen Geld in deutsche Mark umgetauscht hat. Sein Vater hatte ihm das ausgeredet. „Du brauchst in Deutschland kein Geld, denn du wirst dich ja nirgends aufhalten. Du wirst das essen, was ich dir für die Reise einpacke."

Mit einem Ruck setzt sich der Zug in Bewegung. Tobys Appetit ist durch die duftende Ware des Händlers wieder hervorgelockt worden, und er beschließt, nicht länger mit dem Frühstück zu warten. Er hebt die Reisetasche vom Gepäcknetz und entnimmt ihr die Blechdose mit dem Proviant. Wie alles, was von Vater gepackt worden ist, so ist auch ihr Inhalt einmal in geometrischer Vollkommenheit angeordnet gewesen. Leider befindet sich dieser inzwischen in einem völligen Durcheinander. Die Marmeladenbrote (nach Vaters Art sehr dicke Brotscheiben, dünn mit Butter und Marmelade bestrichen) sind auseinandergefallen und kleben an dem irdenen Gefäß mit dem Essiggemüse, das als Beilage zu den Schinkenscheiben gedacht war.

Toby nimmt deprimiert das Gefäß zur Hand und beginnt, mit seinem Taschentuch die Marmelade abzuwischen. Er ist gerade dabei, die Brote wieder richtig zusammenzusetzen, als die Abteiltür geöffnet wird.

Braun scheint in der Nacht etliche neue Freunde gefunden zu haben; er kommt mit einer Gruppe von Männern herein, die alle einen sehr fröhlichen Eindruck machen. Diejenigen, die keine leeren Plätze finden können, bleiben stehen und halten sich an den Griffen fest, als der Zug von einer Seite zur anderen schwankte. Braun selbst, der furchtbar schwitzt und lebhaft auf Deutsch redet – zu schnell allerdings, als daß Toby folgen könnte –, quetscht sich wieder auf den gegenüberliegenden Fensterplatz.

„Frühstück!“ ruft er und deutet auf Toby. Seine Gefährten unterbrechen ihre Gespräche, drehen sich herum und blicken neugierig auf den verlegenen englischen Jungen, der ein Taschentuch säuberlich über seine Knie gebreitet und einen Teller mit sorgfältig angeordneten Marmeladenbroten vor sich stehen hat.

Toby starrt auf sein Frühstück und merkt, wie ihm die Röte ins Gesicht steigt. *Der Augenblick der Prüfung ist gekommen!* Generationen unbeugsamer Glaubensstreiter haben in ihm einen schlichten Mut hervorgebracht. Aber es kostet ihn trotzdem eine gewaltige Überwindung, als er seine Hände faltet, den Kopf senkt und die Augen zum Gebet schließt.

Zu Hause halten sie oft langatmige Andachten vor einer Mahlzeit: In der Öffentlichkeit dürfen die Gebete auch kürzer ausfallen, aber niemals oberflächlich und flüchtig! So hält Toby seine Augen für eine ihm angemessen erscheinende Zeit geschlossen. In seinem Kopf herrscht völlige Leere. Die sonst üblichen Sätze sind ihm vollkommen entfallen. Dennoch bewegt er seine Lippen und tut so, als würde er ein stilles Gebet sprechen.

Schlagartig verstummen alle Gespräche im Wagen. Toby würde seine Augen am liebsten für immer schließen. Aber das geht nicht. Als er in dem hellen Sonnenlicht blinzelt, schauen alle weg und nehmen ihre Gespräche wieder auf – ein wenig zu lebhaft –, mit Ausnahme von Braun, der Toby mit seinem zynischen, spöttischen Grinsen mustert.

Irgendwie gelingt es Toby, seine Brote hinunterzuwürgen. Sie sind trocken und krümelig, das Schlucken fällt ihm schwer. Die beiden kleinen Limonadenflaschen, die Vater ihm eingepackt hat, sind schon seit Stunden leer, und Toby hat nicht daran gedacht, eine aufzuheben, um sie aus dem Wasserhahn wieder aufzufüllen.

„Schnaps“, sagt Braun und reicht eine silbrige Flasche in Tobys Richtung. Der lächelt, schüttelt entschuldigend den Kopf. Die Mitglieder ihrer Versammlung trinken niemals Alkohol. Schnaps ist eines der Dinge, vor denen Vater in seiner feierlichen Abschiedsrede am Bahnhof Toby besonders gewarnt hat. Von

Schnaps wird man betrunken; jedenfalls ist er nicht dazu da, den Durst zu löschen.

Toby beobachtet Braun, wie er trinkt, und fragt sich, wie lange es wohl dauern wird, bis der Schnaps ihn betrunken macht. Und was er, Toby, tun soll, wenn dieser Fall eintritt. Als die Flasche von Hand zu Hand weitergereicht wird, begreift er, daß sich die Angelegenheit zu einem größeren Problem ausweiten könnte.

Toby blickt aus dem Fenster und sieht die Landschaft an sich vorbeiziehen. Doch nach einer Weile beginnt sein Gehirn sich mit einem ernsthaften Problem zu beschäftigen. Das Gebet vor dem Frühstück – es hat seine Gedanken in eine geistliche Richtung gelenkt.

Diese Leute werden vermutlich allesamt zur Hölle fahren, wird ihm plötzlich unangenehm bewußt. Nichts an ihrem Verhalten oder ihren Gesprächen hat bisher auch nur die kleinsten Anhaltspunkte geliefert, die dazu angetan wären, ihn zu beruhigen. Das Gebet vor dem Essen ist ja auch ein geheimes Signal gewesen. Wären ernsthafte Christen unter ihnen, sie hätten nicht umhin gekonnt, ihn, Toby, als „Bruder im Herrn“ zu erkennen, und sich in irgendeiner Weise zu erkennen gegeben. Doch die einzige Reaktion, an die er sich erinnern kann, ist Spott und Belustigung gewesen.

Die Ermahnungen aus Predigten und Bibelstunden fallen ihm ein. Der große Auftrag, alle Menschen zu Jüngern zu machen ... Jetzt kommt es auf *mich* an, denkt Toby verzweifelt. Vielleicht bin ich der einzige Christ, dem diese Leute je begegnen werden? Er hofft, daß das nicht stimmte, daß sie alle in Städten wohnen, wo es lebendige Gemeinden gibt, die regelmäßig Hausbesuche durchführen. Aber wenn nicht ...

Seit seiner frühesten Jugend hat Toby die Versammlungen ihrer Gemeinschaft regelmäßig besucht. Er hat ihre Glaubenssätze und Lehren angenommen, ohne sie jemals in Zweifel zu ziehen – nicht nur aus Solidarität gegenüber seiner Familie, sondern auch, weil er eine Wahrheit in ihnen erkannte, die mit seinen eigenen religiösen Sehnsüchten im Einklang stand. Es ist leicht für ihn, Gott – von dessen Existenz er fest überzeugt ist – als „den Herrn“ persönlich anzureden. Daß dies in einer Sprache geschieht, die sich von der alltäglichen Sprache so deutlich unterscheidet, das erscheint ihm nur angemessen und ehrerbietig. Die christliche Botschaft von dem Erlöser, der für die verlorene Welt starb, ist ihm immer einleuchtend erschienen. „Und falls es *doch* nicht wahr sein sollte“, so hat er als Jugendlicher einmal überlegt, „so führt es doch zu einem guten und nützlichen Leben, wenn man so lebt, als *sei* es wahr.“

Jetzt, auf sich allein gestellt, in einem Eisenbahnwaggon irgendwo mitten in Deutschland, umgeben von trinkenden, lachenden Fremden, ist er hin- und hergerissen zwischen seiner natürlichen Scheu und dem verzweifelten Wunsch, etwas von seinem Glauben zu erzählen: ihnen den einzigen Weg zu erläutern, wie sie aus ihrem Zustand der Verlorenheit erlöst und vor der Hölle errettet werden könnten ... Dann wird ihr Blut jedenfalls nicht an meinen Händen kleben, versichert er sich selbst – in Erinnerung an die Worte eines Gastpredigers, der ihn einmal sehr beeindruckt hat.

Mit welchen einleitenden Sätzen könnte er nur anfangen? Wie das Interesse Brauns wecken? Dieser scheint glücklicherweise eingeschlafen zu sein. Er schnarcht laut. Toby ist ebenfalls müde, erschöpft von der langen Reise und den aufregenden neuen Erfahrungen. „Herr, gib mir die rechten Worte“, fleht er inbrünstig, aber es fällt ihm nichts ein.

Sätze kommen ihm in den Sinn, Teile von alten Predigten, die er gehört hat, Zitate aus alten Nummern ihrer Zeitschrift *Die Hoffnung der Heiligen.* Er spielt mit den Worten, formt sie zu einer Rede, einem feierlichen und ernsten Appell an seine Nachbarn, doch umzukehren und Buße zu tun. Während er die Sätze in seinem Geist hin- und herbewegt, nehmen sie Form an, gestalten sich wohlklingend und erhaben: „Oh, ihr armen Söhne Adams! Oh, ihr traurigen Töchter Evas!“

Die plötzliche Stille läßt ihn mit einem Schauer erkennen, daß er seine Gedanken tatsächlich laut ausgesprochen hat. Er errötet noch stärker, weil alle Augen interessiert auf ihn gerichtet sind. Braun ist nun hellwach und grinst boshaft.

Toby hüstelt. „Ein Zitat“, beeilt er sich zu sagen. „Von einem englischen Dichter. Shakespeare.“ Shakespeare ist einer der wenigen Vertreter der Dichtkunst, die ihm sein Vater widerwillig zu lesen erlaubt hatte.

„So!“ brummt Braun. „Welches Stück? *König Lear? Macbeth? Die Lustigen Weiber von Windsor* vielleicht?“

„Nein, es ist *Heinrich V*“, beharrt einer von Brauns Freunden.

„Ihr liegt alle falsch“, ruft ein anderer übermütig. Es stammt aus *Wie es euch gefällt.*“

Bald werden alle möglichen Titel von Shakespeares Werken durchs Abteil gerufen, immer lauter und immer rascher. Tobys Gesicht glüht. Tränen stehen ihm in den Augen, aber er wagt es nicht, sie abzuwischen.

Und dann verlangsamt sich wunderbarerweise das Tempo des Zuges. Braun greift nach seinem Gepäck. „Wir kommen gleich in Frankfurt an“, verkündet er. Auch seine Gefährten nehmen ihre Koffer. Braun steht auf und betrachtet Toby grinsend. „Auf Wiedersehen, Tobias J. Burgate.“

„Danke“, gibt Toby ziemlich unlogisch zurück.

„Für was?“ fragt Braun.

Toby erinnert sich plötzlich an das frühere Gespräch. „Ihr Haus“, sagt er. „An der Landstraße …“

„Welches Haus an der Landstraße?“

„Ihr Geschäftshaus …“ Toby stockt und verstummt dann, seine Wangen brennen wieder.

Der ältere Mann bricht in heiseres Gelächter aus. „Ach! Das Haus in Wien, natürlich! Nun, Sie müssen mich besuchen. Gehen Sie in die Landstraße und fragen Sie nach Braun, sie kennen mich alle dort. Das stimmt doch, nicht wahr, meine Herren?“

„Aber selbstredend“, stößt einer der anderen Männer hervor. „Alle kennen dich in Wien, Hans!“ Seine Gefährten brechen in schallendes Gelächter aus.

Braun wirft noch einmal einen Blick auf Toby und zuckt mit den Achseln. Er ergreift seine Gepäckstücke, schiebt seine Freunde vor sich her und steigt aus. Seine dröhnende Stimme und das Gelächter der Begleiter verhallen im Gang.

Ankunft in Wien

Hinter den geschlossenen Fensterläden hoch unter dem Giebeldach erklingt gedämpftes Schluchzen. Frau Onkel liegt auf ihrem zerwühlten Bett und vergießt Tränen in ihre zusammengeballten Fäuste.

Draußen auf der Straße, mitten im Lärm der Wagen und Passanten, hört sie niemand. Nicht einmal der Armeeoffizier, der sich gegen Onkels hohe Mauer lehnt, während er eine Wurst verspeist, hört etwas. Er sieht einer Frau hinterher, die an ihm vorbeihastet; aus ihrer Tasche duftet es nach frischem Brot und Zimt. Auch sie hört nichts.

Unten in seinem Arbeitszimmer thront Onkel an einem imposanten Walnußschreibtisch. Während er ein Buch durchblättert, hört er das Schluchzen und Schniefen seiner Frau in der Stille des leeren Hauses. Er achtet nicht darauf. Mit unbewegter Miene überfliegt er die Seiten. Onkel ist ein sorgenbeladener Mann; aber es sind nicht die Kümmernisse seiner Frau, die ihm Sorgen bereiten.

Onkel liegt ein ganzes Großreich auf der Seele: das österreichungarische Reich, das Haus Habsburg, die Doppelmonarchie – regiert von Franz Joseph, österreichischer Kaiser und König von Ungarn. Jeder weiß, daß von den beiden Hauptstädten des Reiches Budapest die geringere Bedeutung zukommt; man sagt, Franz Joseph lasse die Menschen dort sogar Deutsch sprechen, trotz wiederholter Bitten von seiten der Ungarn, ihre eigene Sprache benutzen zu dürfen.

Wien ist das Herz dieses Reiches. Von hier aus ergeht die Stimme der Macht an die unlenksame Ansammlung von Völkern, die innerhalb seiner Grenzen leben und elf verschiedene Sprachen sprechen. Sie ergeht von den Tiroler Bergen bis zur strategisch wichtigen Küste Dalmatiens, vom alten Königreich Böhmen bis zu der weiten ungarischen Ebene, von der Slowakei bis nach Slowenien, von Galizien bis nach Galatien.

Das Problem ist nur, daß dieses große Reich nach einer Reihe zerstörerischer Kriege von Spaltung, Uneinigkeit und Unruhe geschüttelt wird. Und es ist weithin bekannt, daß der ältliche Herrscher die

Realität zuweilen nicht mehr im Blick hat. „Laßt uns fest zusammenhalten: in der Eintracht liegt die Macht", heißt es optimistisch in der Nationalhymne, „mit vereinter Kräfte Walten wird das Schwerste leicht vollbracht. Laßt uns, eins durch Brüderbande, gleichem Ziel entgegengehn ..."

„Aber nicht auf dem Balkan", muß sich Onkel besorgt eingestehen, während seine Frau oben immer noch weint. Bosnien und Herzegowina – die erst vor vier Jahren dem Reich einverleibt wurden – sind widerwillige Untertanen Franz Josephs. Diese Annexion hat einerseits dazu geführt, die Großmächte der Welt zu entzweien; andererseits haben sich die serbischen Völker dadurch stärker zusammengeschlossen, von denen viele in Bosnien und seiner Hauptstadt Sarajewo leben. Die Serben betrachten sich seit jeher als Vorkämpfer aller slawischen Völker und sind auch jetzt darauf aus, weiteres Territorium in einem großen Balkankrieg gegen die Türken zu gewinnen.

Onkel ist von Natur aus ein Konservativer, kann aber, wie jeder andere, die Schrift an der Wand lesen. Angesichts des Machtverfalls von Österreich-Ungarn findet er die Aussicht auf ein slawisches Großreich, das sich von Rußland bis in das Herz Europas erstreckt, beängstigend. Seine Hoffnung richtet sich auf jenen Mann im Reich, der – so nimmt er an – die Fähigkeit besitzt, die Situation im Griff zu behalten und die Doppelmonarchie wieder zu stärken: Erzherzog Franz Ferdinand, den gesetzlichen Thronerben des Kaisers, den Begründer der modernen Habsburger Armee.

Das Schluchzen im oberen Stockwerk hat aufgehört. Bedächtig ordnet Onkel die Schriftstücke auf seinem Schreibtisch. Er beugt sich einen Augenblick über die Karte Europas, die Reichsgrenzen sind mit einer roten Linie nachgezogen. Für wie lange noch? Er seufzt und faltet sie sorgfältig zusammen. Eine andere Karte sieht er sich genauer an, es ist ein Stadtplan von Wien. Ganze Häuserreihen der Innenstadt sind mit einem dicken schwarzen Stift markiert, wie auf einem militärischen Plan. Er fährt Wege und Zugänge mit den Fingerspitzen nach, steht eine Weile gedankenversunken da und schließt dann beide Karten in einer Schublade ein. Dann geht er nach oben.

„Zeit, den Jungen abzuholen", sagt er gebieterisch. „Wasch jetzt dein Gesicht." Auf Frau Onkels verweintes Gesicht stiehlt sich ein unsicheres Lächeln. „Du solltest dich nicht so aufregen", brummt er. „Du weißt, daß es mit deiner Gesundheit nicht zum besten steht."

Unten auf der Straße verkünden Motorengeräusche und eine Hupe die Ankunft eines Wagens. Minuten später machen sich ein ernst aussehender Herr Onkel und eine sehr korrekte Frau Onkel auf den Weg zum Bahnhof.

Toby steht auf dem Bahnsteig, umklammert seine Koffer und hält hoffnungslos Ausschau nach einem Gepäckträger. Der Bahnhof ist ein einziges Menschengewühl: Leute begrüßen einander, winken sich begeistert zu, umarmen sich, schütteln sich die Hände. Jeder scheint erwartet zu werden – jeder außer ihm.

Der Lokführer und der Heizer klettern von der Lokomotive herunter. Aus dem Kessel entweicht geräuschvoll eine letzte Dampfwolke, die sich in der dämmrigen hohen Glaskuppel verliert. Toby nimmt sein Gepäck und macht sich auf den Weg in die große Bahnhofshalle. Dort entdeckt er sogleich die Uhr, unter der er auf Onkel warten soll.

Menschen strömen aus dem Bahnhof hinaus. Draußen kann Toby nur ein Gewirr von Lichtern und Formen erkennen, den Verkehr einer belebten Straße. Er steht oben an einer riesigen Treppe; unten beginnen sich die Menschenmassen bereits zu lichten. Ein paar Leute stehen immer noch wartend da, wie er. Er mustert einige von ihnen. Bei einem ist er sich unsicher, es *könnte* sich um Onkel handeln. Vielleicht sollte er zu jedem einzelnen hingehen und fragen, ob er etwa auf ihn wartet ...

„Liebling!"

Toby wendet sich abrupt um. Ein attraktives Mädchen kommt auf ihn zu. Sie ist, so scheint es ihm, sehr teuer gekleidet, ihre Augen glänzen vor Freude. Er bleibt wie angewurzelt stehen, sein Herz pocht heftig; da begreift er, daß ihr Gruß einem jungen Mann gegolten hat, der in seiner Nähe steht und sie nun lächelnd in die Arme nimmt. Toby spürt fast körperlich, wie erleichtert er ist.

Als er sich wieder umdreht, kommen ein Mann und eine Frau die Treppe herauf. Unverkennbar: Onkel und seine Frau, er braucht nicht einmal auf das Foto zu schauen, das sie ihm geschickt haben.

„Grüß Gott!“ Onkel streckt seine Hand aus. „Du bist Tobias. Ich erkenne dich. Es war eine gute Idee, Fotos zu schicken. Du siehst ganz aus wie auf dem Bild.“ Sein Englisch ist gut, aber sehr förmlich, mit einem leicht singenden Akzent. „Die nehme ich“, sagt er und hebt die Koffer auf. „Meine Frau!“ fügt er hinzu und macht eine vage Geste in Richtung auf Frau Onkel.

Die beiden sind ein seltsames Paar. Onkels Gesicht sieht so aus, als habe er vieles gesehen und zumeist keinen Gefallen daran gefunden. Die leicht gebeugte Haltung läßt ihn kleiner erscheinen, obwohl er muskulös und stämmig wirkt. Mühelos trägt er Tobys Koffer. Toby bemerkt, daß seine Hände ungewöhnlich groß und die Handrücken mit schwarzen Haaren bedeckt sind. Frau Onkel ist etwas größer, scheint aber im Schatten ihres Mannes zu schrumpfen. Ihr Haar ist straff aus dem Gesicht gekämmt und hinten mit einem schwarzen Seidenband zusammengefaßt; sie wirkt unnahbar, fast abweisend. Feierlich gibt sie Toby die Hand. „Hast du eine gute Reise gehabt?“

„Sehr gut, danke.“

Sie lächelt, und ihr Gesicht ist plötzlich verwandelt; einen Augenblick lang tanzen ihre Augen. Dann kehrt der freudlose Ausdruck zurück, als wenn der Verschluß einer Kamera sich schließe. Die Erinnerung an das blitzschnelle Lächeln bleibt wie eine Verschwörung zwischen ihnen.

Der Wagen ist groß und riecht nach Leder. Onkel sitzt vorn neben dem Fahrer, einem wortkargen Mann in einer grauen Uniform, der Toby nicht beachtet und gelegentlich ein paar gemurmelte Worte an Onkel richtet. „Ein Freund“, erklärt Onkel und deutet mit einer Handbewegung auf Toby; das genügt ihm offenbar als Vorstellung. Frau Onkel sitzt mit Toby auf dem Rücksitz und weist ihn auf Sehenswürdigkeiten hin, während sie an Gebäuden und Standbildern vorbeifahren, die nur ungleichmäßig durch gelbe Gaslampen beleuchtet sind.

„Wir kommen zum Stephansdom“, sagt Frau Onkel und zeigt auf ein wuchtiges Gebäude, das hoch in den Nachthimmel ragt. „Es ist eine sehr schöne Kathedrale“, fügt sie hinzu.

Onkel schnaubt verächtlich. „Es ist eine Kathedrale, genügt das nicht?“

„Es scheint ein sehr großes Bauwerk zu sein“, sagt Toby diplomatisch. Es folgt eine lange Stille. Dann ruft Frau Onkel aus: „Und jetzt überqueren wir die Donau – the Danube, wie sie in England genannt wird.“

Sie fahren über eine Steinbrücke; unter ihnen spiegelt ein silbriger Streifen das Licht der Laternen wider. Dieser schwache Glanz im Wasser – für Toby ist er schöner und bewegender als alle touristischen Sehenswürdigkeiten, auf die er bisher hingewiesen worden ist. Die Donau! Einen Augenblick lang scheint alles wie verzaubert, dann tauchen sie wieder ein in ein Labyrinth aus dunklen Straßen, hohen Mietshäusern und kleinen, schlecht beleuchteten Parks.

„Leopoldstadt“, bemerkt Onkel knapp. „Das jüdische Viertel. Viele alte Häuser.“ Sein Gesicht ist unbeweglich. „Wir sind gleich zu Hause“, sagt Frau Onkel. „Unser Haus liegt in Kaisermühlen, im zweiten Distrikt.“ Erklärend fügt sie hinzu: „So bezeichnen wir das in unserer Stadt, sie ist in Distrikte eingeteilt. Kaisermühlen oder der zweite Distrikt, das ist dasselbe.“

„Danke“, sagt Toby.

Der Wagen biegt in eine ruhige Straße ein, die von geschlossenen Läden gesäumt wird. Einige wenige Fenster sind erleuchtet; die meisten Häuser liegen in Dunkelheit, nur gelegentlich zeigt sich ein Lichtschimmer hinter zugezogenen Vorhängen. Dann bleibt der Wagen stehen. Onkel lädt Tobys Gepäck aus. Er spricht noch kurz mit dem Fahrer und gibt ihm eine Banknote. Der Fahrer grüßt und fährt davon. Toby hat kaum Zeit, einen Blick auf die Straße zu werfen, die nun verlassen daliegt; durch eine Tür in der hohen Mauer betreten sie Onkels Wohnung. Frau Onkel nimmt Toby den Mantel ab, schlägt vor, daß er sein Gepäck einstweilen in der Diele lassen soll, und führt ihn in den vorderen Salon.

Vor den Fenstern des Salons hängen rote Vorhänge, auf dem Boden liegt ein weicher türkischer Teppich. Der Stil erinnert Toby ein wenig an sein eigenes Zuhause; allerdings ist dieser Raum vollgestopft mit Dingen, so daß sich das Auge nirgendwo ausruhen kann. An den Wänden hängen zwei große gerahmte Stiche. Einer zeigt den Durchzug durchs Schilfmeer, der andere eine riesige Menschenmenge, die sich am Fuß eines Berges versammelt hat: Die

Anbetung des Goldenen Kalbes, vermutet Toby, aber er hat keine Zeit, das Bild näher zu betrachten, denn auf dem Tisch steht die Mahlzeit bereit.

Onkel neigt ohne Vorwarnung den Kopf; seine Frau tut es ihm gleich. Toby schließt zögernd die Augen. Onkel deklamiert mit lauter Stimme ein langes Gebet, das Toby nur teilweise versteht. Er ertappt sich bei dem Wunsch, es möge bald zu Ende sein – sein Magen verlangt nach etwas zu essen. Als das Amen gesprochen ist, öffnet Toby die Augen und sieht, daß Frau Onkel ihn neugierig mustert.

Die Mahlzeit ist einfach – grobes Brot, Käse, in Scheiben geschnittenes Fleisch und heiße Schokolade zum Trinken. „Habt ihr in England solchen Käse wie diesen hier?" fragt Frau Onkel. „Er ist aus der Milch von Ziegen gemacht." Sie ist aufmerksam, fast zu aufmerksam: Die Frage scheint bedeutungsschwer, als sei die Antwort darauf ungeheuer wichtig. Toby errötet.

„Der Junge ist müde", murmelt Onkel. „Kannst du es nicht an seinen Augen sehen? Er schläft ja schon fast, er wird zu Bett gehen wollen."

Toby lächelt Frau Onkel unbeholfen an. „Ich glaube, manche Leute essen Ziegenkäse. Ich habe ihn noch nie versucht. Er ist gut." In Wirklichkeit findet er den Käse unangenehm herb. Er wünscht, er hätte sich nicht so viel davon genommen, als er ihm angeboten wurde. Die heiße Schokolade ist kaum lauwarm, aber immerhin nimmt sie den Käsegeschmack.

Onkel brummt. „Bist du fertig? Dann können wir dir dein Zimmer zeigen."

„Laß den Jungen doch in Ruhe fertig essen", protestiert Frau Onkel schwach.

Toby schiebt seinen Teller zurück. „Danke. Es war sehr gut."

Onkel nimmt Tobys Koffer und führt ihn die Wendeltreppe hinauf zu einem kleinen Zimmer im zweiten Stock, im hinteren Teil des Hauses. Er stellt die Koffer ans Fußende des Bettes. Das Zimmer ist kalt.

„Hier sind Schränke, siehst du? Für deine Kleider. Und hier", Frau Onkel weist auf einen Waschtisch, „kannst du dich waschen." Auf dem Waschtisch stehen ein großer irdener Krug, eine Schüssel und ein dünnes Baumwollhandtuch. Eine Gaslampe wirft flackernde Schatten auf die marmorne Oberfläche.

Onkel streckt seine Hand aus. „So, jetzt bist du hier in Wien, und wir hoffen, daß du eine glückliche Zeit in unserem Haus verbringst", sagt er förmlich. Ernst schüttelt ihm Toby die Hand. Onkel lächelt zum ersten Mal. Auch seine Frau streckt nervös die Hand aus. „Und wenn du irgendwelche Probleme hast, kannst du jederzeit zu uns kommen!"

Als er endlich allein ist, packt Toby seine Koffer aus und verstaut die Kleidung im Schrank. Seine wenigen Bücher nehmen auf dem Nachttisch einen Ehrenplatz ein, vor allem die in glänzendes schwarzes Leder gebundene Bibel, die ihm von der Gemeinschaft als Abschiedsgeschenk überreicht worden war. „Lies jeden Tag einen Abschnitt daraus", hatte ihn ein Ältester ermahnt. „Es ist deine geistliche Nahrung." Toby fährt mit den Fingern über den Goldschnitt, und das Buch öffnet sich in seiner Hand. Innen liegt ein loser Zettel. Seine Augen werden feucht, als er die charakteristische Handschrift seines Vaters erkennt. „In Zeiten der Angst: Lies Psalm 23, Vers 4." Der Zettel ist mit einer Auswahl verschiedenster Lebenssituationen gefüllt, denen jeweils ein passender Bibelvers zugeordnet ist.

Er taucht die Fingerspitzen in den Krug: Das Wasser ist eisig. So bespritzt er nur kurz sein Gesicht, putzt sich die Zähne und zieht sich aus. Zitternd schlüpft er ins Bett. Das Zimmer ist ungeheizt, und sein Schlafanzug wärmt ihn kaum. Nachdem er die Lampe gelöscht hat, rollt er sich unter der Decke zusammen.

Die Laken sind so kalt und klamm, wie er befürchtet hat. Hinzu kommt, daß die Bettdecke sich dauernd selbständig macht. Sie gleitet immer wieder herunter, wenn er gerade glaubt, es sich behaglich eingerichtet zu haben. Die harte Matratze, auf der er liegt, gibt kein Stück nach und scheint zudem in der Mitte geteilt zu sein; seine Knochen reiben sich schmerzhaft an ihr. Irgendwo draußen kläfft ein Hund. Im Haus knarren die Dielen. Ungewohnte Geräusche überall.

Steif, erschöpft und überdreht starrt Toby eine Zeitlang in die Dunkelheit, bis sich der Schlaf in seinen Geist stiehlt.

Tock, tock, tock. – Tock, tock, tock, tock. – Das Klopfen hört nicht auf. Toby reibt sich die Augen und taucht langsam aus seinem Traum auf. Tock, tock, tock! Richtig, jemand klopft an die Tür seines Zimmers. Ein paar einzelne Sonnenstrahlen dringen durch den Fensterladen herein.

„Guten Morgen", ruft Toby und springt mit einem Satz aus dem Bett. Als er die Tür öffnet, sieht er, wie Herr Onkel gerade wieder die steile Treppe hinuntersteigt. „Frühstück, fünf Minuten", brummt er über die Schulter.

Toby zieht sich eilig die Hose über und hüpft dabei zum Fenster, um die Riegel der Läden zurückzuschieben. Als er sie weit aufstößt, strömt helles Licht ins Zimmer. In einem nahegelegen Hof gackern Hühner, irgendwo kehrt jemand mit einem harten Besen das Pflaster. Die Dächer schimmern im Morgendunst.

Das Wasser im Krug ist über Nacht nicht wärmer geworden, und Toby wäscht sich nur flüchtig Gesicht und Hände. Er knöpft seine dicke wollene Hose zu. Frau Wilkins, die verläßliche, mütterliche Sonntagsschullehrerin, bei der Vater sich immer gern einen Rat holt, wenn er vor Aufgaben steht, die der Hand einer Frau bedürfen, hat sie für ihn ausgewählt. „Ein solider, praktischer Stoff, denn du wirst eine ganze Zeitlang kaum genug verdienen, um dir eine neue zu kaufen. Also habe ich auf Haltbarkeit geachtet." Die Hose ist zu weit und ziemlich unförmig, der rauhe Stoff kratzt an den Schenkeln; Toby haßt sie deswegen. Aber das weiße Flanellhemd mit dem steifen Kragen und den glänzenden Manschetten gefällt ihm gut. Er steckt die Manschettenknöpfe an, die Vater ihm so sorgfältig eingepackt hat, und bindet sich im Hinuntergehen noch die Krawatte um.

Im vorderen Salon ist ein einzelnes Gedeck aufgelegt. Aus der Küche strömt der Duft von Kaffee herein; Frau Onkel erscheint in der Tür. „Komm herein", fordert sie ihn auf und deutet mit einer Handbewegung auf den Tisch. „Hast du gut geschlafen?"

„Sehr gut", sagt Toby.

Sie bringt eine dampfende Kaffeekanne herein, verschwindet wieder in der Küche und kehrt mit einem kleinen Tablett zurück.

Toby betrachtet interessiert sein erstes Frühstück im Ausland: einige Wurstscheiben, grobes Brot, eine harte, klumpige Margarine. Dann verschwindet sie wieder und läßt ihn allein. Mit einem Gefühl der Erleichterung neigt Toby den Kopf, murmelt leise ein Gebet und beginnt zu kauen.

Das Essen ist ungewohnt, aber nicht schlecht; der Kaffee schmeckt wunderbar – ein starkes, schwarzes Gebräu, ganz anders als der, den er zu Hause getrunken hat. Überhaupt ist Kaffee bei ihnen eine Seltenheit; jeder trinkt den hellen, orangefarbenen Tee, der auf der Zunge ein rauhes Gefühl wie Pappe hinterläßt. Es gibt sogar einen kleinen Krug mit Milch, aber die ist dick und süß und verursacht Toby ein leichtes Gefühl von Übelkeit. Er trinkt noch zwei Tassen schwarz.

Langsam beginnt er sich zu entspannen. Was sein Vater jetzt wohl tut? Er würde auch zu gern wissen, was die Onkels eigentlich für Leute sind. Toby steht auf und späht durch die Küchentür. Herr Onkel sitzt mit dem Rücken zu ihm in Hemdsärmeln an einem gescheuerten Küchentisch. Er liest die Zeitung und kaut dabei an einer riesigen Wurst.

„Die Juden sind auf dem Vormarsch“, hört er ihn auf deutsch sagen. Frau Onkel murmelt eine Antwort. Die Küche ist viel schäbiger als der Salon. Die Tapete hat feuchte Flecken, hier und da blättert Farbe ab. Auf dem Küchentisch liegt eine riesige schwarze Bibel, auf deren Einband goldene Initialen prangen. Onkel wischt sich die Finger an einem Taschentuch ab, langt nach der Bibel und stößt seinen Stuhl zurück. „Der Junge“, brummt er. „Komm.“ Toby gelingt es gerade noch, sich wieder an seinen Platz zu setzen, bevor seine Gastgeber eintreten. Onkel knöpft seine Jacke zu, seine Frau streicht sich ein paar graue Haarsträhnen aus dem Gesicht.

„Wir wollen“, verkündet Onkel auf englisch, „aus Gottes Wort lesen“. Toby nickt. Eine Morgenandacht wurde auch bei ihnen zu Hause gehalten, ohne sie hätte ihm etwas gefehlt.

Onkel schlägt die schwarze Bibel auf, die sich nur widerwillig öffnet. „Jona“, verkündet er ohne Einleitung und beginnt die Geschichte des Propheten vorzulesen, der Gottes Ruf mißachtet und sich dann im Bauch eines Fisches wiederfindet. „Das lehrt uns“, sagt Onkel zum Schluß, „daß die Gemeinde ein Zufluchtsort ist, an dem selbst die, die sich von Gott abwenden, sich geborgen fühlen können. Daß sie eine Tröstung ist, ein Segen. Nahrung für die Seele. Möge der Herr seinen Segen geben zum Lesen seines kostbaren Wortes."

Onkel, der schon zu Beginn recht schnell gelesen hat, ist gegen Ende immer schneller geworden. Obwohl er die Geschichte von Jona gut kennt, hätte Toby gern noch ein wenig länger bei ihr verweilt. Aber die Bibel ist bereits geschlossen und auf ihrem Weg zurück in die Küche. „Und jetzt beten wir", ruft Onkel über die Schulter. Als er an den Tisch zurückkommt, spricht er einen Segen. „Amen", sagt Toby. Dann gibt es eine Pause. Toby blinzelt unter den Lidern hervor und sieht, daß die anderen die Augen fest geschlossen halten. Die Pause dehnt sich, bis sie zu einem qualvollen Schweigen wird.

Sie wollen, daß ich bete, denkt Toby. Sein Mund ist plötzlich ganz trocken, ein Geruch von Knoblauch steigt ihm in die Nase. Er beginnt krampfhaft Gedanken zu formulieren, angemessene Worte für ein Gebet zurechtzulegen. Die Pause zieht sich hin. Onkel hustet bedeutungsvoll. Toby murmelt ein paar Worte, wobei er für das Essen dankt und den Segen Gottes für den Tag erbittet. Das scheint Onkel zu befriedigen, denn er sagt laut „Amen" und schiebt seinen Stuhl geräuschvoll zurück.

„So! Jetzt geht's los. In einer Stunde bringe ich dich zur Schule. Um halb neun Uhr solltest du fertig sein, bitte."

Frau Onkel räumt das Geschirr auf ein Tablett. Toby versucht ihr zu helfen, aber Onkel schüttelt jovial den Kopf. „Nein! Du bist unser Gast, ja? Ist unsere Verantwortung." Er tritt beiseite, um seine Frau mit dem Tablett durchzulassen. „Halb neun, bitte."

Toby hat schon gemerkt, daß Onkels Englisch sehr formell und steif ist, wodurch er manchmal ziemlich schwülstig oder komisch wirkt. Seine Stimme klingt ganz anders, wenn er seine eigene Sprache spricht. Dann erweckt er den Eindruck eines fähigen, beinahe skrupellosen Menschen, der gewohnt ist, seinen Willen durchzusetzen.

„*Halb* neun, *bitte*", wiederholt Frau Onkel die Worte ihres Mannes, wobei sie die englischen Worte im Flüsterton gehässig betont, während sie das Tablett vorsichtig auf den Küchentisch stellt. Sie hält sich nicht für eine unterdrückte Frau; sie hat ihren eigenen Freundeskreis, in dem sie geachtet wird, und ist nicht auf ihren Mann angewiesen, daß er ihr einen Wert verschafft. Auf ihre eigene Art liebte sie Onkel, findet ihn jedoch außerordentlich irritierend – vor allem, wenn er sie vor anderen demütigt.

Sie hätte Toby auch gern Fragen gestellt. Da sie noch nie aus Österreich herausgekommen ist, hätte sie gern mehr über das ferne England erfahren. Aber Onkel hat darauf bestanden, am Tisch das große Wort zu führen. Und dann hat er auch noch den Jungen beten lassen. Er hat ihr richtig leid getan. Und sie ist sehr verärgert über ihren Mann, denn, das weiß sie, er wird Toby auch am nächsten Sonntag als neue Trophäe in der Versammlung vorführen ...

Sie stellt einen mit Wasser gefüllten Topf auf den Herd, und dabei schießt ihr ein stechender Schmerz durch die Brust. Sie verzieht das Gesicht und wartet, bis die Schmerzen nachlassen.

„Du brauchst heute nicht zu arbeiten", versichert Onkel beruhigend. Toby trabt atemlos an seiner Seite. „Es ist dein erster Tag. Du wirst einen freien Tag nehmen. Du kannst die Stadt erkunden, wenn du willst. Aber zuerst schauen wir die Schule an. Wir fahren mit der Straßenbahn. Aber wir werden nicht auf direktem Weg dorthin fahren, sondern wir machen eine kleine Stadtrundfahrt."

Die Straßenbahn ist etwas vollkommen Neues für Toby. Innen sieht sie aus wie ein Erste-Klasse-Abteil bei der Eisenbahn. Die glänzenden Ledersitze und Messingbeschläge bilden einen Kontrast zu ihrem schmuddeligen Äußeren, den verwitterten Holzbänken auf dem oberen Deck und dem langen Bügel, der zwischen den Drähten und Kabeln der Oberleitung klappert und Funken sprüht. Die Bahn segelt wie ein langes Schiff die Straßen entlang und schlingert mit großartigem Schwung um die Ecken. Toby und Onkel werden abwechselnd gegeneinandergeworfen und auseinandergeschleudert.

Zwischendurch gibt Onkel knappe Erläuterungen zu den Orten und Gebäuden, an denen sie vorbeifahren. In wenigen Worten teilt er Toby eine Fülle von Informationen mit, die dieser gar nicht aufnehmen kann. Das neue Transportsystem, das Aquädukt, die Stadtbahn, die Gaslampen an den Straßen – alle modernen Errungenschaften werden von ihm gepriesen. Sie fahren durch eine Straße mit vielen Läden und Restaurants; sie vermittelt den Eindruck von behäbigem Wohlstand. Frauen flanieren in teuren Kleidern vor den Schaufenstern, ihre Kinder sind regelrecht herausgeputzt, Babys halten teure Spielzeuge in den Händchen, beobachten die Welt aus eleganten Kinderwagen. In den Straßencafés schlängeln sich befrackte Ober zwischen kleinen Tischen hindurch, an denen elegant gekleidete Menschen vor verzierten Sahnetorten sitzen und die Welt an sich vorüberziehen lassen.

Die Formen und Umrisse, auf die Toby am Abend zuvor nur kurze Blicke werfen konnte, sie nehmen in der hellen Morgensonne Gestalt an. Toby staunt über die breiten, geschäftigen Straßen, sieht einige großartige Gebäude. Sie überqueren die Donau. Der Fluß ist bei Tageslicht eine Enttäuschung, aber genauso ist ihm das auf der Zugfahrt mit dem Rhein ergangen, der im Mondlicht wesentlich schöner und romantischer aussah als bei Tage.

„Früher ist der Fluß oft über die Ufer getreten, und die Stadt stand unter Wasser", sagt Onkel. „Dann wurde vor vielen Jahren ein neues Flußbett angelegt. Schau mal –" Er zieht eine Karte aus der Tasche und zeigt Toby, wie die Donau umgelenkt worden ist. Die alte Flußbiegung bildet jetzt den langen, schmalen See, der Kaisermühlen begrenzt.

Sie fahren an prächtigen Häusern und Geschäften vorbei. Als sie an einen Platz kommen, von dem aus mehrere Straßen abzweigen, weist Onkel mit einer Kopfbewegung nach Nordwesten. „Leopoldstadt", sagte er. „Viele Juden leben dort." In der Gegenrichtung deutet er eine lange, baumbestandene Allee hinunter auf ein mächtiges Riesenrad, das eine große, offene Fläche überragt. „Der Prater. Das ist ein berühmter Park."

Die Straßenbahn rattert weiter. Wieder überqueren sie einen Wasserlauf. „Der Donaukanal", erklärt Onkel. Toby hat mittlerweile die Orientierung auf Onkels Stadtplan verloren. Dann mündet die Straße in eine noch breitere ein. „Die Ringstraße", sagt Onkel. „Früher war hier die Stadtmauer, aber sie wurde abgerissen. Diese Straße ist viel besser."

Die Straßenbahn biegt von der Ringstraße nach Süden ab, weg vom Stadtzentrum in eine Vorstadt mit ruhigen Alleen und stattlichen Häusern. Toby denkt an das Haus in England, wo er wohnt, eine viktorianische, halb freistehende Villa in einer ebenso ruhigen Straße, die von ausladenden Platanen gesäumt ist. Eine Welle von Heimweh überfällt ihn kurz, aber es gibt so viel zu sehen, daß dieses Gefühl schnell wieder vergeht.

An der nächsten Haltestelle steht Onkel auf. „Wir sind da!"

Die Schule befindet sich in einem quadratischen, dreistöckigen Gebäude mit einer abbröckelnden Stuckfassade. Durch das schwere Eingangstor gelangt man in einen kleinen dunklen Hof, von dessen Ecken aus Treppen nach oben führen. Über die Geländer der Balkone sind Wäscheleinen gespannt. Die Treppenaufgänge riechen stark nach Katzen. Toby, der am nächsten zur Wand geht, bemerkt, daß sein Mantel weiße Flecken bekommen hat, vermutlich von abgeriebenem Putz. Hoch oben, nahe der Decke, sind die einst reich verzierten Schmuckleisten abgebrochen; die Ziegel und Mörtelreste dahinter sehen aus wie eine schlecht verbundene Wunde.

Das Gebäude ist schäbiger als alle, die Toby bisher in der Stadt gesehen hat. Ein Gefühl der Niedergeschlagenheit überfällt ihn, während sie die Außentreppe emporsteigen. Vom obersten Treppenabsatz aus späht Toby vorsichtig – er ist nicht ganz schwindelfrei – in den Hof hinunter. Inmitten eines Quadrates aus Sonnenlicht bepflanzt eine alte Frau ein winzig kleines Beet mit Blumen.

Sie gehen um zwei Ecken herum an der Hauswand entlang und gelangen schließlich vor eine Tür, auf der ein blankes Messingschild prangt: *Onkel-Schule*. Ein großer, leichenblasser Mann, wie ein altmodischer englischer Anwalt gekleidet, begrüßt die beiden in einem kleinen Wartezimmer. An den Wänden hängen Stiche von biblischen Szenen, ähnlich denen in Onkels Haus.

„Das ist Wilhelm", sagt Onkel, „mein Schatzmeister. Er wird deine Fragen beantworten und sich um dich kümmern." Er wechselt sehr schnell einige Worte mit dem jungen Mann, dann wendet er sich wieder an Toby. „Wilhelm erwartet dich morgen um diese Zeit. – So, ich habe noch viel zu erledigen. Entschuldige mich, bitte." Er langt mit der Hand in seine Tasche und entnimmt ihr ein paar zerknitterte Banknoten und einige Münzen. Sorgfältig zählt er das Geld nach und schiebt es in Tobys Hand.

„So, hier hast du Geld. Ich gebe dir meinen Stadtplan – und hier auf dem Zettel habe ich aufgezeichnet, wie du wieder zu uns nach Hause findest." Er reicht ihm den Stadtplan und eine Straßenskizze, auf der er mit klaren sauberen Strichen eine Route eingetragen hat. „Hier ist die Nummer der Straßenbahn. Du wirst um sechs Uhr zurück sein, bitte." Das war ein Befehl, keine Bitte. Toby nickt und nimmt das Geld. Onkel öffnet ein Notizbuch und schreibt den Betrag auf eine leere Seite, auf der Tobys Name steht. Dann schüttelt er ihm die Hand, nickt dem Schatzmeister zu und verläßt sichtlich erleichtert das Zimmer.

„Kommen Sie, bitte." Der Schatzmeister hält Toby die Tür auf. „Ich zeige Ihnen die Schule."

Der Klassenraum erinnert Toby stark an die Klassenzimmer in seiner Grundschule: Reihen von hölzernen Pulten, ein Lehrerpult vorn, eine Tafel auf einem Ständer. Er liest, was sein Vorgänger angeschrieben hat.

Gleich getan ist viel gespart.
Die Abendglocke ist das Grabgeläut des Tages.
Viele Köche verderben den Brei.
Beginne keinen Satz mit „Aber" oder „Und".

Toby hofft, daß er die Tafel mit ähnlich eindrucksvollen Sätzen wird füllen können.

„Die Lehrbücher", bemerkt der Schatzmeister und legt einen Stapel abgegriffener Bücher auf das Pult. Toby nimmt eines zur Hand und schlägt es auf.

Ein Kricketspiel

„The bowler ate a bowl of cherries, then he bowled a maiden over."*

Erklären Sie, warum dieser Satz komisch ist. Schreiben Sie aus dem folgenden Abschnitt alle Wörter heraus, die eine Doppelbedeutung haben …

* Doppeldeutiger Sinn: „Der Ballmann aß eine Schüssel Kirschen, dann warf er ein Mädchen um (oder: brachte es außer Fassung)."– Anmerkung der Übersetzerin

Der Schatzmeister beobachtet Toby und wartet auf seine Reaktion. Toby schluckt. „Ein interessantes Buch“, sagt er einlenkend. „Englisch ist eine sehr seltsame Sprache“, fügt er hinzu und lächelt hilflos.

„Aus diesem Grund sind Sie hergekommen“, entgegnet der Schatzmeister ausdruckslos. „Um Englisch zu unterrichten.“ Toby trottet hinter ihm her, um die anderen Räume der Schule zu besichtigen: zwei oder drei weitere Klassenzimmer, ein Garderobenraum, ein Waschraum, ein Materialraum, das Büro des Schatzmeisters und Onkels Büro, in das er einen flüchtigen Blick werfen darf, bevor die Tür wieder geschlossen wird, wobei er weitere Stiche mit biblischen Szenen an der Wand entdeckt.

Als der Rundgang beendet ist, merkt man deutlich, daß der Schatzmeister den ungelegenen Besucher am liebsten bald los wäre. Toby bedankt sich bei ihm, erhält noch ein paar Tips, wie er am besten ins Stadtzentrum kommt – und ist heilfroh, endlich gehen zu können, wobei er sich fragt, weshalb der andere ihn so abweisend behandelt. Er weiß ja nicht, wie wenig der Schatzmeister verdient, wie spät es immer wird, bis er die Schule abends abschließen kann, und welch abgrundtiefen Groll er gegen Onkel hegt …

In späteren Jahren hat Toby manches Mal versucht, sich diesen ersten Nachmittag in Wien in Erinnerung zu rufen. Aber ohne Erfolg. Was hat er eigentlich getan oder gesehen? Eine wirre Mischung von Palästen, Statuen, breiten Straßen und stillen Gassen, exotischen Gerüchen und faszinierenden Geräuschen bleibt in seinem Gedächtnis haften.

Toby vergißt schnell Onkels Stadtplan und bummelt auf eigene Faust umher. Nachdem er eine halbe Stunde lang durch einen großen Park in der Nähe der Schule gelaufen ist, befindet er sich plötzlich auf einer breiten Straße, die aus der Stadt hinausführt. Da er befürchtet, nicht mehr zurück zu finden, fragt er nach dem Weg und bemerkt mit freudiger Erregung, daß er auf der „Landstraße“ steht, die Metternich als die Grenze zu Asien bezeichnet hat. Die Witzeleien im Zug fallen ihm ein, der spöttische, arrogante Hans Braun – und die Erinnerung an diese demütigende Erfahrung verpaßt seiner Freude einen gewaltigen Dämpfer, so daß er umgehend kehrtmacht und wieder in die belebten Straßen des Stadtzentrums zurückkehrt.

In den Straßen begegnen ihm dunkelhäutige Zigeuner, Ungarn mit herabhängenden Schnurrbärten, Männer in Lederhosen und mit einem Gamsbart am Hut. Auf einmal steht er vor dem Stephansdom. Eine *sehr schöne* Kathedrale, hat Frau Onkel gesagt.

Im Innern bleibt Toby eine Zeitlang verwirrt im Halbdunkel stehen. Er lauscht – zum ersten Mal in seinem Leben – einer gesungenen Liturgie. Ungläubig starrt er auf die Bildtafeln an den Wänden und den Zierat um sich herum.

Als er wieder ins Tageslicht tritt, beginnt er nach einem Restaurant Ausschau zu halten. Aber er ist nicht mit den hiesigen Preisen vertraut und hat keine Vorstellung davon, was billig und was teuer ist. Also geht er in ein Café in einer Seitenstraße und bestellt den kleinsten Kaffee und ein Blätterteiggebäck. Es wird auf einem silbernen Tablett serviert, zusammen mit einem kleinen Glas Wasser. Das Gebäck ist ein luftiges, mit Sahne gefülltes Gebilde, das köstlich schmeckt, allerdings in keinster Weise den Hunger vertreibt. Der Kaffee ist dick, schwarz und unglaublich bitter. Der Ober sieht ihn verständnislos an, als Toby um Milch bittet, also trinkt er das Gebräu, so wie es ist, und schüttet rasch das Wasser hinterher, um den bitteren Geschmack wegzuspülen.

Unbefriedigt macht sich Toby auf den Heimweg zu Onkels Haus in Kaisermühlen. Als er dort ankommt (nachdem er zweimal in die falsche Straßenbahn eingestiegen ist), fühlt er sich schwindelig, und ihm ist ziemlich übel. Glücklicherweise hat er sich frühzeitig auf den Heimweg gemacht – eben weil er befürchtete, den falschen Weg einzuschlagen, und wird mit einem zufriedenen Gebrumm von Onkel belohnt, als er drei Minuten vor sechs das Haus betritt.

„So, du hast dir also unsere Stadt angeschaut. Und was hast du gesehen?“

Er versucht, Toby einen Bericht von seinem Stadtrundgang zu entlocken, aber Toby kann sich kaum an Straßen erinnern, durch die er gelaufen ist, oder an Bauwerke, vor denen er bewundernd gestanden hat.

„Hast du die Universität gesehen? Warst du am Kaiserlichen Palast? Am Stephansplatz? Am Neuen Markt? Natürlich warst du am Maria-Theresien-Platz …“

„Der Junge ist müde“, nimmt Frau Onkel Toby in Schutz. Sie breitet eine weiße Spitzendecke über den Tisch und deckt ihn mit Suppentellern und schwerem Silberbesteck. Aus der Küche dringt ein Duft, für den Toby sein Erstgeburtsrecht verkauft hätte. Es fällt ihm schwer, sich auf Onkels Worte zu konzentrieren.

„Ich bin in die Kathedrale gegangen“, bemerkt er.

Das hätte er nicht sagen sollen; über Onkels Gesicht fällt ein Schatten. „Es war ... unangenehm“, fügt Toby hinzu. „Ich bin wieder rausgegangen.“

Das klingt schon entschieden besser. Onkels aggressive Gesichtszüge entspannen sich. „Gott wohnt nicht in Tempeln, die von Menschenhand gemacht sind“, zitiert er salbungsvoll.

„Du willst dich vor dem Essen sicher frisch machen“, sagt Frau Onkel. „Wir essen um sieben.“

Toby geht dankbar auf sein Zimmer. Aus dem Wasserkrug steigt eine dünne Dampfwolke, und ein rauhes Handtuch liegt sauber gefaltet daneben. Nachdem er sich gewaschen hat, fühlt Toby sich schon viel besser. Er setzt sich eine Weile aufs Bett und versucht, auf dem Stadtplan nachzuvollziehen, wohin ihn sein zielloses Herumlaufen geführt hat. Und ehe er sich’s versieht, ist es fünf vor sieben und Zeit, nach unten zu gehen.

Sie setzen sich im vorderen Salon gemeinsam an den Tisch. Onkel bleibt stumm und unbewegt, als seine Frau große, abgedeckte Schüsseln aus der Küche hereinträgt und in die Mitte des Tisches stellt. Toby, der irgend etwas sagen will, stellt eine Frage nach der Verzierung auf der größten Schüssel. Er ist gerade mitten in einem komplizierten und wohl erdachten deutschen Satz, als Onkel sich plötzlich erhebt. Auch Toby macht sogleich Anstalten, aufzustehen, aber Frau Onkel gibt ihm zu verstehen, daß er sitzen bleiben soll. Onkel spricht ein kurzes und schnelles Tischgebet und setzt sich wieder hin.

Tobys Gesicht ist tiefrot geworden, aber Frau Onkel beantwortet seine Frage auf englisch, als ob nichts geschehen sei. „Das ist eine schwäbische Schüssel“, sagt sie. „Wir kaufen sie hier in Wien auf dem Markt. Ein hübsches Stück.“ Sie runzelt die Stirn. „Hübsch? Ist dies das richtige Wort?“

„Ja“, sagt Toby behutsam, „obwohl ...“

Ohne jegliche Rücksicht auf ihre Unterhaltung platzt Onkel dazwischen. Er räuspert sich so auffällig, daß er die Aufmerksamkeit der anderen unwillkürlich auf sich zieht. „Die Nachrichten vom Balkan, sie sind nicht gut. Die Armeen Serbiens und Bulgariens machen mobil. Sie marschieren auf die türkische Grenze zu."

Nun läßt Onkel sich über die verschiedensten Themen aus, von der drohenden Kriegsgefahr in den Balkanstaaten zu den neuen jüdischen Geschäften, die sich in der Stadt niedergelassen haben, und über den Niedergang der moralischen Werte in Wien. Frau Onkel sagt sehr wenig und begnügt sich damit, Essen auf den Tisch zu bringen und die leeren Teller abzuräumen. Toby begreift rasch das Protokoll an Onkels Tisch. Man erwartet von ihm, daß er auf Onkels Reden verständig antwortet, doch niemals hat er selbst ein Gesprächsthema anzuschneiden. Es ist fast so, als führe Onkel ganz allein ein Gespräch, während die anderen nur eine Zuschauerrolle einnehmen.

Das Essen ist zufriedenstellend. Toby weiß noch nicht, wie selten das in Onkels Haus vorkommt, sonst würde er es sicher mit größerer Hochachtung verzehren. Frau Onkels Kochkunst ist bestenfalls leidlich zu nennen, aber heute hat sie auf verborgene Talente zurückgegriffen, um den Besucher aus England willkommen zu heißen. Und Toby verschlingt das Ergebnis voll Dankbarkeit. Bald fühlt er sich weniger erschöpft, der Hunger und die Müdigkeit verschwinden, und er ist in der Lage, sich an dem Gespräch zu beteiligen – soweit das bei Onkel überhaupt möglich ist. Zumindest fallen seine Antworten jetzt weniger einsilbig aus. Onkel selbst wird im Verlauf der Mahlzeit immer schweigsamer und widmet sich statt dessen dem Essen. Anscheinend ist er darauf bedacht, dieses unerwartete Glück nach Kräften zu genießen.

Allmählich befällt Toby eine andere Art von Erschöpfung. Die aufgestaute Müdigkeit seiner langen Reise, die vielen neuen Eindrücke und das Heimweh, das er nicht ganz abschütteln kann, überwältigen ihn. Bald merkt selbst Onkel, daß Toby kaum noch die Augen aufhalten kann. Frau Onkel, die das schon viel früher gesehen hat, fragt, ob Toby heute vielleicht früh zu Bett gehen möchte. Er kann sich nicht erinnern, wann er das letzte Mal um halb neun ins Bett gegangen ist, aber er nimmt den Vorschlag dankbar an. Frau Onkel verschwindet, um sein Bett zu richten.

„Vielleicht möchtest du noch eine Weile lesen", meint Onkel und holt ein dickes Buch aus dem Regal. „Jetzt wollen wir danken."

Ohne eine Warnung senkt er den Kopf und spricht schnell ein kurzes Dankgebet, das er ebensogut auf Chinesisch hätte halten können, so viel hat Toby davon verstanden. Aber er beschließt das Gebet gemeinsam mit Onkel mit einem inbrünstigen „Amen".

Als er den Kopf hebt, bemerkt Toby, daß Frau Onkel zurückgekehrt ist und ihn mit einem Ausdruck ansieht, der einem Lächeln nahekommt. So flüchtig huscht dieser Ausdruck über ihr Gesicht, daß Toby sich fragt, ob er nicht von einem Lichtreflex getäuscht worden ist. Als er wieder zu ihr hinblickt, sieht sie so niedergeschlagen aus wie zuvor und starrt ernst zu Boden.

„Morgen wirst du deinen ersten Unterricht an der Schule halten." Das ist heute morgen mit dem Schatzmeister so besprochen worden. Toby ist bestürzt gewesen, daß er praktisch sofort seine Arbeit aufnehmen soll, aber er hat sich nicht getraut, die Frage zu stellen, ob er vielleicht ein paar Tage freibekäme, um sich zurechtzufinden.

„So bald?" fragt Frau Onkel.

Onkel beachtet sie nicht. „Schlaf gut", sagt er und reicht Toby das dicke Buch. Der hat angenommen, es sei eine theologische Abhandlung oder ein anderes erbauliches Werk – und stellt erleichtert fest, daß es sich um einen Bildband über Wiener Gebäude und Denkmäler handelt.

Toby wünscht den Onkels eine gute Nacht und steigt sichtlich erleichtert die Treppe hinauf. Als er die Bettdecke hochschlägt, entdeckt er erfreut, daß ein warmer, in ein Tuch gewickelter Ziegelstein zwischen den Laken liegt. Dankbar rollt er sich zusammen. Er wirft noch einen Blick in Onkels Bildband, entscheidet sich schnell dafür, ihn lieber ein anderes Mal durchzublättern.

Beim Einschlafen kommt es ihm so vor, als höre er Onkel und seine Frau unten einander anschreien. Hoffentlich streiten sie nicht meinetwegen, denkt er.

Arbeitsbeginn

Aus einem der Zimmer im Stockwerk unter der Schule kommt Musik. Genauer gesagt, Musikinstrumente machen Geräusche; denn Toby kann das Krächzen und Klopfen, das er hört, nicht mit irgendeiner Musik in Zusammenhang bringen, die er von zu Hause her kennt. Als er die Treppe hinaufsteigt, versucht er, in die Wohnung zu spähen, aber vor dem Fenster hängt eine Tüllgardine, so daß er nicht erkennen kann, wer da spielt.

Er stößt die Tür zur Schule auf und wünscht, daß Onkel bei ihm wäre. An diesem Morgen hat er Toby zwei Schlüssel überreicht – ein kleines Ritual, dem er eine übermäßige Feierlichkeit verlieh. „Dieser ist für die Schule", hat er erklärt, „und dieser für mein Haus. Aber du wirst ihn nicht oft brauchen. Meine Frau ist in der Regel zu Hause. Was mich betrifft, ich bin nicht oft in der Schule. Ich habe andere Dinge, um die ich mich kümmern muß."

Der Schatzmeister blickt auf, als Toby eintritt und schaut ihn finster an. „Die Klasse wartet", sagt er. „Bitte gehen Sie gleich hinein." Toby sieht unwillkürlich auf die Uhr an der Wand; wie er vermutet hat, ist er ein paar Minuten zu früh gekommen. Er spielt mit dem Gedanken zu protestieren. Setz ihm Widerstand entgegen, sagt er sich trotzig, bevor es zu spät ist. Aber der Schatzmeister hält ihm ungeduldig die Tür auf.

Als er den Korridor entlanggeht, hört er wieder die Musik, die aus den Räumen darunter zu kommen scheint. Aus dem Klassenzimmer dringt ihm ein lautes Stimmengewirr entgegen, das jedoch auf der Stelle verstummt, als er die Tür öffnet.

Zwanzig Schüler sitzen wartend da, in ordentlichen Reihen. Sie sind ganz unterschiedlichen Alters; manche wirken schon recht alt und sehen ein wenig lächerlich aus, wie sie sich in die schmalen Schulbänke drücken, die – so vermutet Toby – ursprünglich aus einer Schule für Kinder stammen. Die meisten sehen aus, als seien sie in den Zwanzigern oder Dreißigern. Drei Frauen sind in der Klasse, zwei ältere von mindestens fünfzig Jahren und eine in Tobys Alter. Sie trägt ein rotes Kleid und ist außergewöhnlich hübsch. Toby errötet, als er sie sieht, und lenkt seinen Blick auf die beiden älteren Frauen, deren graues Haar straff zurückgekämmt und zu einem Knoten gesteckt ist. Sie mustern ihn mit einem mißbilligenden Gesicht.

Toby umklammert in der Tasche den Schlüssel zu Onkels Haus und versucht, seine Gedanken zu ordnen. Wie soll er anfangen? Was soll er als erstes sagen?

Die Schüler sehen ihn unbewegt an. Das Mädchen im roten Kleid spitzt höchst konzentriert einen Bleistift, ihre Augen auf sein Gesicht gerichtet. Er fühlt, wie er rot wird.

„Guten Morgen", sagt Toby zögernd auf Deutsch und formt dabei sorgfältig die Vokale. „Ich bin Herr Burgate. Ich komme aus England. Heute beginnen wir unseren Englischunterricht. Wir lernen, in London nach dem Weg zu fragen. Wie ein Tourist."

Das Mädchen im roten Kleid runzelt die Stirn. Ein ungefähr vierzigjähriger Mann mit einem stark geröteten Gesicht hebt die Hand.

„Ja?"

Der Mann erhebt sich schwerfällig. „Mister Burgate", sagt er in korrekten, sorgfältig gewählten englischen Worten, „dies ist eine Klasse, in der man Englisch lernt."

Toby nickt.

„Also müssen Sie mit uns auf Englisch sprechen." Die Klasse nickt begeistert. „Wir benutzen jede Gelegenheit zum Lernen", fährt der Mann fort. „Ist eine teure Klasse", fügt er erklärend hinzu.

Toby räuspert sich. Die Klasse starrt ihn erwartungsvoll an.

Der Mann setzt sich. „Mein Name", beginnt er auf englisch, „heißt Heinrich Spasser."

„Mein Name *ist* Heinrich Spasser", korrigiert Toby automatisch. Die Klasse strahlt. „Mein Name ist Heinrich Spasser", wiederholen sie im Chor. „Die Betonung liegt auf dem zweiten Wort", erklärt er. Zwanzig Hände greifen nach zwanzig Füllern, und für eine Weile hört man nur das Kratzen der Federn auf dem Papier.

Toby blickt über die gebeugten Köpfe aus dem Fenster. Zwei ältere Wiener unterhalten sich angeregt im Hof, während ein kleiner Hund zu ihren Füßen die Blumen ausscharrt, die am Vortag so liebevoll gepflanzt worden sind. „Ich hatte gehofft", sagt Toby auf englisch, „daß ich selbst besser Deutsch lernen würde, während ich Sie in Englisch unterrichte."

„Nein!" Spasser schüttelt den Kopf. „Wir bezahlen. Also wir lernen. Das ist fair nur."

„Das ist nur fair", korrigiert Toby. Spasser spitzt den Mund zu einem übertriebenen Oval. „Nuuur fääär", wiederholt er. Die Klasse murmelt zustimmend.

Toby nimmt das Lehrbuch zur Hand. „Seite fünf", sagt er und betont dabei boshaft seinen nordenglischen Akzent. „Ein Besuch im Parlament."

Eine Stunde später erklärt er den Unterricht für beendet. Die Klasse bedankt sich im Chor. Toby blickt die Schüler forschend an und sucht nach Lob oder Tadel; aber er sieht nur Leere in ihren Gesichtern. „Morgen treffen wir uns um dieselbe Zeit. Bereiten Sie bitte das zweite Kapitel vor."

Einer nach dem anderen verläßt das Klassenzimmer. Toby räumt seine Sachen zusammen und bleibt an der Tür stehen. Spasser nickt ihm im Vorübergehen zu, eine knappe, militärische Geste der Anerkennung; das Mädchen im roten Kleid lächelt, aber ihre Augen sind auf einen Punkt fünfzehn Zentimeter hinter Tobys linkem Ohr gerichtet. Einige andere murmeln einen kaum vernehmbaren Abschiedsgruß.

Bevor die nächste Klasse kommt, hat Toby eine halbe Stunde Pause. Er schließt die Tür hinter sich zu und geht – ungeachtet des erstaunten Blickes, den ihm der Schatzmeister zuwirft – hinunter in den Hof. Der liegt verlassen da. Toby läuft durch den überdachten Torgang hinaus auf die Straße.

Nicht viele Menschen sind unterwegs. Er schlendert zu einem nahegelegenen Kaffeehaus. Ein paar Einheimische unterhalten sich, lesen Zeitung oder sehen einfach nur aus dem Fenster. Toby hat bereits gemerkt, daß für einen Wiener das *Kaffeehaus* ein wesentlicher Bestandteil des Lebens ist. Freunde treffen sich hier, Geschäfte werden abgeschlossen – manchmal werden sogar Gedichte und Romane geschrieben.

Er bestellt eine kleine Tasse bitteren Kaffee, wodurch sein Vorrat an österreichischem Geld weiter dahinschwindet. Während er ihn langsam schlürft, blättert er in einer der Zeitungen, die ausliegen, und übersetzt sich mühsam die Schlagzeilen. Die Balkanregion stürzt kopfüber in den Krieg, steht da. Serbien, Montenegro,

Bulgarien und Griechenland beobachten die türkische Provinz Mazedonien. Es ist ein ungleicher Zusammenschluß alter Rivalen, aber – so erinnert die Zeitung ihre Leser – die Türkei ist hier einst ein mächtiger Feind gewesen, und das könnte sich sehr wohl wiederholen. Toby bildet stumm die deutschen Worte, während er liest, und verzerrt dabei seinen Mund in übertriebener Weise, wie er es seine Schüler gelehrt hat.

Ein paar Tische von ihm entfernt sitzt eine gutaussehende junge Frau, ein wenig älter als er selbst, in Satin und Pelz gekleidet, bei einem korpulenten Mann mittleren Alters. Sie starrt Toby ein paar Sekunden lang gleichgültig an, bevor sie sich wieder angeregt mit ihrem Begleiter unterhält.

Sie ist schön, denkt Toby, und vergleicht sie mit den Frauen, die er von der Versammlung her kennt – ernste, unscheinbare Mädchen, die das Haar streng zurückgenommen und meist zu einem Knoten gesteckt haben. Sie sehen alle so blaß aus, überlegt er; wenn er an die Bibelstunde denkt, die jeden Donnerstagabend in Vaters engem Salon stattfindet – er kann sich an keine Frau erinnern, die richtig gut aussieht. Er wirft noch einen kurzen Blick auf die Frau am Nachbartisch. Ihre Augen funkeln, ihre Haut strahlt Frische und Wärme aus. Er fragt sich, wie es wäre, sie in Englisch zu unterrichten, und so wandern seine Gedanken wieder zu dem Mädchen in Rot. Im Nu ist die halbe Stunde verstrichen, und er muß zur Schule zurücklaufen, wo ihn eine neue Klasse erwartet.

Das Lehrbuch, aus dem er unterrichten soll – *Englisch für Ausländer* –, schildert ein England, das wenig Ähnlichkeit besitzt mit dem Land, das er kennt; ein England, in dem die Leute unkomplizierte Fragen stellen und einfache Antworten erhalten. Nun schon etwas sicherer geworden, entschließt er sich zu einem Experiment.

„Ich möchte, daß Sie mir Fragen stellen“, sagt er. „Über England.“ Er schließt das Buch. „Irgendwelche Fragen. Über irgendein beliebiges Thema.“

Die Klasse hält vor Schreck den Atem an. Ein Mann in der ersten Reihe hebt vorsichtig die Hand. Er runzelt die Stirn, seine dicken Augenbrauen stoßen zusammen, als er die englischen Worte mit einem stark deutschen Akzent ausspricht: „Meester Burgate ...“

„Ja?“ ermuntert ihn Toby.

„Meester Burgate, wie sollen wir wissen, welche Fragen wir stellen sollen? In dem Buch gibt es viele Fragen. Warum sollen wir die Fragen nicht benutzen? Denn, wenn wir das nicht tun – wie sollen wir richtige Worte wissen?“

Toby kommt zu dem niederschmetternden Schluß, daß diese Klasse nicht kooperativer sein wird als die erste. Er macht einen letzten Versuch, ihr Interesse zu wecken. „Sie könnten mir Fragen stellen über mein Zuhause, über meine Ausbildung, über englische Städte, vielleicht über das Wetter –“

Die Augen einer Frau leuchten auf, und sie hebt die Hand. Toby sieht auf die Namensliste. „Ja, Fräulein Garner?“

„Mister Burgate ...“, sie hält inne und kostet den Triumph aus, die erste gewesen zu sein, der eine Frage eingefallen ist. „Mister Burgate – wie, bitte, ist Ihr Name?“

Toby seufzt und schaut Fräulein Garner hilflos an. Sie ist eine Frau mittleren Alters, die sich offenbar die Brauen abrasiert, um sie danach mit einem Graphitstift wieder aufzumalen. „Mein Name“, versichert er ihr, „ist Toby Burgate. Toby ist mein *Vorname.* Burgate ist mein *Nachname.* Manchmal haben wir auch noch mehr Vornamen. Mein zweiter Vorname ist John.“

Sie strahlt. „Und *mein* Name ist Fräulein Garner.“

„Und Ihr Vorname?“ Er wartet geduldig, während sie die Frage bedenkt und dabei stumm die Lippen bewegt. Dann hebt sie befriedigt ihre gemalten Augenbrauen.

„Mein Vorname“, meint sie selbstbewußt, „ist *Fräulein.*“

Toby schüttelte den Kopf und öffnete das Buch *Englisch für Ausländer.* „Seite fünf“, sagt er resigniert. „Ein Besuch im Parlament.“

So vergehen die Tage einer nach dem anderen. Lichtblicke im Unterricht sind die drei oder vier Schüler, die ehrlich daran interessiert scheinen, Englisch zu lernen. Die meiste Zeit bringt Toby jedoch damit zu, dem Rest zu helfen, sich durch die Übungen des Lehrbuchs hindurchzukämpfen. Die meisten machen nur langsame Fortschritte, und einige überhaupt keine.

Die Schule, das wird ihm schnell klar, ist sehr schlecht organisiert. Es gibt noch drei weitere Lehrer, aber sie kommen nur gelegentlich.

Onkel ist kaum einmal anwesend. Manchmal erscheint er kurz und redet mit dem Schatzmeister. Dieser benimmt sich Toby gegenüber reserviert, spricht ihn jedoch am Ende der ersten Woche an. „Sie machen Ihre Sache gut", sagt er. „Die Schüler sind zufrieden mit Ihnen."

Toby ist überrascht, begreift dann aber, daß diese Aussage ein hohes Lob ist. Eine Weile weiß er nicht, was er sagen soll. In der Wohnung darunter übt ein Sopran eine gequälte Melodie, die nirgendwo hinzuführen scheint. „Danke", sagt Toby. Ein Piano und eine Violine sind dazugekommen. Obwohl sie durch den dazwischenliegenden Boden gedämpft wird, findet Toby, daß die Musik merkwürdig klingt. „Es ist freundlich, daß Sie mir das sagen."

„Ich gebe nur weiter, was man mir mitgeteilt hat", nimmt der Schatzmeister dem Lob die Spitze. „Es ist notwendig, daß ... Oh, entschuldigen Sie mich! Einen Augenblick!" Er stürmt in den Korridor, die Treppe hinunter und klopft heftig an die Tür der unteren Wohnung. Es dauert mindestens eine Minute bis jemand öffnet. Es folgt eine hitzige Auseinandersetzung, wobei die Stimme des Schatzmeisters am lautesten zu hören ist.

Erhitzt und hilflos kommt er wieder herauf, während die Musik unten erneut einsetzt. Lauter und aggressiver. „Das sind Barbaren, diese Musikstudenten", schimpft er erregt und stampft mit dem Fuß auf den Boden.

„Ich glaube, jetzt wird es ruhiger", sagt Toby, als die Musik schwächer wird, bis man sie kaum mehr hört.

In den folgenden Wochen bleiben die ständigen Auseinandersetzungen des Schatzmeisters mit den Musikern eine willkommene Abwechslung für Toby. Die Studenten selbst bekommt er freilich so gut wie nie zu Gesicht, höchstens wenn sie sich hin und wieder mal im Treppenhaus begegnen. Sie sind ungefähr in seinem Alter, kommen und gehen zu zweit oder dritt, sind offenbar eng befreundet. Sie nicken Toby höflich zu, machen aber keine Anstalten, mit ihm ein Gespräch zu beginnen. Schade, findet Toby, er hätte die jungen Leute gern näher kennengelernt.

An den folgenden drei Sonntagen begleitet Toby Herrn und Frau Onkel in die Versammlung. Der Gottesdienst erinnert ihn ein bißchen an zu Hause, auch die Versammlungshalle weist kolossale

Ähnlichkeit mit der in Lancaster auf. Einige endlos lange Lieder werden gesungen, von einem alten Harmonium begleitet. Die Ältesten, die während des Gottesdienstes vorn sitzen, wechseln sich bei den Gebeten und Auslegungen ab. Nach kurzer Zeit begreift Toby, daß er *zwei* deutsche Sprachen wird lernen müssen: eine, die im Alltag gesprochen wird, und eine andere, die von den Mitgliedern der Versammlung im Gottesdienst benutzt wird. In England ist ihm das nicht so deutlich bewußt geworden. Aber wenn er recht überlegt, war es ähnlich.

Die Gemeindeglieder heißen Toby herzlich willkommen, viele laden ihn ein. Er wird in Salons geführt, die dem in Onkels Haus gleichen, über sein Leben zu Hause und sonstige geistliche Dinge befragt. Da er jedoch den *besonderen* Wortschatz, der in der Versammlung gepflegt wird, nur unzureichend beherrscht, kehrt er von diesen Besuchen stets mit dem unangenehmen Gefühl heim, einen dummen oder ungehobelten Eindruck hinterlassen zu haben.

Es gibt sehr wenig junge Leute in der Gemeinde, und diese wenigen bleiben höflich, aber distanziert. Nach kurzer Zeit gibt Toby den Versuch auf, sich mit ihnen anzufreunden. Auch seine Besuche bei Gemeindegliedern werden in dem Maße seltener, wie die Arbeit in der englischen Schule zunimmt. Und so kommt es, daß die Versammlung, die zu Hause während der ganzen Woche der Mittelpunkt in Tobys Leben gewesen ist, in Wien ganz einfach zu einer Stunde Gottesdienst am Sonntagmorgen wird.

Trotzdem begegnet er einigen Gemeindemitgliedern auch während der Woche, denn viele von ihnen sind häufige Besucher im Haus der Onkels. Die Ältesten und Gemeindeleiter kommen, um mit Herrn Onkel zu reden; Frau Onkel hat ihren eigenen kleinen Kreis von Freundinnen, die an Nachmittagen kommen, im vorderen Salon sitzen und fleißig sticken oder Näharbeiten verrichten. Sie reden unaufhörlich, die Köpfe tief über ihre Handarbeit gebeugt, zuweilen flüstern oder lachen sie auch. Wenn Toby früh nach Hause kommt und sie dort sitzen sieht, läßt ihn Frau Onkel nicht etwa still in seinem Zimmer verschwinden, sondern besteht darauf, daß er in den Salon kommt und ihren Freundinnen vorgestellt wird. Toby bemerkt, daß Frau Onkels Augen nach diesen Besuchen leuchten und sie in den folgenden Stunden angeregter redet.

Onkels Freunde sind ganz anders. Sie erscheinen in teuren Kutschen oder motorisierten Wagen und klopfen feierlich an die Eingangstür. Wenn ein Besucher erwartet wird, schrubbt Frau Onkel die Haustreppe und kehrt den Teppich im Salon, räumt die Dinge des täglichen Lebens in die Küchenschränke und deckt den Tisch mit dem feinen Porzellan, das nur zu besonderen Gelegenheiten hervorgeholt wird. Am Anfang wird Toby gelegentlich dazugebeten, um ernst und unerschütterlich dasitzenden Männern in schwarzen Anzügen über sich Bericht zu erstatten. Er tut ihnen den Gefallen, aber er fühlt sich dabei wie ein Museumsstück, das zur Schau gestellt wird.

Jede Woche schreibt Toby an seinen Vater. Aus den Briefen sprechen ein Selbstvertrauen und eine Begeisterung, die er allerdings nicht wirklich empfindet: „Wien ist eine sehr bedeutende Stadt, Vater, und es gibt viele geschichtsträchtige Bauwerke. Ich habe aber noch nicht viele besichtigt …"

Das ist richtig. Die Schule liegt in einem nahegelegenen Vorort, und Toby hat einfach keine Lust, nach Unterrichtsschluß die Innenstadt auf eigene Faust zu erkunden. Nach seinem Umherstreifen am ersten Nachmittag geht Toby jetzt nur noch in die Stadt, um notwendige Dinge zu kaufen, die er in Kaisermühlen nicht bekommen kann. An solchen Tagen stöbert er gern in den Buchläden herum, die sich im Schatten des Doms zusammendrängen. Er hofft, ein englisches Buch zu finden – allerdings ohne Erfolg.

Doch es ist nicht so sehr der Mangel an Lesestoff, der ihn enttäuscht, als vielmehr die Stadt selbst. Sie erscheint ihm oft wie ein Fenster zum Märchenland, ein Ort des Reichtums und der Schönheit, den er bewundert, zu dem er jedoch keinen Zutritt hat. Er schlendert die Kärntner Straße hinunter und preßt die Nase gegen die Schaufensterscheiben, starrt auf elegante Kleidungsstücke, die ihm in seiner dicken Wollhose und dem kratzigen Hemd vorkommen, als seien es Kleider, die vielleicht ein Prinz tragen würde. Die Straßen in diesem Teil der Stadt sind jeden Tag von Menschen bevölkert, die umherschlendern oder im Licht der Herbstsonne ihren Milchkaffee trinken. Manchmal rauscht eine Kutsche vorbei – mit viel Hufgeklapper und Wagengeratter –, und Toby erhascht einen Blick auf vornehme Fahrgäste, in Pelz und Seide gekleidet, die von livrierten Kutschern gefahren werden.

In der Menge der Menschen fallen Toby einzelne Frauen auf, deren Kleider und Aufmachung grell und aufdringlich wirken. Mit schwarz umrandeten Augen und tiefrot nachgezeichneten Lippen schlendern sie durch die belebten Straßen, als seien sie auf Beute aus. Vage kommt ihm zu Bewußtsein, daß dies wohl die sündhaften Frauen sein müssen, vor denen ein Prediger in der Versammlung in England einmal gewarnt hat. Diese sündigen Frauen seien darauf aus, einen leichtsinnigen jungen Mann vom Pfad der Gottesfurcht und Tugend abzubringen. Verlegen wendet Toby den Blick ab, wann immer er jenen gefährlichen Frauen begegnet; sie ihrerseits geben durch nichts zu erkennen, daß sie den schüchternen jungen Mann, der an ihnen vorbeihastet, überhaupt bemerkt haben.

Neben allem Glanz und Reichtum sieht Toby auch die armen Leute, die sich kaum in die Hauptgeschäftsstraßen oder die eleganten Alleen vorwagen, denen er jedoch häufig in den kleineren Straßen am Dom und in den weniger glanzvollen Vierteln begegnet. Ihre Kleidung ist schäbig, ihrem Gang fehlt die Eleganz und das Selbstvertrauen der reichen Spaziergänger. Dies ist eine Stadt, zu dem Schluß ist Toby recht bald gekommen, in der die schönen Jungen und die reichen Alten begünstigt werden.

Bald hört Toby auf, überhaupt irgendwelche Sehenswürdigkeiten zu besichtigen. Er hält sich vom Stadtzentrum fern und konzentriert sich vollständig auf seine Arbeit. Im ersten Monat kommt er abends meistens so erschöpft nach Hause, daß er keinen anderen Wunsch mehr hat, als sein Abendessen einzunehmen und sich früh schlafen zu legen. Seine Briefe an den Vater hingegen vermitteln den Eindruck eines ausgefüllten und interessanten Lebens:

„Die Schule ist wirklich sehr interessant. Ich gebe drei Stunden täglich und habe auch einige Privatschüler. Im selben Gebäude wohnen einige Musiker, die an der Akademie studieren …“

Hier muß er lächeln, da er an die Auseinandersetzungen des Schatzmeisters denkt.

„Unter meinen Schülern befinden sich auch einige aus der hiesigen Versammlung. Bitte, Vater, richte der Gemeinschaft meine

Grüße aus und sage ihnen, daß ich mit der hiesigen Gemeinschaft jeden Sonntag Gottesdienst feiere."

An diesem Punkt angelangt, kratzt er sich gewöhnlich am Kopf und denkt angestrengt nach. Was kann er noch berichten? Da er außer der Schulroutine keine Neuigkeiten mitzuteilen weiß, füllt er seine Briefe oft mit einer Zusammenfassung der jeweiligen Sonntagspredigt, oder er beschreibt einige seiner originellen Schüler. Bezeichnenderweise erwähnt er in seinen Briefen niemals das Mädchen im roten Kleid – obwohl die Unterrichtsstunde, an der sie teilnimmt, das einzige Ereignis in der Woche ist, dem er mit freudiger Erregung entgegensieht.

Sie ist siebzehn, das hat er mit Hilfe von Onkels rotem Buch herausgefunden. Ihr Name ist Helga Müller, sie wohnt in dem Vorort Döbling und arbeitet als Angestellte in einer Reederei, welche auch die Kosten für den Englischunterricht übernimmt. Mit dem Unterricht hat sie vierzehn Tage vor Tobys Ankunft begonnen. Helga ist mittelgroß, hat seidiges, dunkles Haar und einen Mund, der jederzeit zu einem Lächeln bereit scheint. Toby kann überhaupt nicht aufhören, an sie zu denken.

An dieser Stelle muß erwähnt werden, daß Toby bisher in England sehr wenig mit Mädchen zu tun gehabt hat. Schon seit frühester Jugend wurde er ermahnt, sich das biblische Gebot vor Augen zu halten, nicht mit Ungläubigen an einem Joch zu ziehen. „Deine Mutter und ich haben eine sehr gute Ehe geführt", hat Vater ihm oft erklärt, „weil der Herr für uns beide an erster Stelle stand. So haben wir die richtigen Prioritäten gesetzt." Und so hat Toby immer angenommen, daß zur rechten Zeit schon ein Mädchen in der Versammlung auftauchen werde, in das er sich verlieben würde.

Aber jetzt ist eine andere Zeit und ein anderes Land, überlegt Toby. Und Helga Müller ist *schön.*

Er versucht, mit ihr ins Gespräch zu kommen, doch seine Versuche sind eher unbeholfen. Es gibt auch kaum Gelegenheiten für Gespräche, denn die Schüler kommen zum Unterricht und gehen anschließend gleich wieder fort. Eines Tages macht er den Versuch, Helgas Fortgehen hinauszuzögern.

„Finden Sie den Unterricht hilfreich?" fragt er.

Helga bleibt wie angewurzelt stehen und starrt den verlegenen jungen Engländer an. Er spielt unruhig mit seinen Fingern herum, und sie begreift nicht, was er ihr eigentlich sagen will. „Was meinen Sie?"

„Der Unterricht. Ich frage mich, ob Sie ihn hilfreich finden."

Nun ist sie an der Reihe, verlegen zu sein. „Ich finde ihn sehr gut, danke." Sie spricht ein deutliches Englisch und hat eine gute Aussprache; es gibt nicht viel, was Toby ihr beibringen muß, und bald würde sein Unterricht überflüssig sein.

„Haben Sie irgendwelche besonderen Probleme?"

Einige der anderen Schüler werfen neugierige Blicke auf die beiden, als sie vorbeigehen, und Helga versucht, den Raum zu verlassen. „Nein, mir ist alles ganz klar."

Toby läßt sie unverrichteter Dinge an sich vorbei. „Bitte, sagen Sie mir, wenn es irgend etwas gibt, wobei ich Ihnen helfen kann."

Eine begeisterte Stimme hinter ihm meldet sich zu Wort. „Herr Burgate, ich habe ein Problem. Wann soll ich ein Verb im Passiv benutzen?" Heinrich Spasser hält Toby mit glänzenden Augen sein Übungsheft hin. „Sehen Sie – hier habe ich die Passivform benutzt, und Sie haben das korrigiert. Aber ich verstehe nicht, warum."

Toby seufzt und nimmt Spassers Heft. „Also, Herr Spasser, Sie sehen, daß Sie *hier* und *hier* die falsche *Form* des Verbs benutzt haben ..." Und während Toby sich einer langatmigen Privatstunde mit Spasser widmet, verschwindet Helga mit den anderen die Treppe hinunter.

Später fragt er sich, was Helga wohl an den Abenden unternimmt. Sie wartet nicht mit den anderen an der Straßenbahnhaltestelle, sondern geht die Straße hinunter Richtung Stadt. Döbling ist zu weit entfernt, um zu Fuß dorthin zu gelangen, und von der Gegend, zu der sie läuft, fährt auch keine Straßenbahn in diesen Vorort. Vielleicht hat sie einen Freund ... vielleicht sogar einen Liebhaber ... Toby denkt auf dem Heimweg über diese Möglichkeiten nach, und als er zu Bett geht, kann er länger als gewöhnlich keinen Schlaf finden.

Schließlich bleibt ihm nichts mehr zu tun, als aus dem Bett zu steigen und zu beten – eine Gewohnheit, die er seit seiner Kindheit morgens und abends pflegt. Toby betet immer für seinen Vater. Wenn er in der Stille seines Zimmers an seinem Bett kniet, kommt es ihm fast so vor, als könne er hinüberlangen und ihn berühren. Sein halbherziger Glaube findet in seinen Gebeten nie viel Nahrung, aber er schätzt die Gelegenheit, über sein Zuhause nachzudenken.

Als er für Helga betet, erkennt Toby zum ersten Mal, daß Gebet ein Gespräch ist; das Schweigen, das seinen Bitten folgt, versteht er als eine abschlägige Antwort. Und so beginnt er, mit Gott zu verhandeln, bittet darum, daß Helga ihn begehren möge – als eine Art Belohnung für sein Festhalten am Glauben in einer einsamen fremden Stadt. Es ist mein Recht, so argumentiert er. Dann wird er still, entsetzt über die Kühnheit dieses Gedankens. Wer könnte mit irgendwelchen *Rechten* zu Gott kommen?

„Mach, daß Helga mit mir reden will", sagt er trotzig in die Dunkelheit hinein. „Dann werde ich ihr von dir erzählen."

Jack

Der Morgen beginnt grau und trübselig. Tobys Haar ist schon naß vom nieselnden Oktoberregen, als die Straßenbahn endlich kommt. Innen ist es voller als sonst. Toby wird von einer korpulenten Frau, die mit dem Rücken zu ihm sitzt und ein angeregtes Gespräch mit ihrer Freundin auf dem Sitz dahinter führt, gegen das Fenster gepreßt. Ihr Mantel riecht nach Eau de Cologne. Er wendet sich von ihr ab und starrt aus dem Fenster; beobachtet, wie der Regen in diagonalen Rinnsalen an der Scheibe hinunterfließt.

Sie fahren an Zeitungsständern vorbei, auf denen die unheilvolle Nachricht verbreitet wird, die Türkei habe soeben Bulgarien und Serbien den Krieg erklärt. Eine Nachricht, über die sich Onkel bereits beim Frühstück ausgelassen hat – in einem noch rechthaberischeren Ton als sonst. Alle Fahrgäste in der Straßenbahn reden über die aktuelle politische Lage. Toby, der selten mit den anderen Fahrgästen ins Gespräch kommt, fühlt sich ausgeschlossen und fremd.

Die Bahn fährt durch regennasse Straßen und erreicht schließlich Tobys Haltestelle. Er steigt aus, tappt direkt in eine tiefe Pfütze und rennt die paar Meter im Regen zur Schule, wo er atemlos und durchnäßt ankommt. Mit vor Nässe glucksenden Schuhen begibt er sich in das Büro des Schatzmeisters, um sich in das Anwesenheitsbuch einzuschreiben, was der übergenaue Herr Onkel von allen Lehrern erwartet. Beim Eintreten klopft er sich die Regentropfen aus dem Mantel.

„He! Was *machen* Sie da? Die ganze Tinte verläuft ja hier in dem verdammten Buch." Ein junger Mann, etwas älter als Toby, dreht sich ärgerlich um und hält seinen Füller auf den Neuankömmling gerichtet, als wolle er einen Schlag parieren. Sein Gesicht hellt sich auf, als er Toby erkennt. „Hallo – du bist neu hier. Hab' dich noch nicht gesehen. War einen Monat weg, seit gestern zurück. Ich heiße Smith – Jack Smith. Und du?"

„Toby Burgate." Er ist entzückt, eine englische Stimme zu hören, aber Smiths Lässigkeit ist ihm peinlich. Er hofft nur, daß Onkel nicht da ist.

„Du bist der neue Lehrer, nicht wahr?" Der andere grinst, eine schiefe Grimasse, die sein hageres Gesicht verunstaltet. „Bist du schon Onkel begegnet? Meine Güte, was für ein Ekel. Ein aufgeblasener Kerl, kann ich dir sagen." Er lachte. „Oh! Entschuldige! Natürlich – du wohnst ja bei ihm, nicht wahr! Tut mir leid." Er streckt ihm die Hand entgegen. „Vergiß, was ich gesagt habe. Feiner Kerl, dieser Onkel."

Toby ergreift die dargebotene Hand. „Er war sehr freundlich zu mir", sagt er lahm.

„Ah! Ja, ja. Schrecklich netter Kerl. Schon seiner Frau begegnet? – Ach, natürlich! Süße Kleine. Schon ihre Kochkünste genossen?"

Toby lächelt kläglich, und Smith lacht wieder. „Du hast also. Na, du wirst das überleben. Möglicherweise." Er mustert Toby von oben bis unten. „Wie bist du an die Onkel-Schule geraten?"

„Er hat an die Brüder in der Versammlung geschrieben ...", stammelt Toby.

Smith schüttelt den Kopf. „Keine Zeit, keine Zeit! Das mußt du mir später erzählen. Ich unterrichte heute die Klasse in Handelsenglisch. Du bist ihnen noch nicht begegnet, mir ja auch nicht; wir hatten alle Ferien. Übrigens, wollen wir mal was zusammen unternehmen?“

„Das wäre schön.“ Tobys Stimme klingt allzu eifrig.

„Gehen wir heute abend zusammen essen. In der Stadt. Danach können wir ein paar Bierchen trinken. Wir treffen uns auf der Treppe vom Stephansdom, sechs Uhr. Sei pünktlich!“

Im Hinausgehen hält er noch einmal inne. „Bist du schon Heinrich Spasser begegnet?“

Toby nickt.

„Läßt er dich deutsch reden?“

„Nein.“

„Das ist unser Heinrich“, lacht Smith. „Hat sich sein Englisch verbessert?“

„Nicht besonders“, gesteht Toby geknickt.

„Sie sind es, die Enklisch spräcken müüssen“, sagt Smith wobei er Spassers steife und harte Aussprache nachahmt. „Bis später, also.“ Er packt seine Bücher zusammen und verschwindet.

Toby muß lachen, das erste Mal seit vielen Wochen.

Die ehrwürdigen Glocken schlagen gerade sechs Uhr, als er vor der Treppe des Stephansdoms ankommt. Frau Onkel ist beunruhigt gewesen, als er ihr nachmittags mitteilte, daß er heute nicht zum Abendessen dasein würde. „Herr Smith ist ein weltlicher Mann“, hat sie zweifelnd gesagt. „Er geht in die Oper und zum Tanzen.“

„Der Junge kann selbst auf sich aufpassen“, hat Onkel geknurrt. „Er ist jetzt einen Monat in Wien, und hast du ihn schon einmal tanzen sehen? Ich glaube nicht.“ Dann hat er seiner Frau zugenickt. „Laß ihn gehen. Er hat Geld, er kann bezahlen. Es wird für ihn interessant sein, unsere gute Wiener Küche zu probieren.“

Ein Schatten ist daraufhin über das Gesicht seiner Frau gehuscht, die ihre Schwächen selbst kennt. Toby ist ihrem verletzten Blick ausgewichen. „Also, ich komme nicht sehr spät zurück“, hat er beschwichtigend gemeint.

„Du hast einen Schlüssel“, hat Onkel gelassen gesagt. „Sei bitte leise, wenn du nach Hause kommst. Und bleib in den Hauptstraßen. In den Gassen sind nach Einbruch der Dunkelheit Diebe, die gefährlich werden können.“

Gegenüber vom Dom sitzen die Wiener in Straßenrestaurants im frühen Licht der Abendsonne; nach dem Regen ist es wieder warm geworden. Der Kaffee kühlt in den Tassen ab, während sie reden, streiten und Schach spielen. Über Tobys Kopf ragt der Turm von St. Stephan hoch, von lärmenden Staren umschwirrt. Durch die halbgeschlossene Tür hinter sich hört er den Klang der Orgel in endlosen Variationen. Fast wünscht er, dort drinnen zu sein, um die eintönige Melodie noch besser aufnehmen zu können.

Tobys Blick wandert vom Himmel zur Straße; über reich verzierte Dächer, schmucke, mit Gardinen behangene Oberfenster, großartige Schaufenster und ein sauber gefegtes Pflaster. Dann zurück auf die Straße, zu den Kutschen und Pferden und den wenigen motorisierten Fahrzeugen.

Ein dunkelrotes Automobil biegt schwungvoll um die Ecke und hält mit röhrendem Motor und einer Wolke von Benzingestank am Bordstein.

„Herein mit dir!" brüllt Jack Smith. Toby sieht auf den Wagen, ein niedriges, schnittiges Gefährt mit offenem Verdeck, und sucht nach einem Türgriff. Smith langt herüber und stößt die Tür auf. Während Toby über einen Ersatzreifen und eine polierte Werkzeugkiste ins Wageninnere klettert, betätigt Jack schwungvoll die Kupplung und fädelt sich in den Verkehrsfluß ein.

„Ich weiß, was du denkst", ruft er Toby zu und versucht, den Lärm zu übertönen. „Sag mir, ob ich recht habe." Er manövriert geschickt an zwei Kutschen vorbei, deren Pferde sich miteinander zu verständigen scheinen, während ihre Besitzer geduldig auf Kundschaft warten. „Du fragst dich, wie ich mir von Onkels Gehalt einen solchen Wagen leisten kann."

Toby errötet.

„Dachte ich's mir", meint Jack lässig. Sie fahren in Richtung Ringstraße und Innenstadt. „Zweierlei. Erstens: Ich bin älter als du, daher zahlt mir Onkel mehr! Zweitens" – er verlangsamt sein Tempo an der Kreuzung, während eine Straßenbahn komplizierte Manöver macht, um an ihrer Endstation zu wenden – „ich habe private Mittel. Beantwortet das deine Frage?"

Toby nickt, und ein Gefühl von geheimem Neid steigt in ihm auf. Jack weist auf ein großes Gebäude zur Rechten. „Opernhaus."

Toby starrt auf das graue Bauwerk und fragt sich, wie ein Opernhaus wohl innen aussieht.

„Die zweite Frage, die dich sicher interessiert", fährt Jack fort, „lautet: Wo wollen wir essen? Überlaß das mir. Erster Gedanke – ein Restaurant in der Stadt. Gute Idee, spricht vieles dafür, aber kaum das echte Wiener Erlebnis. Restaurants kann man überall finden. Ich werde dir etwas zeigen, das du nirgendwo sonst auf der Welt finden wirst. Wir gehen zum *Heurigen.* Onkel fände das schrecklich. Dir wird es gefallen, da bin ich mir sicher."

In den nächsten zehn Minuten erfährt Toby mehr über Wien als im ganzen vergangenen Monat. Jack scheint ein wandelndes Lexikon zu sein, er ruft die Namen von Gebäuden aus und hält gelegentlich an, so daß Toby sich besonders interessante Bauwerke etwas länger betrachten kann. Er weiß unendlich viele Einzelheiten über Wiens politische und kulturelle Geschichte. Einmal zeigt er auf ein großes Gebäude in einer imposanten Anlage.

„Das ist die englische Schule."

Toby runzelt die Stirn.

„Es gibt Dutzende von englischen Schulen", erklärt Jack. „Onkels ist die billigste. Kein Wunder – er zahlt seinen Lehrern viel weniger als alle anderen. Guter Geschäftsmann, dieser Onkel. Glaubst du, er ist arm?"

„Nein", sagt Toby.

„Da haben wir's", lacht Jack. „Aber die Leute, die zu ihm gehen. Oder sie haben einen bestimmten Grund dafür."

Toby will schon fragen, was diese Gründe sein mögen, als Jack scharf bremst und das Auto zum Stehen bringt. Sie befinden sich in einer ungepflasterten Seitenstraße vor einem Gasthaus mit kleinem Garten, der vollbesetzt ist mit Leuten, die essen und trinken.

„Komm mit", sagt Jack vergnügt. Er wird von freundlichen Zurufen begrüßt. Alle Gäste sitzen an langen Tischen auf dichtbesetzten Holzbänken. Hölzerne Platten und große Schüsseln stehen bereit, Mädchen in österreichischer Tracht servieren Getränke. Toby fühlt sich etwas unbehaglich.

„Macht Platz für die Engländer!"

Ihre Ankunft am Tisch wird mit lautem Gelächter und Applaus begrüßt. Die Gäste rücken zusammen, so daß Toby und Jack einander gegenüber einen Platz am Tisch finden. Toby ist bestürzt, er hätte viel lieber neben Jack sitzen wollen. Seine beiden Tischnachbarn klopfen ihm auf die Schulter und stellen sich als Willi und Gerd vor.

„Du bist ein Freund von Jack", stellt Gerd fest.

„Ich unterrichte an derselben Schule", sagt Toby.

„Ah!" meint Willi. „Onkel, *ja*?"

Toby nickt. Willi und Gerd werfen sich einen kurzen Blick zu. „Diesen Onkel", sagt Willi mit Bedacht, „kennen wir gut." Er langt nach einem Glas und einer Flasche. „Also", sagt er, und seine Miene hellt sich auf, „das mußt du trinken. Hast du schon unseren *Apfelwein* probiert?"

„Ich trinke lieber keinen Wein." Toby ärgert sich, daß seine Worte so überheblich geklungen haben. Um ihn herum ist es plötzlich still. Jack sagt rasch etwas zu Willi, was Toby nicht verstehen kann, und dann zu ihm: „Es ist kein richtiger Wein. Trink nur. Es wäre unhöflich, ihn abzulehnen."

Toby nimmt das Glas Apfelwein und ist sich bewußt, daß eine ganze Reihe aufmerksamer Augen auf ihn gerichtet sind. Er schnüffelt daran; es riecht fast wie Essig. Er beschließt, Jack zu vertrauen, hebt trotzig das Glas und leert es in einem einzigen Zug.

Die Flüssigkeit rinnt wie Feuer seine Kehle hinab. Ihre Herbheit macht seine Zähne stumpf, und seine Zunge fühlt sich wund an, als sei die Haut von ihr abgezogen. Toby schnappt nach Luft, seine Augen füllen sich mit brennenden Tränen. Er nimmt von ferne wahr, daß der ganze Tisch in Beifall ausbricht, die Leute pfeifen und johlen. Es dauert eine Weile, bis er wieder in der Lage ist, aufzusehen. Jack sieht ihn belustigt an.

„Du hast gesagt, es wäre kein Alkohol", stammelt Toby.

„Das stimmt auch! – Es ist so gegärt, daß es schon jenseits von Alkohol ist. Es ist ein Essigwein, so nennen sie das, und er soll schrecklich gut für die Gesundheit sein. Du hast dir hier ein paar Freunde geschaffen, das kann ich dir sagen. Die glauben nämlich, daß kein Fremder ihn so trinken kann. Obwohl du morgen wahrscheinlich einen rauhen Hals hast ..."

„Den hab' ich jetzt schon", murmelt Toby heiser, und Willi und Gerd johlen wieder.

„Als Belohnung dafür“, versichert ihm Gerd, „brauchst du jetzt keinen Wein mehr zu trinken, wenn du das nicht willst. Der Ehre ist Genüge getan, wie ihr Engländer sagen würdet.“ Er strahlt und legt schwungvoll einen Arm um ihn. „Hier sitzt ein tapferer Engländer!“

Toby gelingt ein wäßriges Grinsen, und er hebt sein leeres Glas.

„Tu das lieber nicht“, warnt Jack. „Sonst glauben sie, du willst es wieder füllen lassen.“

Nach nur wenigen Minuten wird das Essen serviert. Es lenkt ihn von seinem Unbehagen ab, aber er kann nur wenig von dem groben Brot und der würzigen Wurst essen; seine Kehle brennt noch immer, und das Schlucken fällt ihm schwer. Gerd und Willi an seiner Seite ziehen Jagdmesser aus der Tasche und säbeln sich dicke Scheiben ab, die sie geräuschvoll und mit sichtlichem Genuß kauen. Jack gießt Toby ein Glas Wasser ein und schiebt es ihm mit einem Augenzwinkern zu, dann ruft er eine Bedienung und flüstert ein paar Worte. Die Frau sieht Toby kurz an, kichert leise und geht in das Gasthaus zurück.

Am Tisch wird schnell geredet, die Themen wechseln ständig. Jedesmal, wenn wieder Essen und Trinken gebracht wird, gibt es ein großes Gejohle und Gelächter. Jack hat für sie beide einen Eintopf bestellt: Mächtige Fleischstücke schwimmen in einer dicken Brühe mit Gemüse darin. Das Gemüse ist weich und beruhigt Tobys brennende Kehle. Vorsichtig schlürft er kleine Mengen aus einem Löffel und hört dem allgemeinen Geplapper zu. Er bekommt mit, daß die meisten Anwesenden Landarbeiter sind, die gerade von der Arbeit kommen; sie unterhalten sich über eine Apfelkrankheit, über das Düngen eines langen Feldes, auf dem Gerste angebaut werden soll, über Säue, die vom Eber gedeckt werden ... Trotz der vielen deutschen Fachausdrücke aus der Landwirtschaft versteht Toby genug, um sich leicht befangen zu fühlen, denn über solche Themen spricht man zu Hause selten in der Öffentlichkeit.

Er sieht auf die Uhr. Es ist schon fast acht. Jack macht keine Anstalten, aufzubrechen, obwohl die Platten mittlerweile abgeräumt sind. Krüge mit schäumendem Bier stehen nun auf den Tischen. Sie glänzen feucht im Licht der Abendsonne, laufen über und hinterlassen Bierlachen auf der Tischplatte. Ein berauschender Geruch hängt in der Luft. Toby fragt sich, wie Bier wohl schmeckt. Von Zeit zu Zeit nippt er an einem Krug Orangensaft, der ihm von der Bedienung gebracht worden ist, aber der ist leicht bitter und erinnert ihn daran, was seine Kehle erlitten hat.

Toby hört Leute singen, jedoch in den lautstark über den Tisch geführten Gesprächen gehen die Worte fast unter. Allmählich hört einer nach dem anderen zu reden auf, bis man – abgesehen von den gedämpften Geräuschen aus dem Gasthaus – nur noch das Lied hört.

Es ist eine Ballade, typisch für viele, die er im Deutschunterricht der Schule hat übersetzen müssen. Die Worte sind süßlich und wecken rührselige Gefühle. Aber es ist die Musik, die den Lärm am Tisch zum Schweigen gebracht hat; eine Melodie, die Tobys Gedanken auf eine sehr beunruhigende Weise durcheinanderbringt. Sie sagt – weit mehr als die Worte –, daß die Liebe alles besiegt, daß niemand die Liebe verbieten oder verdammen kann, daß in Wahrheit die Liebe die Welt regiert ...

Die abgedroschenen Worte scheinen erhaben und wunderbar, während die Melodie sich in die Abendluft erhebt und anschwillt. So etwas Schönes habe ich noch nie gehört, denkt Toby verwirrt. Selbst Jack ist still geworden, er hat sich zurückgelehnt und blickt zum Himmel, seine Finger klopfen leise den Rhythmus auf die Tischplatte.

Das Lied ist zu Ende. Der ganze Tisch bricht in Beifall aus. Dann beginnt jemand ein anderes Lied anzustimmen, und alle fallen ein. Im Nu singt die ganze Gesellschaft mit, dabei schlagen sie ihre Krüge auf den Tisch oder schwenken sie im Takt hin und her. Toby findet sich plötzlich in einer engen Umarmung mit Gerd und Willi wieder, während die Gäste auf jeder Seite des Tisches sich unterhaken und im Takt der Musik hin und her schunkeln.

Er kennt die Lieder nicht, fällt aber hin und wieder ein, wenn ihm ein Satz bekannt vorkommt. In den Pausen sieht er, wie Jack ihm zublinzelt, und er grinst herausfordernd zurück. Nach einer Weile stellt Toby zu seiner eigenen Überraschung fest, daß er großes Vergnügen an der Sache findet.

Es wird allmählich dunkel, Kerzen werden angezündet. Tobys Freude hat sich zu einem Gefühl großen Wohlbefindens ausgeweitet, wie er es lange nicht verspürt hat. Die ungewöhnliche Wärme des Abends, die scheinbar endlose Folge der Lieder, die von fröhlichen Menschen mit großer Begeisterung gesungen werden, und das zufriedene Gefühl eines gefüllten Magens – all dies trägt zu seiner freudigen Stimmung bei, obwohl seine Kehle immer noch bei jedem Schluck weh tut.

Toby hat schon lange aufgehört, auf die Worte der Lieder zu achten. Er genießt einfach das Gefühl, Teil einer großen Gruppe von Sängern zu sein, und versucht, auch ohne Worte mitzusingen. Mittlerweile hat jemand ein Akkordeon hervorgeholt; ein anderer hat eine Geige dabei, die er mit mehr Begeisterung als Können traktiert. Tobys Gesangsstimme ist nicht besonders schön, aber er kann die Stimme halten – eine nützliche Fertigkeit bei dem oft trostlosen Gesang in der Versammlung, wo einige dazu neigen, sich immer weiter von der Melodie zu entfernen.

Der Gedanke an die Versammlung erinnert Toby plötzlich an die Onkels und sein Versprechen, nicht so spät heimzukommen. Er sieht zu Jack hinüber, der den Refrain eines besonders ausgelassenen Liedes grölt, das große Heiterkeit hervorruft. Plötzlich wird er auf die Worte aufmerksam:

Heuer wird Musik gemacht,
bis die ganze Bude kracht.
Komm her, mein Schatz, in dieser Nacht,
bis auch mein Bett vor Freude kracht …

Entsetzt beginnt er, genauer hinzuhören. Dies ist ein Lied, das wird ihm sehr schnell klar, das weder sein Vater noch die Onkels gutheißen würden. Tobys Deutschkenntnisse reichen zwar nicht aus, um jedes Wort zu verstehen, aber soviel ist sicher, daß dieses Lied eindeutig „weltlich“ ist. Es geht darin um Frauen und ein ausschweifendes Leben. Toby weiß kaum mehr über Sexualität, als was der Hausarzt ihm einmal in verschwommenen Andeutungen erklärt hat. Der Vater hatte ihm nämlich die Aufgabe der Sexualerziehung übertragen. Aber er weiß genug, um zu begreifen, daß dieses Lied von ihrer Gemeinschaft mißbilligt werden würde.

Toby ist verzweifelt. Er hat keine Ahnung, wo er sich eigentlich befindet und wie er nach Hause gelangen könnte. Weder Jack noch irgendein anderer scheint bald aufbrechen zu wollen. Was soll er tun? Toby neigt unwillkürlich den Kopf, schließt die Augen und wendet sich in seiner Not an die einzige Stelle, die ihm einfällt, um Hilfe zu erwarten.

Gott, bitte hilf mir! Ich wußte nicht, daß es so werden würde. Das Singen und Stampfen scheint ein wenig nachzulassen und damit auch Tobys Anspannung. *Bitte schaffe eine Möglichkeit, wie ich aus dieser Situation herauskomme, bitte laß das Singen aufhören, ich hab' Onkel versprochen, nicht so spät zu kommen, und ich weiß nicht, wie ich nach Hause komme, er wird wütend sein.* Er rügt den kleinen Teil seines Verstandes, der skeptisch bleibt und nicht glauben will, daß ja auch ein übernatürliches Eingreifen ihn retten könnte – in Form eines kleinen Erdbebens etwa oder indem der Tisch plötzlich zusammenbricht ... *Um deines heiligen Namens willen, Amen* fügt er vorschriftsmäßig hinzu und bleibt einen Augenblick lang mit geschlossenen Augen sitzen.

„Hallo, Toby, bist du eingeschlafen?"

Jacks Stimme dringt an seine Ohren. Toby öffnet die Augen. Alle blicken mit großem Interesse in seine Richtung, während das Lied zögernd beendet wird. Toby fragt sich einen Moment, ob dies wohl die Antwort auf sein Gebet ist – und er wünscht, die Antwort wäre weniger aufsehenerregend ausgefallen. Er starrt auf den Tisch, sein Gesicht von tiefer Röte überzogen.

„Nein, mir geht es gut."

„Berauschendes Zeug, dieser Orangensaft", bemerkt Jack spaßhaft.

„Wir haben viel gegessen", meint Willi, „und dann der Gesang. Vielleicht ist dein junger Freund müde."

„Mir geht es gut", widerspricht Toby. „War nur einen Augenblick ein bißchen geistesabwesend." Er hofft, daß ihm diese Lüge vergeben wird.

„*Viel* gegessen", stimmt Gerd zu. Er klopft auf seinen Bauch, der wie ein schlecht gestopftes Kissen über dem Bund seiner Lederhose hervorquillt. „Hier in Österreich essen wir gutes Essen, nicht wie in England, *ja*? Wenn ihr Engländer ordentlich gegessen hättet, dann hättet ihr mehr Kriege gewonnen, das steht fest." Er bricht in schallendes Gelächter aus.

Jack erhebt sich mühsam. „Zeit zu gehen", sagt er, nicht unfreundlich.

„Ihr müßt nicht gehen", protestiert Toby, „nicht meinetwegen ..."

„Kann doch Onkel nicht warten lassen", lacht Jack.

Der Abschied gestaltet sich lautstark und überschwenglich. Toby wird, und das ist ihm äußerst peinlich, nicht nur von Gerd und Willi umarmt, sondern auch von etlichen Damen mittleren Alters, die in seiner Nähe sitzen. Jack schüttelt allen die Hand, klopft den Männern auf die Schulter und küßt die Frauen auf die Wange, klettert in seinen Wagen, winkt Toby herein und braust davon.

„Eines solltest du *nicht* tun", rät ihm Jack feierlich auf dem Rückweg, „nämlich Onkel sagen, wo du warst. Sag ihm, du warst in einem hübschen Restaurant. Was ja auch der Wahrheit entspricht", fügt er nachdenklich hinzu.

Jack fährt mit quietschenden Reifen so scharf um die Kurve, daß er und Toby fast hinausgeschleudert werden. „Yippee!" lacht Jack nach einem haarscharfen Manöver an einer Gruppe Passanten vorbei. „Das war knapp! Aber das bin nicht ich, es ist das Bier, das so fährt."

Toby klammert sich am Armaturenbrett fest, bis seine Knöchel weiß hervortreten. „Ich muß nicht so *sehr* früh zu Hause sein", sagt er. „Ich habe einen Schlüssel. Du brauchst wirklich nicht so schnell zu fahren."

„Kann nur so fahren", gibt Jack zurück, und fährt mitten auf der Straße zwischen schlecht geparkten Kutschen und Wagen hindurch. Er dreht sich um und sieht Toby neugierig an. „Du hast Angst, was?"

„Bitte – *achte auf die Straße!*"

Die Warnung kommt zu spät. Ein junger Mann ist plötzlich aus dem Nichts erschienen und vom Gehweg direkt vor Jacks Auto gelaufen. Wunderbarerweise ist er nicht verletzt worden, aber Jack, der das Steuer herumgerissen hat, fährt direkt in eine offene Pferdekutsche, die am Straßenrand steht.

Direkt nach dem Zusammenstoß ist es merkwürdig still. Selbst das Pferd, das unverletzt davongekommen ist, bleibt ruhig und starrt auf den kaputten Wagen. Passanten stehen sprachlos dabei. Der Verkehr ringsum ist plötzlich zum Stillstand gekommen, auf der breiten Straße herrscht vollkommene Ruhe.

Jack flucht wortreich und wütend.

Im Verlauf der folgenden Befragungen durch die Polizei gelingt es Toby, seinen Namen und Anschrift nicht anzugeben. Jack – wütend, als der Schuldige dazustehen – tobt und flucht, bis die Polizei droht, ihn zu verhaften. Er sei stockbetrunken, sagen sie. Jack streitet das immer wieder ab.

Erstaunlicherweise ist das Auto, abgesehen von ein paar Kratzern und Beulen, fahrtüchtig geblieben. Der Polizist nimmt die Wagendaten auf und bestellt Jack für den nächsten Morgen aufs Revier, um den Unfallbericht zu ergänzen. Aber dann zieht er Toby vor der schaulustigen Menge noch zur Rechenschaft. „In England würden Sie so etwas nicht tun", meint er zu ihm, und Toby, zerknirscht, kann das nicht leugnen. „Lassen Sie sich das eine Lehre sein", sagt der Polizist schließlich. „Sie sollten sich Ihre Freunde sorgfältiger aussuchen. Dieser Mann wird Sie auf Abwege führen."

Dann dürfen sie gehen.

Toby schließt vorsichtig die Haustür auf, hängt seinen Mantel an die Garderobe in der Diele und mustert sich im Spiegel. Ein Toby, den er so nicht kennt, blickt ihm entgegen: wirres Haar, ein gerötetes Gesicht mit einer Mischung von Schuld und Stolz in seinem Blick. Er holt tief Luft und geht in den Salon, um den Onkels gegenüberzutreten.

Frau Onkel sitzt allein dort und liest. Sie hebt den Kopf, als Toby eintritt.

„Tut mir leid, daß ich so spät komme", sagt er matt.

Sie wendet sich wieder ihrem Buch zu. „Du wolltest versuchen, früher zurück zu sein", meint sie behutsam. Ihre Hände streichen über den Einband, als versuche sie, ihn zu glätten. Ihre Stimme ist ausdruckslos.

„Es tut mir leid." Gespannte Stille. „Ist Herr Onkel in seinem Arbeitszimmer?"

„Er ist ausgegangen."

Toby versucht, sich seine Erleichterung nicht anmerken zu lassen. „Ich hoffe, Sie hatten einen angenehmen Abend", wagt er zu äußern.

Sie blickt ihm zum ersten Mal direkt in die Augen, sehr ernst sieht sie dabei aus. „Und *du*? Hattest *du* einen angenehmen Abend?"

„Wir sind essen gegangen", sagt er ausweichend. „Und dann hatten wir auf dem Heimweg einen ... einen Unfall. Mit dem Auto. Niemand wurde verletzt, aber die Leute waren schrecklich wütend. Die Polizei ist gekommen."

Sie legt das Buch nieder. „Sie wollten wissen, wo du wohnst?"

„Nein."

Sie nimmt das Buch wieder zur Hand und blättert verstört die Seiten um. „Also – man wird uns keine Fragen stellen. Das ist gut. Herr Onkel liebt keine – Störungen." Sie formt die Worte mit Bedacht, als plane sie ihre Sätze im voraus. „Herr Smith ... war er betrunken?"

„Ich weiß nicht", sagt Toby wahrheitsgemäß. „Er war sehr ... vergnügt."

Sie seufzt und erscheint plötzlich weicher und sanfter. Wieder entsteht eine lange Pause. „Herr Onkel und ich nehmen die Stelle deines Vaters ein", sagt sie plötzlich, „verstehst du? Und ich glaube, dein Vater wäre an diesem Abend nicht mit dir zufrieden gewesen."

Toby schießt das Blut ins Gesicht. „Ich habe keinen Alkohol getrunken, das kann ich Ihnen versichern."

„Es ist nicht nur das Trinken", sagt sie mit einer Autorität, die ihn überrascht. „Es sind die, mit denen man trinken geht. Selbst in einem vornehmen Restaurant." Die letzten Worte sagt sie mit einem Anflug von Lächeln.

Toby errötet. Er wird von Schuldgefühlen überwältigt. Sie weiß es, sagt er sich mit einer plötzlichen Gewißheit, die ihm Übelkeit verursacht. Sie weiß von dem *Heurigen* und dem Apfelwein und den schmutzigen Liedern. Sie weiß alles. Aber wie? Er versucht, eine Erklärung zu stammeln, aber seine Zunge, die vom Apfelwein bereits wund war, scheint sich mittlerweile in Knoten gelegt zu haben. Frau Onkel bringt ihn mit einer Geste zum Schweigen.

„Es ist jetzt vorbei, und ich glaube nicht, daß du diesen Fehler wieder begehst. Aber Toby, sei klug ... dies ist eine Stadt, in der viele schlechte Menschen wohnen."

„Jack war sehr freundlich. Er hat für das Essen bezahlt."

„Herr Smith ist keiner von diesen schlechten Menschen. Aber ich denke, er könnte vielleicht ein schlechter Umgang für dich sein. Sei vorsichtig.“ Sie streckt die Hand aus und berührt ihn leicht am Arm. „Wir möchten, daß du Wien in guter Erinnerung behältst. Gute Nacht, Toby. Ich denke, du wirst gut schlafen.“

Sie erhebt sich und zuckt zusammen, wie sie es oft bei plötzlicher Anstrengung tut.

Toby will sie stützen, aber sie gibt ihm mit einer Handbewegung zu verstehen, daß er in die Diele gehen soll.

Noch lange, nachdem er zwischen die kühlen Laken geschlüpft ist, wälzt Toby sich hin und her. Seine Kehle brennt, und er schwitzt; die Bettwäsche klebt an seinen Gliedern. Es dauert eine Stunde – das merkt er an den Schlägen einer Kirchturmuhr in der Nähe –, bevor er in einen unruhigen Schlaf fällt.

Toby träumt in dieser Nacht, er sei wieder zu Hause. Er geht die Straße hinunter zur Versammlung, aber sobald er durch die vertraute, etwas schmuddelige Eichentür tritt, befindet er sich inmitten der Pracht des Stephansdoms, wo die Versammlungsgemeinde in wohlgeordneten Reihen unterhalb der herrlichen Buntglasfenster sitzt, mit karmesin- und purpurrot gefleckten Gesichtern. Er lauscht einer feurigen Predigt von Onkel.

„Was für ein grooßer, o was für ein grooßer *Dämon* ist der Alkohol! Und wie schleicht der Teufel umher gleich einem brüllenden Löwen und sucht, welche er verschlingen könne! Aber wir müssen uns seinen schrecklichen Ränken widersetzen, wir müssen ihm widerstehen, wir müssen uns von jenen abwenden, die uns auf die Wege der Welt ziehen wollen ...“

Der Mann, der vor Toby sitzt, dreht sich herum. Es ist Jack Smith. Er lächelt verwegen, seine Augen glänzen, er streckt Toby die Zunge heraus; dann wendet er sich wieder um.

„Wir müssen Zeugnis ablegen vor der Welt“, donnert Onkel weiter, „durch unsere Reinheit und unsere Unbeflecktheit. Denn Alkohol zu trinken ist Sünde.“ Die Gemeinde murmelt zustimmend.

Onkel zeigt mit dem Finger anklagend auf Toby.

„ Der Junge ist ein tapferer Engländer“, brüllt er.

Die Gemeinde wendet sich zu ihm um und sieht ihn vorwurfsvoll an. Er erkennt vertraute Gesichter aus der Versammlung zu Hause, aus Onkels Versammlung, aus dem Heurigenlokal, aus der Onkel-

Schule. Auf der letzten Bank, in einiger Entfernung von der Gemeinde, entdeckt er Herrn Spasser und das Mädchen im roten Kleid, die sich an den Händen halten und glücklich lächeln.

„Nein! Nein!“

Die Bettdecke ist zu Boden geglitten. Toby fuchtelt mit den Fäusten in der Luft; das Oberteil seines Schlafanzugs ist unter seinen Armen verdreht wie ein dickes Seil. Die Kirchturmuhr in der Nähe schlägt fünf. Er liegt eine Weile still da. Ihm ist bewußt, daß er im Schlaf geschrien hat, und er befürchtet, die Onkels könnten ihn gehört haben. Aber es bewegt sich nichts im Haus. Einer plötzlichen Regung folgend, steht er auf, öffnet die Fensterläden und blickt hinaus.

Unten im Hof gackern schon die Hühner des Nachbarn, ein paar Hunde bellen sich gegenseitig etwas zu; in der Ferne erklingt das traurige Gestöhn einer Schiffssirene von der Donau herüber. Toby stützt sich auf die Fensterbank und wünscht, seine Kehle wäre nicht so wund.

Plötzlich hört er Schritte näherkommen und blickt auf die Straße hinunter. Direkt unter ihm betritt Herr Onkel das Haus durch die Seitentür. Er trägt einfache, grobe Kleidung, die Toby vorher noch nie an ihm gesehen hat. Offenbar ist er die ganze Nacht weggewesen.

Toby steht eine Weile am Fenster, den Kopf voller Fragen. Obwohl er sich sagt, daß er jetzt sowieso nicht mehr schlafen kann, legt er sich wieder ins Bett. Und schon öffnet sich vor ihm ein schwarzer Abgrund, der ihn in einen tiefen Schlaf sinken läßt.

Tageslicht fällt durch die Fenster, die er in der Nacht offen gelassen hat, als er die Augen öffnet. Sein Kopf schmerzt, und sein Hals ist immer noch rauh.

Im Salon liegt ein einzelnes Gedeck auf dem Tisch. Frau Onkel bringt grobes Roggenbrot und fetten Speck. Er stochert daran herum, kann es aber nicht über sich bringen, davon zu essen. Es wäre, als würde er ein vollgespicktes Nadelkissen verschlucken.

Toby schenkt sich eine Tasse Kaffee ein und gibt einen ordentlichen Schuß von der süßlichen Milch hinzu. Wenn er langsam daran nippt, wirkt das Getränk wie ein heilender Balsam. Er schenkt sich noch eine zweite Tasse ein, dieses Mal noch mehr dickflüssige Milch mit einem winzigen Schuß Kaffee und zwei Löffeln Zucker.

Frau Onkel bringt ein Tablett herein und beginnt, den Tisch abzuräumen. Sie betrachtet das nicht angerührte Essen mit einem Blick, der Bände spricht. „Genug?“ fragt sie gequält. Sie sieht müde aus. Ihre Lippen sind leicht bläulich gefärbt, wie oft am Morgen.

Toby nickt verlegen.

Sie scheint an diesem Morgen eine andere Frau zu sein; zwar in der gleichen schmucklosen Kleidung, mit dem gleichen erschöpften und bedrückten Blick, aber mit einer neuen Schärfe in ihrer Stimme.

„Jetzt mußt du dich für die Schule fertigmachen.“

„Ich habe schon alles fertig.“ Er versucht, seine Stimme nicht ärgerlich klingen zu lassen. Sein Kopf pocht.

„Dann mußt du dich rechtzeitig auf den Weg machen. Du darfst nicht zu spät kommen. Das ist wichtig für die Schüler. Und Herr Onkel legt Wert auf Pünktlichkeit.“

Plötzlich begreift Toby, was anders ist, worin das Neue besteht, das er an Frau Onkel bemerkt hat: Macht. Mit dem gestrigen Abend hat er die Autorität des Besuchers, des Neuankömmlings, eingebüßt. Er hat sich eine Schwäche geleistet.

„Herr Onkel ...“, sagt er, mit einem winzigen Anflug von Bosheit in der Stimme. „Ist Herr Onkel schon zur Schule gegangen?“

Sie ringt nach einer Antwort. „Er ... er wird später kommen.“

„Er ist noch im Bett“, denkt Toby triumphierend, „und sie weiß auch nicht, wo er letzte Nacht war ..." Er sieht, wie die abgehärmte Müdigkeit wieder in Frau Onkels Gesicht zurückkehrt, und wünscht, er hätte ihr diesen kleinen Sieg gelassen.

An diesem Morgen ist Toby der erste in der Schule. Er trägt sich rasch in das Anwesenheitsbuch ein, da er in sein Klassenzimmer gehen und sich noch einmal den Unterrichtsstoff ansehen will, bevor die Schüler kommen.

Die Tür geht hinter ihm auf; er hört, wie jemand eintritt. Bestimmt ist das Jack, schießt es ihm durch den Kopf. Er vermeidet es, sich umzudrehen. Was soll er zu Jack sagen? Schließlich, nachdem er sorgfältig das Buch geschlossen und umständlich die Kappe auf seinen Füller geschraubt hat, kann er die Begegnung nicht länger hinausschieben.

Es ist nicht Jack. Einer der jungen Männer aus der unteren Wohnung steht da und wartet geduldig. „Guten Morgen", sagt er freundlich, in dem übergenauen Deutsch, das gebildete Ausländer sprechen; Toby vermutet, daß er selbst auch so spricht.

„Guten Morgen", erwidert Toby. „Kann ich Ihnen helfen? Es ist sonst noch niemand da, fürchte ich. Ich könnte etwas für Sie ausrichten. Sprechen Sie Englisch?"

„Wir haben Probleme unten", erklärt der Besucher in einem Englisch mit ausländischem Akzent. Er begreift, daß Toby ebenfalls Ausländer ist. Ein mißbilligendes Lächeln stiehlt sich über sein Gesicht und krümmt seinen dichten, gekräuselten Bart. „Wir haben versucht, ein kaputtes Fenster zu reparieren. Der Rahmen ist zerbrochen; wir brauchen jemand, der das Fenster hochhält, während wir die Schrauben festziehen. Haben Sie ein paar Minuten Zeit?"

„Natürlich", sagt Toby bereitwillig.

Er folgt ihm hinunter bis an die Wohnungstür. Unterwegs erfährt er, daß der junge Mann Holländer ist, Lev Bijkelman heißt und an der Wiener Akademie Musik studiert.

„Wunderbar! Lev hat jemanden gefunden! Sie sind ein Engel, wer immer Sie sind, wissen Sie das? Noch fünf Minuten, und dieses Fenster wäre im Hof gelandet ... Kommen Sie, hier herein!"

Die Sprecherin ist ein blondes Mädchen – eine Amerikanerin, erkennt Toby jetzt –, der er hin und wieder im Treppenhaus zugenickt hat. Sie nimmt Toby beim Arm und zieht ihn ohne Umschweife in ein Wohnzimmer, wo ein anderer junger Mann neben einem offensichtlich kaputten Fenster steht.

„Oh – gut! Danke, daß Sie kommen!“ Wie alle anderen spricht auch er Englisch, aber mit einem stark französischen Akzent. „Ich heiße Louis.“

„Und ich Toby. Toby Burgate.“

Lev übernimmt das Kommando. „OK, Louis, du hältst den Schraubenzieher bereit, und Toby kann das Fenster halten. So ... Ja, so ist's gut. Toby ist übrigens von der englischen Schule oben.“

„Ich weiß, ich hab' ihn oft gesehen“, brummt Louis, der sich mit dem Schraubenzieher zu schaffen macht. Das blonde Mädchen sieht ihnen bei der Arbeit zu.

„Ich koche Kaffee. Willst du zum Kaffee bleiben, Toby?“

Toby schaut auf die Uhr. „Ich fürchte, ich muß zu meiner Klasse zurück. Ich bin heute etwas früher gekommen, deshalb hatte ich Zeit, euch zu helfen. Danke vielmals.“ Er wünscht jetzt, er hätte auf Frau Onkels Ermahnung gehört und wäre *viel* früher erschienen.

„Dann komm doch in deiner Kaffeepause. Dieser Drache Onkel *gönnt* dir doch hoffentlich eine Kaffeepause?“

„Ja!“ lacht Toby. „Ich würde gern kommen. So gegen elf?“

„Ja, klar. Ich heiße Sally. Aus Nebraska. Bis dann, Toby.“ Die Morgensonne scheint in den Hausflur, als sie die Wohnungstür öffnet; ihre Augen tanzen und funkeln.

Toby nimmt zwei Stufen auf einmal. Das Lächeln, das er Sally geschenkt hat, steht noch auf seinem Gesicht, als er in die Schule stürmt, an einigen seiner Schüler vorbei, die auch gerade eingetroffen sind.

„Hallo! Einer wenigstens ist glücklich. Wünschte, ich wär's auch. Mein Kopf zerspringt in zwei Teile. Sag mir, daß ich gestern keinen Unfall gebaut habe.“

„Ich fürchte, doch“, sagt Toby lahm.

„Dachte ich's mir doch. Die Polizei hat mir dasselbe gesagt, als ich gerade dort war. Von denen werde ich noch hören, wette ich.“ Er mustert Toby kritisch von oben bis unten. „Scheinst gut drauf zu sein heute morgen. Aber da sieht man's, du hast nicht so viel getrunken wie ich. Wie geht's dir?“

„Rauher Hals. Sonst nur ein bißchen Kopfweh."

„Bist eben jünger als ich, das ist es ... Warum kommst du so spät? Verschlafen?"

Toby wirft einen Blick auf die Uhr und bemerkt, daß es bereits fünf Minuten nach Unterrichtsbeginn ist. „Ach, das erzähle ich dir später ..." Er schnappt seine Aktentasche und hastet in das Klassenzimmer.

Die beiden folgenden Stunden verlaufen ungewöhnlich entspannt. Die Schüler finden, daß Toby mit ihren Fehlern nachsichtiger ist als sonst, und ihre schwerfälligen Bemühungen um eine gute Aussprache werden mit außergewöhnlich viel Lob bedacht. Gegen elf Uhr beglückwünschen sich zwei Klassen etwas verdutzt zu ihren guten Leistungen, und Toby eilt die Treppe hinunter.

„Hallo, da bist du ja wieder!" begrüßt ihn Lev. „Willst du Kaffee?" Sally und Lev sind gerade damit beschäftigt, die Gardine wieder an dem reparierten Fenster anzubringen. Er gießt den Kaffee in große Becher, die so ganz anders aussehen als die winzigen Porzellantäßchen, in denen Frau Onkel ihren Gästen Kaffee anbietet. „Milch? Zucker?"

Toby nimmt beides dankbar an und denkt, daß es wohl an dem anglo-amerikanischen Einfluß liegen muß, daß es hier echte Milch gibt, frisch und sahnig – so ganz anders als das klebrige, kondensierte Zeug, das er seit seiner Ankunft in Wien über sich hat ergehen lassen.

„Warte, ich nehme das weg", Sally nimmt einen Stapel Bücher von einem Sessel und bedeutet Toby, sich zu setzen. Er sinkt dankbar in weiche, nachgiebige Kissen. Louis setzt sich auf einen anderen Sessel und zieht eine Tonpfeife aus der Tasche. „Stört dich das?" erkundigt er sich höflich. Toby schüttelt heftig den Kopf. Ein abgenutzter Lederbeutel wird der anderen Tasche entnommen, und Louis beginnt mit höchster Konzentration, Tabak in die Pfeife zu stopfen.

Toby sieht sich in dem gemütlichen, unordentlichen Zimmer um. Die Tapete sieht man kaum zwischen Plakaten von Theaterstücken, Buchregalen, Bildern. Auf einem Piano, das fast eine ganze Wandlänge einnimmt, liegen Stapel von Büchern und Notenblättern. Nun wird klar, woher die Musik gekommen ist, die so oft seine Stunden untermalt hat. Verschiedene Instrumentenkästen sind auf einen Stuhl gestapelt, und in einer Ecke steht ein abgenutztes Grammophon, dessen Mahagonigehäuse von einem riesigen Trichter gekrönt wird, der in den Raum ragt. Darüber hat jemand ein Hemd zum Trocknen gehängt.

Hoch über dem Fenster fristet eine einsame, vernachlässigte Topfpflanze ihr Schattendasein. Spinnweben in den Eckverzierungen der Decke zeugen davon, daß hier niemand sonderlich viel saubermacht. Aber das Sonnenlicht, das ins Fenster fällt, verleiht dem Zimmer einen hellen und fröhlichen Eindruck, auch wenn es den Staub auf den Möbeln unbarmherzig zur Schau stellt. Toby, der das unaufhörliche Staubwischen und Putzen im Haus in Kaisermühlen gewohnt ist – und ebenso war es zu Hause in Lancashire –, findet, daß dies ein Zimmer ist, in dem man sich wohlfühlen kann.

„Wohnt ihr alle hier?"

„In dieser Wohnung?" fragt Louis. „Nein! Dies ist Sallys Wohnung. Ich wohne dort drüben", er macht eine Bewegung auf die andere Seite des Häuserblocks, zu einer Tür auf demselben Treppenabsatz direkt gegenüber, „und Levs Wohnung befindet sich im nächsten Haus. Aber es sind sehr kleine Zimmer, und deshalb verbringen wir viel Zeit hier. Und wir üben hier. Es ist das einzige Zimmer, das groß genug für das Piano ist. Du hast uns vermutlich schon gehört."

„Der Schatzmeister hört euch immer", sagt Toby kläglich.

„Wilhelm!" lacht Lev. „Er ist nicht gerade ein großer Musikliebhaber. Wir schlagen uns tapfer mit ihm."

„Also, erzähl mal von dir, Toby." Sally hat einen neuen Platz für den Bücherstapel gefunden und sitzt nun auf dem Klavierstuhl. Toby erklärt, warum er in Wien ist. Die Studenten verziehen das Gesicht, als er erwähnt, wo er wohnt.

„Onkel ist ein Scheusal", sagt Sally sachlich. „Erzähl weiter."

Er berichtet ihnen von Vater, von Lancaster und von der Versammlung … und denkt, daß die Studenten das alles bestimmt ziemlich langweilig finden müssen.

Sally hat ein gelbes Tuch über ihre linke Schulter gelegt, das wie eine militärische Auszeichnung aussieht. Toby fragt sich insgeheim nach dem Grund. Schließlich bemerkt sie, wie er sie anstarrt, und lacht: „Das ist für meine Stütze. Ich spiele Geige." Sie weist auf das

Instrument, das auf einem Seitentisch liegt. Es glänzt golden im Licht der Sonne. Toby ist hingerissen. Er hat noch nie eine Geige aus der Nähe betrachtet.

„Nimm sie ruhig in die Hand“, sagt Sally. Er nimmt sie ehrfürchtig auf und schaut sie genau an.

„Komm nicht ans Kolophonium heran“, warnt Sally. „Das ist das pudrige Zeug auf den Saiten. Nicht gut, wenn die Finger drankommen.“

„Spiel etwas“, sagt Toby unvermittelt, dann fügt er hinzu: „Bitte!“

„Ich habe nichts geübt.“

„Zier dich nicht so“, sagt Lev. „Spiel die Gavotte.“

Sie langt nach dem gelben Tuch und nimmt einen Bogen aus dem Geigenkasten. „Wenn ihr darauf besteht. Gib mir die Geige, Toby.“

Was ihn am meisten erstaunt, ist das Klangvolumen, das solch ein kleines Instrument hervorbringen kann. Ein voller, anschwellender Ton, der sich in tänzerische Sätze verwandelt, die sich im Zimmer ausbreiten wie ... aber ihm fällt kein Vergleich ein: Es ist Musik, die seine Füße in Bewegung setzt, mehr noch: eine Art Erhabenheit, die hinter der heiteren Melodie steht und in ihm plötzlich den Wunsch weckt, zu beten. Aber er kann seine Empfindungen nicht in Worte kleiden.

„Es ist Bach“, sagt Sally, als der Tanz mit langgezogenen vollen Tönen ausklingt. „Aus einer seiner Suiten. Magst du Bach?“

„Ich habe noch nie von ihm gehört“, sagt Toby. „Wer ist Bach?“

Die anderen sehen sich an; es folgt ein kurzes, bestürztes Schweigen. Dann nimmt Louis die Pfeife aus dem Mund und räuspert sich. „Nun, er ist ein sehr wichtiger Komponist. Aus dem siebzehnten Jahrhundert. Ein Deutscher. Sally studiert seine Musik an der Akademie.“

Sie wickelt die Violine in das gelbe Tuch und legt sie in den Kasten zurück. Tobys Gedanken wirbeln durcheinander. Er will, daß sie nochmals spielt – irgend etwas, um den Zauber der Geige noch einmal zu verspüren.

In seiner Verwirrung trinkt er die Tasse leer, muß aber gleich darauf schmerzhaft würgen, weil die heiße Flüssigkeit seine rauhe Kehle versengt. Seine Augen füllen sich mit Tränen, aber niemand scheint etwas zu bemerken. Erleichtert stellt er fest, daß es fast Zeit ist, ins Klassenzimmer zurückzugehen.

„Ich muß zurück zur Schule. Danke für eine sehr schöne Zeit", sagt er umständlich. Dann zögert er. Soll er ihnen die Hand geben? Die andern bleiben sitzen. Sally, die wieder auf dem Klavierstuhl sitzt, schwenkt zum Abschied ihren Kaffeebecher in seine Richtung. „Nichts zu danken. Komm mal wieder."

„Darf ich?"

„Sicher", sagt sie ungezwungen und lacht. „Jederzeit. Besonders, wenn was repariert werden muß."

Louis steht auf und schlendert hinüber, um die Tür zu öffnen. Toby zögert. „Die Musik ..."

„Bach", nickt Lev. „Die Gavotte."

„Sie war ..." Ihm wollen die richtigen Worte nicht einfallen. „Sie war so ..."

„Ich weiß", sagt Lev freundlich. „Aber Sally muß ihre Doppelgriffe üben. Manche Akkorde – *naja!* Aber die Bogenführung ist gut. Drei Wochen hat sie das Stück schon geübt, und es ist an manchen Stellen immer noch so holprig."

„Es war *wunderschön*", sagt Toby ungestüm. Seine Stimme hat einen trotzigen Tonfall bekommen. „Es war das schönste ..." Die andern blicken ihn nachsichtig und belustigt an. Auf einmal fühlt er sich sehr verlegen.

„Du mußt wiederkommen und noch mehr Musik hören", sagt Louis.

In den nächsten Tagen hört Toby, während er seine Schüler unterrichtet, oft Bruchstücke der Gavotte, die wieder und wieder gespielt werden, wenn Sally sich mit einer schwierigen Stelle abmüht. Einmal lenkt er die Aufmerksamkeit eines Schülers auf ihr Spiel, aber der zeigt sich unbeeindruckt. „Jemand übt – übt zu laut", erklärt er unwillig.

Es scheint Toby, als habe sich eine Tür weit geöffnet. Eine Tür zu einer neuen, faszinierenden, gefährlichen Welt.

Von frühester Kindheit an hatte Toby gehört, wie die Prediger in der Versammlung die Welt der Kunst, Musik und Literatur als ein Minenfeld bezeichneten, von dem man sich am besten fernhielt.

„Es ist vollkommen richtig", sagte Vater oft, „daß manche Maler und Musiker mit großem Erfolg biblische Themen aufgegriffen haben. Aber die bildende Kunst und die Musik haben vor allem eine Wirkung auf die Vorstellungskraft und die Sinne."

Er erklärte nie genau, wie diese Wirkung funktionierte, und weshalb sie so äußerst gefährlich sei. Aber sie war für ihn offenbar ein Zeichen, daß man die Welt zu sehr liebte.

Hinter all dem stand das eine furchteinflößende Thema, das sich durch jeden Gottesdienst der Versammlung zog, so lange Toby zurückdenken konnte: Die Welt ist ein Ort voller Fallstricke, hieß es, sie gehört dem Teufel, der sie mit Kneipen, Musik, Romanen, Tanzböden und vielem mehr bestückt hat. Und die Gläubigen müssen sich von alledem fernhalten, sonst verlieren sie ihren Glauben.

Es hatte Toby immer erstaunt, daß die bildende Kunst und die Musik auch unter die verwerflichen Dinge fielen. Aber er hatte kaum Gelegenheit gehabt, sie aus erster Hand zu prüfen. Die wenigen Bilder zu Hause waren Portraits, biblische Szenen und Postkartenansichten von Dörfern und Städten, die er und Vater oder irgendwelche Freunde besucht hatten. Es gab kein Grammophon und auch keine Musikinstrumente.

Ganz selbstverständlich war Toby in der Versammlung in Lancaster zu den „Gläubigen" gezählt worden. Er hatte mühelos die quasi eigenständige Sprache erlernt, die alle Mitglieder dort sprachen. Und es gab ja auch nicht besonders viel weltliche Versuchungen für einen fleißigen und etwas zurückgezogenen jungen Mann, der keinen Zugang zu Filmen und Romanen hatte – und schon gar nicht zu unerlösten Vertreterinnen des anderen Geschlechts.

Er war nicht unehrlich, er war ganz einfach – teils aus Angst, teils aus Gewohnheit – in diesen Glauben hineingewachsen, ohne ihn jemals hinterfragt zu haben, hatte sich seine Forderungen und Maßstäbe zu eigen gemacht, weil er keine anderen kannte.

Aber jetzt, binnen kürzester Zeit, begegnet Toby der Musik! Ein Neuland tut sich vor ihm auf, in dem die alten Orientierungspunkte nicht mehr zu gelten scheinen. Kann er – will er in dieses Land eindringen?

Onkel sitzt an seinem polierten Schreibtisch. Vor ihm eine große, in Leder gebundene Bibel. Die aufgeschlagene Seite zeigt einen Stich von der Zerstörung Sodoms.

Er zieht das Alte Testament dem Neuen vor, da er sich besser mit dem autoritären Gott der jüdischen Geschichte identifizieren kann. Obwohl er die Juden dafür verachtet, daß sie das Neue Testament verworfen haben, liest er selbst kaum darin. Er liebt einen Gott, der Rache übt, der böse Städte zerstört, der Gottlosigkeit mit Stumpf und Stiel ausrottet. Er denkt an ein paar gottlose Städte (und ihre Bewohner), die er selbst gern zerstören würde, hätte er nur die Gelegenheit dazu.

Als Onkel an die Juden denkt, ziehen sich seine Brauen zusammen, und er spitzt den Mund. Obwohl er allein im Zimmer ist, benimmt er sich plötzlich geheimnistuerisch. Er zieht ein Blatt Papier aus der Tasche, breitet es auf dem Schreibtisch aus und liest es sorgfältig zum hundertsten Mal. Dann faltet er es wieder zusammen und steckt es in die Tasche zurück.

Er zieht die große Bibel zu sich heran und schlägt den ersten Brief des Paulus an die Thessalonicher auf. Die Seiten wollen sich nicht umwenden lassen, aber als er die Stelle findet, nach der er gesucht hat, öffnet sich das Buch fast wie von selbst beim zweiten Kapitel. Er liest sorgfältig und spricht sich selbst den Text laut, aber ruhig vor, wobei er mit den Fingern die Worte nachzeichnet: „Denn ihr seid Nachfolger geworden, liebe Brüder, der Gemeinen Gottes in Judäa in Christo Jesu, daß ihr eben dasselbe erlitten habt von euren Blutsfreunden, das jene von den Juden, welche auch den Herrn Jesum getötet haben und ihre eigenen Propheten, und haben uns verfolget und gefallen Gott nicht und sind allen Menschen zuwider, wehren uns, zu predigen den Heiden, damit sie selig würden, auf daß sie ihre Sünden erfüllen allewege; denn der Zorn ist schon über sie gekommen zum Ende hin."

Er seufzt und schließt das Buch. „Der Zorn ist schon über sie gekommen zum Ende hin ..." Ist diese Bestrafung nicht unangemessen hart? Aber während er darüber nachdenkt, schiebt er seine

Bedenken beiseite. Gottes Sache ist es, Dinge anzuordnen; die Sache der Menschen ist es, ihm zu dienen. Und hat etwa Gott seine Absichten nicht klar gemacht, selbst hier in Wien? Es ist doch noch gar nicht so lange her, daß Dr. Lueger, der bekannte Antisemit, zum Bürgermeister der Stadt gewählt wurde – nachdem ihn der Kaiser viermal abgelehnt hatte?

Die Wanduhr schlägt die volle Stunde, ein dumpfer Klang, der elfmal ertönt. Onkel legt seine Bücher zu einem ordentlichen Stapel aufeinander, dann neigt er den Kopf. Er murmelt ein Abendgebet, eines, das er an den meisten Abenden spricht, eine formelle Anrufung Gottes und die Bitte um eine ruhige Nacht.

In der Diele steht er unentschlossen am Fuß der Treppe. Dann nimmt er seinen Mantel vom Garderobenständer, öffnet die Haustür und geht hinaus in die Nacht.

Oben liegt Toby auf seinem Bett ausgestreckt. Er ist unter dem Vorwand von Kopfschmerzen frühzeitig hochgegangen, aber er fühlt sich auch wirklich nicht wohl; der Anfang einer Erkältung vielleicht – oder (so hat Frau Onkel gemeint) Überarbeitung. In Wirklichkeit ist er zutiefst niedergeschlagen. Die Arbeit an der Schule strengt ihn mehr an, als er dachte, oft kommt er abends erschöpft nach Hause. Und dann das Heimweh! Die Gottesdienste in der Versammlung lassen ihn immer wieder an die vertraute Landschaft seiner Heimat denken und rufen Erinnerungen an Menschen und Orte wach, nach denen er plötzlich eine große Sehnsucht verspürt.

Er versucht, in der Bibel zu lesen; das Versprechen, das er als gehorsamer Sohn seinem Vater gegeben hat, erweist sich schwieriger, als er gedacht hat. In der Aufregung, die der Umzug in ein fremdes Land mit sich brachte, in den neuen Aufgaben und Verpflichtungen, die ihn abends meist erschöpft ins Bett sinken lassen, hat er es versäumt, täglich in der Schrift zu lesen. Die prächtige schwarze Bibel, an der noch immer der Duft von neuem Leder haftet, sie nimmt einen Ehrenplatz auf seinem Nachttisch ein; aber er schlägt sie kaum einmal auf.

Und das kommt noch dazu, überlegt Toby verdrießlich. Er ist zwar noch nie ein Freund ausgedehnter Gebete gewesen, aber zu Hause hat er doch am Beginn und Ende jedes Tages immer ein festes

Gebet gesprochen. Morgens hat er Gott um seinen Segen gebeten, seine Fürsorge und seinen Schutz für den Tag, manchmal haben besondere Umstände auch ein besonderes Gebet erfordert. Abends hat er dann die Tagesereignisse noch einmal zusammengefaßt, wobei er sich für offensichtliche Fälle göttlichen Beistands bedankte und taktvoll über die Situationen hinwegging, wo er keine klare Antwort auf seine Gebete erkennen konnte. Er ist sich nie sicher gewesen, was eigentlich mit seinen Gebeten geschah.

Seit seiner Ankunft in Wien haben Tobys routinemäßigen Gebete nachgelassen. Sie beschränken sich auf kurze, stille Stoßgebete in besonders schwierigen Situationen, die ja auf keinen Fall schaden können und vielleicht dazu angetan sind, in einer menschlich ausweglosen Situation übernatürliche Hilfe zu erlangen. Aber jetzt werde ich ein neues Leben beginnen, beschließt Toby. Ich werde täglich *mindestens* eine halbe Stunde mit Bibellesen und Gebet verbringen. Voller Entschlossenheit schlägt er die Bibel am Anfang des Markusevangeliums auf.

Minuten später legt er das Buch beiseite und rollt sich mit einem tiefen Seufzer auf den Rücken. Er nimmt Vaters letzten Brief aus der Nachttischschublade und liest ihn zum zwanzigsten Mal.

„Wir hatten große Segenszeiten in der Versammlung. Am vergangenen Montag begannen wir mit einer Vortragsreihe über den Propheten Jesaja, es war Herr Collingwood aus Oban, er sprach ungefähr eine Stunde, aber daran stießen sich nur wenige, seine Ausführungen waren tiefsinnig und gottesfürchtig. Deine Freunde haben mir Grüße an Dich ausgerichtet, wie auch die Ältesten. Am Mittwochabend hatten wir eine gute Gemeinschaft, als Fräulein Sandersen, die ihren Dienst auf dem Missionsfeld in Afrika verrichtet, uns eine Botschaft mit Lichtbildern brachte.

Ich hoffe, Du hast eine gesegnete Gemeinschaft in der Wiener Versammlung. Ich hoffe auch, daß Du nicht von der täglichen Lesung Seines kostbaren Wortes abweichst und daß Du viel Zeit im Gebet zubringst, Dein Dich liebender Vater ..."

Warum schreibt Vater niemals über irgend etwas Persönliches? Seine Briefe, die mit der Präzision eines Uhrwerks pünktlich an jedem zweiten Montagmorgen eintreffen, lesen sich wie das Rundschreiben, das jede Woche ans Schwarze Brett der Versammlungshalle gehängt wird: Veranstaltungstermine, eine Auflistung von Rednern und Themen. Niemals eine Andeutung, wie es ihm persönlich geht, wie er in dem großen Haus allein zurechtkommt, worüber er nachdenkt, wenn er allein am Kamin sitzt ... Niemals eine Andeutung, daß er sich einsam fühlt, obwohl sie doch das erste Mal im Leben getrennt sind.

Toby fühlt plötzlich Ärger in sich aufsteigen. Wie kann Vater es wagen, sich hinter solch einer Maske zu verstecken? Aber sein Ärger verschwindet so schnell, wie er gekommen ist. Wenigstens enthebt ihn das der Verpflichtung, seinerseits persönliche Dinge zu schreiben, wozu er nicht in der Lage gewesen wäre. Irgendwann in der nächsten Zeit wird er Vaters Brief beantworten müssen. Aber wie kann er ihm seine innere Verwirrung erklären, die gähnende Kluft zwischen den wohlbekannten Bibelstellen und den neuen Erfahrungen, die seinen Gesichtskreis erweitern? Welche Bibelstellen können ihm helfen, Erlebnisse wie den Besuch im *Heurigenlokal*, die Sache mit Jacks Auto, die Bach-Gavotte, das Mädchen im roten Kleid und nun die blonde Sally zu bewältigen?

„O Gott“, murmelt er, „hilf mir, dein Buch besser zu verstehen ... Hilf mir, daran zu denken, was ich in der Versammlung gelernt habe ...“ Aber er fragt sich, ob das, was man ihn in der Versammlung gelehrt hat, in seiner Situation überhaupt anwendbar ist. Er möchte seinen Vater zufriedenstellen, er will seiner Erziehung treu bleiben, und er will natürlich auch Gott gefallen: Aber er merkt, daß er in Wahrheit sehr wenig über das Buch im schwarzen Ledereinband weiß. In diesem fremden Land, wo er mit unzähligen neuen Erfahrungen konfrontiert wird, scheinen ihm alle früheren Maßstäbe und Richtlinien zu entgleiten.

Toby stopft sich das erste Mal seit vielen Jahren ein Taschentuch in den Mund und schluchzt wie ein Kind.

Ein Stockwerk tiefer liegt Frau Onkel fröstelnd auf zusammengeballten Kissen, gegen das massive Mahagoni-Kopfende ihres Bettes gelehnt. Eine Nachttischlampe rußt neben dem Bett. Auch sie hat ihre Bibel aufgeschlagen. Aber im Gegensatz zu ihrem Mann und ihrem Gast liest sie wirklich darin, ihre Lippen formen sorgfältig die Worte, während ihre Augen dem Text folgen.

Sie liest die Geschichte von der Frau am Jakobsbrunnen im vierten Kapitel des Johannesevangeliums, eine Geschichte, die sie schon oft gelesen hat und von der sie immer stärker angezogen wird, obwohl sie nur wenige Predigten darüber gehört hat. Ihr gefällt die Art, wie Jesus mit der Frau spricht – gerade weil sie weiß, daß dies ein schwerer Verstoß gegen die Umgangsformen jener Zeit war. Sie beneidet diese mehrfach verheiratete Frau. Nicht wegen ihrer vielen Männer, sondern weil sie etwas gehabt hat, wofür sie, Frau Onkel, viel gegeben hätte: eine halbe Stunde allein mit Jesus.

Selbst jetzt, als sie das Buch schließt und ihren Kopf zum Gebet neigt, fühlt sie sich nicht allein. Die unsichtbare Gegenwart ihres Mannes bestimmt ihre Körperhaltung, den Neigungswinkel ihres Kopfes, selbst die Formulierungen, mit denen sie sich an Gott wendet. Doch eine stärkere Gegenwart steht über dem düsteren Schatten ihres Gatten; das Bewußtsein der Gegenwart Gottes, gütig und verständnisvoll.

Sie beginnt mit Gott zu reden wie ein Kind, ein vertrauensvolles Geplauder. Schließlich kommt sie auf einige besondere Anliegen zu sprechen – hauptsächlich ihr dringendes Bedürfnis, mit ihm über den jungen Mann da oben zu sprechen.

Eine halbe Stunde später liegt Toby noch immer auf dem Bett. Er hat sich wieder beruhigt und seine Tränen getrocknet, aber in seinem Kopf wälzt er alle möglichen Gedanken und Pläne.

Es klopft leise an die Tür. Toby setzt sich auf und glättet die Decke. Dann öffnet er die Tür.

Frau Onkel trägt ein Tablett mit einer Tasse Tee und zwei dicken Scheiben Brot. „Ich dachte, du könntest eine kleine Stärkung gebrauchen, weil du den ganzen Abend hier im Zimmer warst."

Toby lächelt unsicher. „Das ist sehr freundlich", sagt er. Er nimmt das Tablett, schiebt einige Papiere beiseite, um Platz auf dem Tisch zu schaffen, und wendet sich dann wieder an Frau Onkel, die sich in den Sessel in der Zimmerecke gesetzt hat. Sie beobachtet ihn nachdenklich.

„Iß", sagt sie.

Toby langt nach der Tasse und dem Teller und setzt sich. Er zögert. Die langatmigen Gebete fallen ihm ein, in denen sich Onkel am

Frühstückstisch ergeht. Er neigt ein wenig den Kopf, da er sich Frau Onkels Gegenwart bewußt ist.

„Laß nur", sagt sie freundlich. „Es ist nicht notwendig. Er weiß, daß du dankbar bist ... Iß jetzt."

Toby beginnt unbeholfen zu essen, er hat Schwierigkeiten, die krumm geschnittenen Scheiben zu kauen. Die Brote sind mit fetter Salami belegt. Er spült den Geschmack mit Tee hinunter, heiß und süß, wie die Onkels ihn lieben. Jetzt fühlt er sich schon besser.

„Du hast geweint."

Das ist eine Feststellung, keine Frage. Toby überlegt, ob er leugnen soll, und zuckt dann die Achseln. „Ja."

Frau Onkel seufzt. „Es ist nicht leicht für dich, Toby. Ich weiß das. Du hast eine schwierige Arbeit, und du fühlst dich einsam, so weit weg von zu Hause."

Toby schnieft unglücklich. „Die Arbeit ist nicht sehr schwer. Ich komme gut mit den Schülern zurecht. Ich habe auch den Lehrstoff im Griff ..."

Sie blickt ihm direkt in die Augen. „Ich bin sicher, daß du ein guter Lehrer bist, aber – ich denke, das ist nicht der einzige Grund, weshalb du hierhergekommen bist. Es gibt vieles zu begreifen und zu entdecken. Über dich selbst. Vielleicht über uns. Das ist nicht leicht, nehme ich an. Du sollst aber wissen, daß ich für dich bete, Toby."

Das ist ein Satz, den er seit frühester Kindheit gehört hat. Frau Onkels freundliche Stimme verleiht jedoch den vertrauten Worten eine Aufrichtigkeit und Bedeutung, wie er sie zuvor noch nie empfunden hat. Er weiß nicht, was er darauf sagen soll, und senkt den Blick. Als er wieder aufsieht, ist Frau Onkel gegangen.

Rahel

Am nächsten Tag, als sie im Salon ihrer Freundin Rahel sitzt, macht Frau Onkel sich noch immer Sorgen um Toby. Ihr Mann weiß nicht, daß sie dort ist. Er interessiert sich nicht für die Kontakte seiner Frau, was sich als glücklicher Umstand erweist, da er mit Sicherheit eine heftige Abneigung gegen Rahel Guntersheim gehegt hätte. Rahel ist Jüdin und hat sich mit Frau Onkel angefreundet, nachdem sie sich einige Male beim Einkaufen begegnet sind; zuerst ist Frau Onkel scheu und zurückhaltend gewesen, hat sich aber bald für die klugen und einfühlsamen Gespräche mit der jüngeren Frau erwärmt. Sie besucht Rahel alle zwei Wochen, und Rahel akzeptiert stillschweigend, daß es ihr nicht möglich ist, in Onkels Haus zu kommen. Obwohl es nie ausgesprochen wurde, ahnt sie den Grund. Frau Onkel sorgt dafür, daß ihr Mann nie mit Rahel zusammentrifft.

Rahel stammt aus einer Familie alteingesessener jüdischer Kaufleute und ist nicht nur dem Namen nach Jüdin. Sie ist eine gebildete Frau, die ihre eigene Meinung hat und sie zu vertreten weiß. Darüber hinaus ist sie theologisch bewandert – ihr Rabbi leiht ihr häufig Bücher aus – und sehr wohl in der Lage, sich mit Frau Onkels dogmatischen Erklärungen auseinanderzusetzen.

„Was macht dein Gast?“ erkundigt sich Rahel, während sie ihrer Freundin Kaffee einschenkt.

„Er wird sich behaupten“, sagt Frau Onkel und läßt sich über Tobys Eskapade mit Jack aus. „Ich denke, er hat seine Lektion gelernt“, schließt sie ihren Bericht. „Armer Kerl – er konnte am nächsten Tag nichts essen. Das wird ihm nicht noch einmal passieren. Erst der Apfelwein, dann der Unfall.“

„Du hast geahnt, wo er war?“ Rahel langt nach einem Stiefelknöpfer und beginnt ihre Stiefel damit zu bearbeiten.

„Natürlich. In einem Heurigenlokal. Wo sonst sollte ein Junge hingehen, der nicht schlecht, aber töricht ist? Er war nicht betrunken. Aber sehr, sehr beschämt.“

Mit einem Seufzer der Erleichterung öffnet Rahel den letzten Knopf und schleudert die Stiefel von sich. „Hier“, sagt sie und bietet ihrer Besucherin den perlenverzierten Knöpfer an. Sie lehnt sich behaglich zurück und legt die Füße auf einen kleinen Hocker. „Ich war den ganzen Vormittag einkaufen – meine Knöchel!“

Rahels ungezwungenes Benehmen schockiert und entzückt Frau Onkel. Es ist nicht das erste Mal in diesem Salon, daß sie ein solches Angebot annimmt, und ihre Füße ruhen bald ebenfalls auf dem Hocker. Sie sieht sich in dem Zimmer um und freut sich an seiner vollkommenen Behaglichkeit. Es ist so vollgestopft wie ihr eigenes Haus, und die schweren Vorhänge an den Fenstern, die über elegante Spitzengardinen drapiert sind, verleihen dem Zimmer selbst am frühen Nachmittag eine dämmrige Atmosphäre. Doch während ihre eigenen Zimmer mit Dingen angefüllt sind, die Onkel angeschafft hat, in der Regel aus reinen Prestigegründen, sind in Rahels Haus lauter Gegenstände zu finden, zu denen sie eine liebevolle Beziehung zu haben scheint.

Fotografien in hölzernen Rahmen (Onkel besteht stets auf Silber) zeigen lächelnde Familienmitglieder und Freunde, oft sehr zwanglos gruppiert. Sie sind so ganz anders als die steifen Salonposen auf Onkels Familienfotos. Bücher liegen in wahllosen Stapeln herum; auf einem Ecktisch stehen ein paar Blumen in einer Vase, auch sie in heiterer Unordnung. Sie läßt ihren Blick umherschweifen, und er bleibt an den jüdischen Gegenständen hängen: ein neunarmiger Chanukka-Leuchter auf dem Bücherregal, ein Davidsstern, der auf einen Wandbehang gestickt ist, an der Tür die Mezuzah, jene winzige Kapsel, die – so hat Rahel ihr einmal erklärt – die Verse des *Shema Jisrael* enthält, das uralte alttestamentliche Gebet zu dem einen Gott.

Warum ist sie sich nur so sicher, fragt sie sich, daß ihr Mann dies alles verabscheuen würde? Sie versucht, ihn in einem freundlicheren Licht zu sehen. Schließlich weiß Onkel alles über das Alte Testament, erst kürzlich hat er bei einer Zusammenkunft überzeugend über den ewigen Bund Gottes mit dem jüdischen Volk gesprochen, dessen Erbe nun alle Nachfolger des Herrn seien, die danach trachten, seinen Willen zu tun ... Nein, er sei nicht etwa ein Judenhasser, so versichert er jedem, der es hören will. Aber er könne einfach nicht an der klaren biblischen Lehre vorbei, welche die Mitschuld der Juden am Tod Christi bezeuge.

„Wie steht's mit deiner Gesundheit?“ erkundigt sich Rahel.

„Es geht schon. Ich muß die Dinge einfach langsamer angehen lassen."

Rahel sieht sie aufmerksam an. „Bist du beim Arzt gewesen?"

„Schon vor einer Weile ... Er hat mich gründlich untersucht."

Sie verschweigt Rahel, daß der Arzt sie ernsthaft gewarnt hat. „Sie können ihr Herz nicht weiterhin so strapazieren wie bisher", hat er ihr gesagt. Aber der Arzt hat gut reden. Onkel würde niemals daran denken, eine Haushälterin einzustellen. Das riesige Haus macht viel Arbeit, und eine lange Liste von Dingen muß ständig erledigt werden. Aber Onkel murrt, daß überhaupt so wenig getan wird ...

„Wir sind nur zwei Leute", hat er ihr schon oft gesagt, „und selbst mit dem Jungen sind wir nur eine Person mehr. Und was der Herr uns zur Unterstützung seines Reiches gegeben hat, werde ich *nicht* für unseren eigenen Luxus und Bequemlichkeit ausgeben."

Rahel sieht sie noch immer an. „Du bist erschöpft, das steht fest", sagt sie. „Dein Gesicht ist blaß, du siehst so müde aus. Ich frage mich ..." Sie springt auf die Füße und öffnet einen Schrank. „Da ist sie ja!" ruft sie aus. „Schau mal, die habe ich geschenkt bekommen, aber ich habe schon alles, was ich brauche. Warum nimmst du sie nicht?"

Frau Onkel blickt sehnsüchtig auf die Schachtel, die Rahel ihr hinhält: eine Packung Kosmetikartikel.

„Mal sehen, was wir damit machen können", sagt Rahel und mustert Frau Onkels Gesicht mit prüfendem Blick. „Weißt du, daß du sehr hübsch bist? Deine Haut ist wunderbar, und du hast sehr schöne Wangenknochen. Nur die Schatten unter den Augen machen diesen Eindruck zunichte, und deine Blässe. Aber dagegen können wir etwas tun. Also, halte mal diesen Spiegel für mich ..."

Innerhalb weniger Minuten sind Frau Onkels erschöpfte Gesichtszüge verwandelt. Rahel hat sie geschickt geschminkt, so daß man auf den ersten Blick gar nichts davon sieht. Ihre Wangen haben nun Farbe bekommen, und die Augen, die nicht mehr zwischen tiefen Schatten liegen, glänzen. Als nächstes richtet sie ihre Aufmerksamkeit auf Frau Onkels Haare.

„Ich habe mich oft gefragt", meint sie nachdenklich, „warum du diese Frisur trägst. Sie ist nicht so, wie die Frauen heutzutage ihre

Haare tragen. Das mußt du doch wissen. Ehrlich, deine Frisur sieht – ein bißchen altmodisch aus."

„Der Grund ist", erklärt Frau Onkel und mustert ihr neues Gesicht im Spiegel, „die Welt folgt der Mode. Wir, die wir dem Herrn nachfolgen, richten unsere Aufmerksamkeit auf andere Dinge."

„Ich könnte jetzt sehr bestürzt sein, über das, was du da sagst", erwidert Rahel mit einem Anflug von Ärger in der Stimme. „Auch wir verbringen viel Zeit in der Synagoge in der Absicht, Gott zu loben und ihm zu dienen, weißt du?"

Frau Onkel errötet. „Tut mir leid. Das habe ich nicht so gemeint. Es ist nur, daß uns diese Dinge sehr wichtig sind. Keine der Frauen in der Versammlung benutzt Kosmetik."

„Ich weiß", sagt Rahel, die nun Frau Onkels Haare mit langen, schwungvollen Bewegungen kämmt. „Es ist ein Jammer. Du würdest von ihnen allen am besten aussehen." Sie wiegt die üppigen Locken in der Hand. „Herrliches Haar, es glänzt so schön. Eine Schande, es so hochzubinden!" Geschickt legt sie die Haare zu einer anderen Frisur, schlicht, aber sehr kleidsam.

„Und jetzt", sagt sie, „das I-Tüpfelchen!" Sie wühlt in der Schachtel und fördert einen knallroten Lippenstift zutage.

„Nein."

Rahel lacht. „Es tut nicht weh. Ehrlich."

„Nein", sagt Frau Onkel wieder mit matter Stimme. Die Freude ist aus ihren Augen gewichen, und ihre Schultern sacken wieder müde herunter. „Es ist nicht recht. Ich darf das nicht."

Ihre Freundin schaut sie an. „Du siehst wunderbar aus", sagt sie. „Jetzt werden die Leute merken, wie schön du bist. Vorher konnte man das nur ahnen."

„Mein Mann wird das nicht mögen", sagt Frau Onkel entschieden. „Nicht den Lippenstift, nicht das Gesichtspuder, überhaupt nichts. Es tut mir leid." Sie beginnt, das Haar wieder in ihren gewohnten Stil umzufrisieren. „Du hast mich so schön gemacht ..."

„Ich helfe dir", sagt Rahel; und es dauert nicht lange, da sieht Frau Onkel wieder fast so sorgenvoll aus wie immer.

Sie sprechen über die Lage in Bosnien, über den Balkankrieg und die Bemühungen der Großmächte um Frieden und was geschehen könnte, würde sich der Konflikt über den Balkan hinaus ausdehnen.

„Es scheint, als wollten die Türken sich gegen die ganze Welt erheben", sagt Rahel. „Und keiner wird sie daran hindern."

„Glaubst du, daß sich der Krieg ausdehnen wird?"

„Wer kann das wissen? Rußland, Amerika, Deutschland, England – alle wollen sie ihre eigenen Interessen in dieser Region wahren. Vielleicht tun sie das auch durch Gewalt. Ich sage dir, es wäre nicht das erste Mal, daß die Türken sich nach der Herrschaft in Europa ausstrecken. Und es wäre nicht das erste Mal, daß ihnen dabei unschuldige Menschen im Weg stehen ... Weißt du, wer im Falle eines Krieges am wenigsten gewinnt? Wir! Unser Reich. Und doch scheinen wir diejenigen zu sein, die um jeden Preis auf einen Krieg aus sind."

Sie macht die Schachtel mit den Kosmetika zu und legt sie wieder in den Schrank zurück. „Auch wir hatten unsere Probleme hier in Leopoldstadt", sagt sie und setzt sich wieder. „Das übliche. Randalierer. Fensterscheiben werden eingeschlagen, Menschen beschimpft. Aber es wird immer schlimmer: Es wurden schon Leute angegriffen. Der alte Meschrach zum Beispiel. Er wurde vor ein paar Monaten zusammengeschlagen – sie haben ihm eine Rippe gebrochen. Er kann noch immer nicht aufstehen. Die Rippe hat seine Lunge verletzt. Es wird viele Wochen dauern, bevor es ihm besser geht, sagt der Arzt – wenn überhaupt."

Sie schenkt noch einmal Kaffee nach. „Immer Juden, natürlich. Und natürlich finden sie nie heraus, wer es getan hat. Die Täter kommen aus Wien, das steht fest."

Frau Onkel nippt an ihrem Kaffee. Sie weiß nicht, was sie sagen soll.

„Es scheint organisiert zu sein", sagt Rahel. „Sie gehen systematisch vor. Einige meiner Nachbarn haben Wache gehalten. Einmal oder zweimal haben sie Leute gesehen, die um Häuser herumgeschlichen sind, wenn die Besitzer nicht da waren; als man sie ansprach, ergriffen sie die Flucht. Einer trug ein Bündel Lumpen mit sich, das mit Öl getränkt war." Sie schaudert. „Als hätte er einen Brand legen wollen."

„Sicher wird die Polizei –"

„Die Polizei! Sie sind gekommen und haben Ermittlungen durchgeführt, sie haben sich Notizen gemacht, sie haben versprochen, der Sache nachzugehen – und dann haben wir nichts mehr von ihnen gesehen. Bis zum nächsten Vorfall." Sie blickt aus dem Fenster auf die ruhige Straße. „Was hält dein Mann von alledem?"

Frau Onkel wird rot. „Ich habe ihn mit großer Achtung von den Angehörigen deines Volkes sprechen hören."

Rahel lacht nachsichtig. „Vorausgesetzt, sie sind vor mehr als zweitausend Jahren gestorben ... Und natürlich, wenn sie Christen werden ... Dann wird uns alles vergeben. Schließlich tragen wir eine große Schuld, ist es nicht so?"

„Ich glaube, es ist anders", sagt Frau Onkel.

„Ich weiß", gibt Rahel zu. „Du und ich haben uns schon darüber ausgesprochen, das stimmt. Aber was denkt Toby über dieses Thema?"

„Er ist ein guter Junge. Aber in mancher Hinsicht unbedarft. Ich weiß nicht, wie sehr er auf meinen Mann hört. Es sind nicht so sehr die theologischen Argumente, die kann man widerlegen; und Toby hat einen klugen Kopf. Es sind die beiläufigen Bemerkungen, die Witze, die schlimmen Sachen, die gegen euch Juden vorgebracht werden. Ich schäme mich oft für meinen Mann. Und wenn Toby dann versucht zu widersprechen oder das Zimmer verläßt und nicht in dieses Gerede einstimmt – dann bin ich stolz auf meinen Gast."

Später, als sie durch die Straßen des jüdischen Viertels in Richtung Kaisermühlen zurückläuft (Onkel will nicht, daß für so kurze Strecken die Straßenbahn benutzt wird; das sei „schlechte Haushalterschaft"), geht ihr das Gespräch mit Rahel immer wieder durch den Kopf. Wie schwierig alles ist! Natürlich haßt sie die Juden nicht! Vielleicht haßt Onkel sie, da ist sie sich nicht sicher; aber *sie* gewiß nicht. Sie kann einfach nicht glauben, daß irgend jemand in der Versammlung zu solch anhaltender Bitterkeit fähig wäre, wie Onkel sie gegen die Juden hegt. Aber wo steht dann Onkel – dessen theologisch korrekte Aussagen zuweilen einen geistlichen Stumpfsinn zu verschleiern scheinen?

Für sich selbst kann sie weder Onkels feste Überzeugung noch Rahels Belesenheit beanspruchen. Das Kernstück ihres eigenen

Glaubens ist der Messias, den Rahels Volk abgelehnt hat. Doch ohne ihn kann sie sich überhaupt keinen Glauben vorstellen. Sie kennt auch die Bibelverse, die in der Versammlung oft von Predigern zitiert werden: daß Jesus der Weg, die Wahrheit und das Leben ist und daß niemand zum Vater kommen kann, außer durch ihn. Aber wo bleibt dann Rahel – deren warmer, lebendiger Glaube ein mangelhaftes theologisches Verständnis zu verdecken scheint?

Der Abend wird kalt, und Frau Onkel schreitet schneller aus. Ihre Augen funkeln von der Anstrengung, und auf ihren Wangen erscheint ein warmer Glanz wie nach Rahels geschickter Gesichtsbehandlung. Zwei junge Männer, die an ihr vorbeigehen, sehen sie mit unverhohlener Bewunderung an und lächeln einladend. Entsetzt beginnt sie zu laufen. Das gutmütige Gelächter der jungen Männer verfolgt sie, bis sie um die Ecke biegt. Sie hält an, um Atem zu holen und die Hand an die Seite zu pressen, wo sie schmerzhafte Stiche verspürt. Dann zieht sie ein Taschentuch hervor und wischt heftig über ihr Gesicht, bis jede Spur von Rahels Puder beseitigt ist.

Eine ganz andere Musik

Frau Onkel greift ihr Gespräch mit Toby nicht mehr auf, und auch er erinnert sie nicht daran. Sie verhält sich wieder zurückhaltend, aber freundlich und gleicht so ein wenig Onkels schroffe und geschäftsmäßige Art aus. Ihr schlechter Gesundheitszustand läßt das Leben für sie zu einem ständigen Kampf werden.

Toby, dem auffällt, wie selten Onkel ihr seine Hilfe im Haushalt anbietet, versucht ihr zu helfen, so viel er kann, aber Onkel sieht das nicht gern und läßt beide das deutlich spüren. Onkel bringt es fertig, Toby von einer Arbeit im Haushalt wegzuholen, um mit ihm irgendein unbedeutendes theologisches Problem zu erörtern.

Die abendlichen Gespräche drehen sich immer wieder um die gleichen Themen. Da ist zunächst die Versammlung, Onkels Lieblingsthema, aber auch das von Toby. In England hat er Erfahrung darin gesammelt, sich geduldig das Genörgel anderer Leute anzuhören – und er kann den Ausdruck eines aufmerksamen Zuhörers annehmen, während er in Wirklichkeit über ganz andere Dinge nachdenkt. Ein weiteres Thema ist der Krieg auf dem Balkan, über den Toby sehr beunruhigt ist.

Die Juden sind ein weiteres Hauptthema in Onkels Reden. Er führt gerne aus, daß die Juden, da sie Christus gekreuzigt haben, dazu verdammt seien, zu leiden und für immer verworfen zu werden. „Selbst in Wien", stellt er heraus, „gehören die Juden nicht zu unserer Gemeinschaft, sie sind keine *echten Wiener,* sie sind Wanderer, die sich hier niedergelassen haben."

Toby fängt zuweilen einen Blick von Frau Onkel auf, die ihn während dieser Diskussionen beobachtet. Sie selbst sagt nie etwas – nur einmal, als Toby Onkel mehr zustimmte als beabsichtigt (es war ein warmer Abend, Toby war müde und wollte das Gespräch rasch beenden), hat sie in beredtem Schweigen ihre Näharbeit niedergelegt und das Zimmer verlassen.

Mehrere Wochen nach seinem ersten Zusammentreffen mit den Studenten überwindet Toby schließlich seine Scheu und stattet ihnen wieder einen Besuch ab. Zum einen wünscht er sich die Gesellschaft mit Gleichaltrigen, und dann lockt ihn die Aussicht, noch mehr Musik zu hören.

Eines Abends nach der Arbeit klopft er an ihre Tür. Er kann Geräusche in der Wohnung hören – aber nicht die Musik, die er erwartet hat, sondern etwas Undefinierbares, so als ob Möbel hin- und herbewegt werden. Es dauert eine Weile, bevor die Tür vorsichtig aufgeht. Ein zerzauster Lev lugt heraus und blinzelt im Licht der späten Nachmittagssonne.

„Oh! Toby! Hallo – bitte, bleib nicht stehen, komm herein. Schau nicht auf die Unordnung hier, komm schnell rein."

Die höfliche Grußformel, die Toby sich so sorgfältig zurechtgelegt hat, kann er gar nicht loswerden. Schnell wird er durch die Diele in denselben Raum geführt, wo er bei seinem ersten Besuch auch gesessen hat. Doch die bezaubernde Unordnung ist zum Chaos geworden, seit er das letzte Mal hier gewesen ist. Die Stühle sind auf den Kopf gestellt; das Piano ist von der Wand gerückt, der Teppich zurückgeschlagen, so daß er den Blick freigibt auf abgetretene Dielen mit unregelmäßigen Fugen dazwischen.

In einer Ecke sind die Instrumentenkästen sorgfältig übereinander gestapelt. Offenbar sind sie aus der Gefahrenzone entfernt worden, bevor das Zimmer, aus welchem Grund auch immer, von oben nach unten gekehrt worden ist.

Lev steht in der Mitte des Zimmers und sieht sich hilflos um. Sein Haar ist staubig, sein Gesicht mit Schmutzstreifen überzogen, die Kleidung zerknittert und schmuddelig. Er stöhnt. „Ich hatte gehofft, ich könnte dies alles aufräumen, bevor Sally zurückkommt ... Oh, paß auf! Dieser Stapel ist sehr wackelig ...“ Er rettet einen schwankenden Papierstapel gerade noch rechtzeitig. „Tut mir sehr leid, wenn ich so unhöflich bin, aber du hast eine sehr ungünstige Zeit für deinen Besuch erwischt. Natürlich“, fügt er schnell hinzu, als er die Bestürzung in Tobys Gesicht sieht, „natürlich bist du bei uns willkommen! Aber – du siehst ja, was hier los ist.“

Toby hebt ein Notenblatt auf, das Levs Rettungsversuch entglitten ist. Mit gewollter Beiläufigkeit fragt er vorsichtig: „Was geht hier eigentlich vor?“

„In diesem Zimmer läuft eine Maus herum“, erklärt Lev. „Das ist nicht *lustig*“, fügt er ergänzend hinzu.

„Ich weiß“, erwidert Toby und denkt an das häusliche Ritual jeden Herbst, wenn er und Vater Jagd auf die Mäuse machten, die vor Einbruch des Winters gern ins Haus kamen. Sie hatten keine Katze – Toby hatte sich als Kind immer eine gewünscht, aber Vater hatte ihre Pflege für eine zu große Belastung gehalten. Trotz der Schüsseln mit dem grauen Pulver, für das Vater in der Apotheke seinen Namen in ein Buch eintragen mußte, gab es häufig Katastrophen. So wurden beispielsweise ehrwürdige theologische Bücher in Nester von Papierschnipseln verwandelt, die in warmen Winkeln des Hauses wieder zum Vorschein kamen – ein Beweis, daß zumindest einige besonders intelligente Exemplare ahnten, wozu die verlockende Speise dienen sollte.

„Es ist hauptsächlich das Piano, auf das wir achthaben müssen“, sagt Lev. „Letztes Jahr hat eine Maus ihr Nest in die Saiten gebaut. Die tiefste Oktave war ruiniert! Und sie fressen die Noten“, seufzt er kummervoll und hält Toby einen Stapel Blätter hin, an dessen Ecken man die Spuren der Mäusezähnchen erkennen kann.

„Ich weiß", sagt Toby tröstend. „In England ..." Er legt seine Jacke ab und kniet sich hin. „Ich helfe dir, sie zu finden."

Überrascht sieht Lev ihn an. „Wenn du meinst ... Also, dann fängst du am besten dort drüben an." Er reicht Toby eine Zeitung. „Ich schließe einfach die Lücken in den Dielen. Ich bin sicher, die Maus ist in ihrem Nest, und wenn wir alle Löcher verschließen, kann sie nicht zurückkommen."

Toby beginnt, Papierstreifen abzureißen und die Dielenritzen damit zu verstopfen.

„Es ist wichtig, die Ritzen gut und fest zu verkeilen", weist Lev ihn an. „Sonst wird das dumme Tier sich durch das Papier hindurchfressen. Ach!"

„Sie wird ein anderes Zimmer finden", gibt Toby zu bedenken.

„Das macht nichts", sagt Lev. „Dieses Zimmer ist wichtig. Sally hat in der Küche Fallen aufgestellt, dann kann sie sich nicht an ihrem Essen vergreifen. Egal, ich hoffe, sie verschwindet und findet eine andere Wohnung. Vielleicht die Onkel-Schule!" Er brüllt vor Lachen, hält dann inne und sieht Toby unsicher an, aber Toby lacht ebenfalls.

In den nächsten Minuten reißen und falten die beiden Streifen aus Zeitungspapier und quetschen sie zwischen die Dielen. Es entwickelt sich zwischen ihnen ein kameradschaftliches Schweigen, unterbrochen von einem gelegentlichen Brummen Levs oder einem unterdrückten Keuchen von Toby, wenn er mit seinen knochigen Knien eine andere Stellung auf dem harten Boden einnimmt.

„Na, ihr beiden seid ja schwer beschäftigt!"

Sallys fröhliche Stimme läßt Toby auf die Füße springen, und er errötet heftig, als er begreift, wie merkwürdig er aussehen muß. Seine Hände und wahrscheinlich auch sein Gesicht sind staubig, der Hemdkragen ist verrutscht und voller Fingerabdrücke.

„Ah – guten Abend", begrüßt er, ein wenig zu höflich, das attraktive Mädchen in der Türöffnung. Sally lacht und stellt ihren Geigenkasten auf dem Boden ab. „Laßt mich mal raten", sagt sie. „Mäuse?"

Lev grinst. „Wir haben sie überlistet, denke ich", sagt er befriedigt. „Schau mal."

Auch Toby prüft alles noch einmal nach. „Ich glaube, wir sind fertig!“ erklärt er.

„Du kochst den Kaffee“, sagt Lev, „und Toby und ich räumen das Zimmer auf.“ Er zögert. „Du hast schon genug geholfen, Toby. Deine Kleidung ist schon so schmuddelig wie meine. Ich suche mal eine Bürste.“

„Nein“, widerspricht Toby. „Ich *will* helfen.“

„Gerade sehe ich Louis kommen“, sagt Sally und verschwindet in der Küche. „Ihr könnt alle zusammen helfen.“

Sie brauchen nicht sehr lange, um das Zimmer wieder in den Zustand zu versetzen, an den Toby sich erinnert. Louis und Lev unternehmen auch keinen Versuch, die Dinge zu sortieren, sondern verteilen die Stapel einfach an geeigneten Stellen. Nur als es darum geht, die Instrumentenkästen an ihren Platz neben das Piano zu stellen, wird jeder einzelne sorgfältig vom Staub befreit, bevor man ihn abstellt.

„Also, was hast du die ganze Zeit getrieben, Toby?“

Sally hat allen Kaffee eingeschenkt und reicht nun Konfekt herum, köstliche Schokoladenpralinen, die langsam auf der Zunge zergehen. Toby hat noch nie etwas so Wunderbares gekostet. Er nimmt eine zweite, als sie ihm angeboten wird, und fragt sich in den nächsten zehn Minuten, ob es wohl unhöflich sei, noch eine dritte aus der bunten Schachtel zu nehmen.

„Ach, ich unterrichte meine Klassen, und manchmal lese ich und mache Spaziergänge.“ Indem er das sagt, erscheinen ihm diese Tätigkeiten sehr belanglos. „Das ist nicht allzuviel, fürchte ich“, sagt er entschuldigend.

„Hast du dir irgend etwas angesehen? Irgendwelche der berühmten Bauwerke?“

„Am Anfang. Ich bin einmal durch die Stadt gegangen.“

„Aber bist du irgendwo hineingegangen? In die Paläste zum Beispiel?“

Toby schüttelt den Kopf. „Ich habe nicht gewußt, daß man dort hineingehen kann. Ich dachte –“

„Natürlich“, sagt Sally rücksichtsvoll, „das kann man auch nicht, wenigstens nicht einfach so. Nicht an jedem x-beliebigen Tag. Aber es gibt Tage, an denen Teilbereiche der Paläste für die Öffentlichkeit zugänglich sind, das muß man wissen. Und ein Schloß – Schönbrunn – hat einen Park, in den kann jeder hineingehen; haben die Onkels dich nicht einmal dorthin mitgenommen?"

„Nein", sagt Toby. „Onkel interessiert sich nicht besonders für Sehenswürdigkeiten."

„Da hast du vermutlich recht", räumt Louis ein.

„Also!" ruft Sally aus und stellt ihre Kaffeetasse mit einer solchen Entschlossenheit auf den Tisch, daß beinahe der Henkel abbricht. „Dagegen müssen wir etwas unternehmen. Am Samstag, Toby, gehen wir auf Besichtigungstour."

Toby errötet vor Freude. Die Samstage waren bisher seine einsamsten Tage. Meist hat er sie in seinem Zimmer verbracht, indem er Bücher las oder die Arbeiten von Schülern korrigierte.

„Louis und Lev, ihr kommt auch mit."

Tobys Freude wird nur leicht gedämpft durch die Tatsache, daß er Sally nicht ganz für sich allein haben wird.

„Komm um zehn am Samstagvormittag zum Stephansdom. Und sei pünktlich", sagt Sally bestimmt.

Als seine Tasse leer ist, sieht Toby auf die Uhr. Er hat Frau Onkel schon vorgewarnt, daß er ein wenig später kommen würde, obwohl er nicht ganz bei der Wahrheit geblieben ist. Sie mußte den Eindruck gewinnen, daß er länger in der Schule bleiben würde, um dort zu *arbeiten.*

„Ich muß bald gehen", sagt er widerstrebend und klopft sich die Hose ab, an der noch immer eine Menge Staub hängt.

„Sicher", sagt Sally leichthin. „Ich muß sowieso üben."

„Wir wechseln uns ab", erklärt Lev. „Jeden Abend übt hier einer von uns. Heute ist Sally dran."

„Spielst du die Gavotte?" fragt Toby und hofft inständig, daß es so sein würde. Aber Sally schüttelt den Kopf. „Das ist für die Akademie", sagt sie. „Heute übe ich ein neues Stück. Es ist von Anton Webern. Du weißt sicher nicht, wer das ist, Toby?"

„Jetzt mach mal einen Punkt", lacht Louis. „Keiner in Wien kennt Weberns Musik! Zumindest mag sie niemand."

„Wann hat Webern gelebt?" erkundigt sich Toby, er findet sich allmählich mit seiner Unwissenheit ab.

„Er lebt noch. Er wurde in Wien geboren, hat hier auf der Universität studiert. Er ist ein Schüler von Arnold Schönberg – aber den wirst du auch nicht kennen. Also, ich sage dir, Schönberg ist der *aufregendste* moderne Komponist, den es gibt. Er lebt jetzt in Berlin. Vor einem Jahr ist er aus Wien weggegangen."

„Schönberg will zurückkommen", sagt Louis.

„Nein, will er nicht", widerspricht Sally. „Er hat die Stelle an der Akademie abgelehnt."

„Was?" rufen Louis und Lev ungläubig. Toby hört höflich zu; er hat keine Ahnung, über was die drei eigentlich reden.

„Offenbar will er die Stelle nicht; er sagt, daß er in Berlin viel mehr geschätzt wird. Hier in Wien hatte er kein Geld, er bekam keine Anerkennung, und als bekannt wurde, daß man ihm eine Professur angeboten hatte, begannen die Leute ihn zu verspotten, weil er Jude ist."

Lev knurrt. „Wir könnten diese Leute mit Namen nennen. Es ist bekannt, wer sie sind ..."

„Er ist seiner Zeit voraus, und die Akademie ist nun mal konservativ. Aber sehr viele von uns glauben, daß er wirklich etwas zu sagen hat."

„Und wer ist Webern? Lebt er in Wien?"

„Er ist im Augenblick in Stettin, im Norden von Deutschland an der Ostsee. Arbeitet dort als Dirigent. Webern und Alban Berg waren Schönbergs Meisterschüler. Berg wohnt in einem Vorort – in Hietzing, nicht weit von Schloß Schönbrunn. Er lehrt Musiktheorie und Komposition. Ich habe bei ihm Unterricht. Er ist ein wunderbarer Lehrer und Musiker. Ich wäre nach Wien gekommen, nur um in seiner Nähe zu sein." Sallys Stimme hat einen träumerischen und verzückten Klang angenommen, was so gar nicht zu ihr paßt.

„Was für eine Art Musik ist dein neues Stück?" fragt Toby.

Sally lächelt. „Es ist eine ganz andere Musik, als die von Bach, soviel steht fest. Ich fange am besten mal an. Bleib doch hier und hör eine Weile zu. Louis, willst du mich auf dem Piano begleiten? Opus sieben. Wir spielen es ganz durch."

Louis wühlt in dem Notenstapel und zieht schließlich zwei Hefte hervor, von denen er eines Sally reicht und eines auf das Klavier stellt.

„Also, diese Musik", sagt Sally in einem belehrenden Ton, während sie mit geübter Hand einen Notenständer aufbaut, „ist *völlig* anders als alles, was du bisher gehört hast. Also sei nicht voreingenommen, hör einfach zu. Also, Louis, fangen wir an." Sie beginnen, das erste von vier Stücken zu spielen. Toby kann die Überschrift auf Sallys Noten lesen, obwohl er keine Ahnung hat, was ein Opus ist.

Er lauscht mit der besorgten Spannung, die in der Regel durch eine Ermahnung zur Toleranz erzeugt wird. In den ersten Minuten begreift er überhaupt nicht, was hier vor sich geht. Bruchstücke von Tönen schweben kaum hörbar durch den Raum, Klavierakkorde werden angeschlagen und verlieren sich wieder; Geigenphrasen gleiten das Griffbrett hinauf und hinunter – aber wo ist die Melodie? Auf offensichtlich zusammenhanglose Noten folgt eine unruhige, wilde Sequenz; zwischendurch – offenbar als Gliederungselement – gibt es kurze, beunruhigende Pausen, die viel mehr zu sein scheinen als das Fehlen von Musik.

Er sucht in den Gesichtern der Musiker nach einem Anhaltspunkt, der ihm die Bedeutung des Gehörten klarmacht, findet dort aber keine Hilfe. Sallys Gesicht zeigt eine verbissene Konzentration, sie ist über ihr Instrument gebeugt, während ihre Augen auf die Noten geheftet sind. Louis sitzt am Klavier, als ob er beinahe eingeschlafen sei. Seine Hände streichen während der ruhigen Passagen über die Tastatur, bei den lauten Stellen hämmern sie dagegen auf das Instrument – aber stets erscheint er wie ein distanzierter Zuschauer, als hätten die schnell hüpfenden Finger nichts mit ihm zu tun.

Die Vorführung endet abrupt. Toby begreift, daß das Stück wohl zu Ende ist. Soll er Beifall klatschen? Er rutscht in seinem Sessel hin und her und zermartert sich den Kopf, was er sagen soll. In seinem Gesicht ist keine Spur der Erregung, die er bei der Gavotte empfunden hatte, nur Verständnislosigkeit.

„Man muß sich erst daran gewöhnen", gibt Sally zu.

„Du warst in dem ersten Stück zu laut", sagt Lev. „Du solltest den Ton einfach sterben lassen. Verklingen lassen, nur ein Haar auf der Saite, du brauchst gar keinen Bogendruck auszuüben."

„Aber er hat hier ein Crescendo, das ist sehr wichtig", sagt Sally.

„Hier beginnt er das Thema zu teilen. Ich spiele *hier* die tragende Melodie, bis das Piano wieder einsetzt.“ Sie spielt zögernd ein paar Noten. „Wenn ich an dieser Stelle ein starkes pianissimo spiele, verliere ich den Faden, und dann kann ihn Louis nicht von mir aufnehmen. Das ganze Stück zerfällt irgendwie.“

Toby versteht kein Wort von dem, was sie sagen; aber er entnimmt ihren Argumenten, daß in ihrem Spiel wenigstens eine Art von logischem Aufbau gelegen hat. Es waren keine zufällig produzierten Töne. Das hat er jedoch bereits vermutet.

„Wir spielen es noch mal“, sagt Sally zu Louis. Sie haben Toby für eine Weile vergessen. „Und nimm bitte diesen Stapel vom Pianodeckel, ich stelle ihn hoch, damit der Klang besser herauskommt.“.

Dann spielen sie das Stück ein zweites Mal, und das Wunder geschieht wieder. Es ist nicht, wie bei Bach, die Überschwenglichkeit der Melodie, die ihn anrührt, denn es gibt für Toby keine erkennbare Melodie. Es ist der Klang der Instrumente selbst. Später, als er auf dem Heimweg in einer fast leeren Straßenbahn sitzt, kommt er zu dem Schluß, daß das Öffnen des Klavierdeckels den Zauber bewirkt hat, denn da erst hat er hören können, wie die Pianosaiten selbst in die Pausen hinein zitterten, und das wiederum hat ihm die sachte Berührung des Bogens auf Sallys Violine bewußt gemacht und das leichte Klopfen ihrer Fingerspitzen, als ihre linke Hand das Griffbrett hinauf- und hinunterrutschte.

Die Frage lautet nicht, stellt Toby versonnen fest, wovon diese Musik *handelt;* das ist unwichtig. Sein Vergnügen liegt in der Musik selbst begründet, in der Beschaffenheit der Töne, dem Klang eines einzelnen Akkords, dem Fingerspiel eines schnellen Laufs, dem silberhellen Klang einer hohen Geigennote, die den schmalen Raum füllt, der ihn von den beiden Musikern trennt.

„Es ist ein sehr kurzes Stück“, sagt Sally, legt ihre Geige ab und lockert die Bogenbespannung. „Aber das ist Weberns Stil. Es geht ihm um Einsparung, er möchte die Musik reduzieren. Das ist noch niemals zuvor versucht worden.“

„Vielleicht der späte Mozart, der späte Beethoven?“ gibt Lev zu bedenken.

Toby sagt nichts, denn die ganze Diskussion geht über seinen Kopf hinweg. Aber er steht noch immer unter dem Eindruck der Musik.

„Welchen Eindruck hattest du von Herrn Weberns Musik, Toby?“ fragt Lev.

Toby überlegt. „Es war –“

Er hält inne und sucht nach einem Wort, das diese Musik beschreiben könnte. „Schön“ wäre sicher unangemessen. Auch „interessant“ wäre kaum die richtige Beschreibung für die Musik und seine innere Heiterkeit. Ihm kommen die Worte „hübsch“, „merkwürdig“ und „aufregend“ in den Sinn, aber er verwirft sie alle.

„Ich bin mir nicht sicher“, gibt er zu.

„So gut wie Bach?“ fragt Lev mit einem Augenzwinkern. Toby zögert.

„Das ist nicht fair“, protestiert Sally. „Schließlich ist das die Gretchenfrage, die sich die Wiener Kunstszene jetzt stellt. Ist Herr Webern so gut wie der alte Bach? Das ist in der Tat eine Frage ...“

„Es war eine ganz andere Art von Musik“, sagt Toby. „Es waren ... Klänge, herrliche Klänge. Ich habe sie jedoch nicht verstanden.“

„Wieviel Musik hast du eigentlich schon gehört? Ich meine, hingesetzt und richtig zugehört?“ fragt Louis, nicht unfreundlich.

Toby sagt es ihm.

„Vielleicht hören wir am Samstag Musik, wenn wir in der Stadt sind. „Ich hoffe, daß die Onkels nichts dagegen haben. Daß du mitkommst, meine ich.“

Toby stockt der Atem, da er sich plötzlich an die Onkels erinnert, an sein Versprechen, um eine bestimmte Zeit zu Hause zu sein, und die Straßenbahn, die er nun verpaßt hat. „Ich muß jetzt gehen“, sagt er und erhebt sich eilig. „Ich habe ihnen versprochen, daß ich um diese Zeit zurück bin.“

Lev sieht ihn interessiert an. „Wissen sie, wo du bist?“

Toby errötet. „Nicht *genau*“, murmelt er.

„Wissen sie, daß du mich kennst?“ fragt Lev neugierig.

„Nein, ich glaube nicht“, sagt Toby. Er hat die Studenten überhaupt noch nicht erwähnt. „Ist das so wichtig?“

„Das kommt darauf an“, sagt Lev langsam, will aber nicht weiter über dieses Thema sprechen.

„Tut mir leid, daß ich so schnell weg muß“, sagt Toby. „Ich habe das völlig vergessen. Hab’ mich sehr wohlgefühlt bei euch.“

Als Toby am Samstagmorgen zum Stephansplatz kommt, wird er Zeuge einer höchst vergnüglichen Auseinandersetzung zwischen einem Autofahrer und dem Kutscher eines Pferdewagens. Er muß an seinen Unfall und Jacks leichtsinnige Fahrweise denken.

Jack … Als Toby ihm seine Pläne für das Wochenende berichtet hat, da hat er gelacht.

„Was werdet ihr denn zusammen unternehmen?"

„Weiß noch nicht." Toby hat versucht, beiläufig zu klingen. „Sie sagten irgendwas über einen Konzertbesuch. Am Nachmittag."

„Du kommst mit diesen Studenten ganz gut aus, oder?" hat Jack darauf gemeint und ihn forschend angesehen. „Du bist oft dort unten. Hätte nicht gedacht, daß du ihr Typ bist."

„Wie *ist* ihr Typ?" hat Toby zurückgefragt.

„Musikalisch. Intellektuell. Reich …"

„Reich? Du solltest ihre Zimmer sehen. Sie können sich noch nicht mal eine Putzfrau leisten."

„Ah", hat Jack geheimnisvoll erwidert. „Das ist die Art dieser reichen Schnösel. Sie geben sich gern etwas verlottert und verwahrlost. Und wenn sie dann die Nase voll haben und ihre Prüfungen hinter sich gebracht, gehen sie in ihre vornehmen Häuser zurück und werden Bankdirektoren. Ist 'ne bekannte Tatsache."

„Ich bin sicher, daß sie nicht reich sind", hat Toby zweifelnd gemeint. „Erst neulich haben sie die ganze Wohnung nach Geld durchsucht; sie hatten nichts mehr und mußten Brot kaufen. Sie machen immer einen ziemlich ärmlichen Eindruck."

„Sie können eben nicht wirtschaften. Du kannst dich drauf verlassen, sie kriegen alle Zuwendungen von ihren Eltern. Sie können bloß nicht ihre Finanzen organisieren, das ist ihr Problem. Du kriegst nur nicht mit, wenn die Schecks eintreffen …"

Dieses Gespräch hat Toby nachdenklich gemacht. Er hat bisher angenommen, daß die Studenten so arm sind wie er selbst, aber nun ist er unsicher, wie er mit der Möglichkeit umgehen soll, daß sie vielleicht sehr reich sind. Bei ihren Plänen für den samstäglichen Ausflug hat es keinen Hinweis auf irgendwelche übermäßigen Ausgaben gegeben. Sally hat wie selbstverständlich die Planung des Tages übernommen und alle Einzelheiten organisiert.

„Ich kenne ein Restaurant in der Nähe des Opernhauses an der Ringstraße", hat sie ihm mitgeteilt. „Es ist billig, und – um ehrlich zu sein – das Essen ist nichts Besonderes. Aber Mahler hat manchmal dort gegessen. Es gibt da Leute, die sich gut an ihn erinnern." Mahler, das hat Toby schnell gemerkt, ist eine von Sallys musikalischen Schwärmereien.

„Dorthin gehen wir zuerst", hat Sally entschieden, „und trinken eine Tasse Kaffee zu Ehren des großen Mannes, dann führen wir dich zu allen musikalischen Orten, die uns einfallen, so daß du am Ende des Nachmittags das musikalische Wien in- und auswendig kennst. Dann werden wir wieder in der Ringstraße den Nachmittagstee einnehmen – so nennt ihr Briten das doch? –, und du kannst deine schmerzenden Füße ausruhen."

„Das wird ein wunderbarer Tag", hat Toby zuversichtlich gesagt.

„Aber das ist erst der Anfang", meinte Sally daraufhin. „Danach werden wir Musik hören. Das ist überhaupt das *Allerwichtigste.*"

So steht er also auf den Stufen vom Stephansdom, seine Taschen vollgestopft mit den sorgfältig gehorteten Ersparnissen, die er von seinem geringen Gehalt abgezweigt hat. Es warten noch andere Leute dort, als er zwanzig Minuten vor zehn ankommt, aber als die großen Turmglocken die volle Stunde schlagen, sind sie alle ihrer Wege gegangen.

Die lange Wartezeit – denn sie erscheint Toby sehr lang – gibt ihm Gelegenheit, über die ungewöhnliche Art nachzudenken, wie die Onkels seine Nachricht aufgenommen haben. Als er ihnen sagte, daß er mit den Studenten ausgehen wolle, schien es, als habe Onkel ihn kaum gehört. Er war mit einem Brief beschäftigt, den er erhalten hatte, und er war ärgerlich. Dieser Brief hatte einen Schatten über das Frühstück geworfen, als er am Beginn dieser Woche eingetroffen war, und Onkel war für den Rest des Tages noch mehr als sonst kurz angebunden gewesen.

Frau Onkel hatte einen ihrer schlechten Tage; sie atmete schwerfällig, und ihre Lippen hatten die bläuliche Färbung angenommen, die ihm schon vorher aufgefallen war; später, als Onkel ausgegangen war, hatte er sie gefragt, ob sie beim Arzt gewesen sei. „Ich habe Medikamente", hatte sie erwidert. „Es wird schon gehen."

In den nächsten Tagen hatte sich Onkels Stimmung und der Gesundheitszustand seiner Frau gebessert, doch die Befragung, die Toby in bezug auf seine Ausgehpläne erwartet hatte, war nie erfolgt. Es war, als sei die Sache besprochen und akzeptiert worden; Frau Onkel hatte ihn am Freitagabend sogar gefragt, ob er ein paar Brote mitnehmen wolle, und als er erklärte, daß sie in einem Restaurant essen würden, nahm sie diese Information stillschweigend zur Kenntnis; sie machte noch nicht einmal die von ihm gefürchtete Bemerkung, daß es billiger wäre, sein eigenes Vesper mitzunehmen. Mit plötzlicher Freude begriff er, daß sie ihm trotz seiner früheren Eskapade vertraute.

Die Konfrontation, aus der er unbedingt als Sieger hervorgehen wollte – sie hatte überhaupt nicht stattgefunden.

Sally, Lev und Louis biegen gemeinsam um die Ecke, sie haben sich gegenseitig untergehakt und sind in ein lebhaftes Gespräch vertieft. Sie beginnen zu laufen, als sie ihn sehen, weichen einigen Fuhrwerken und einem motorisierten Lastwagen aus, und bringen sich schließlich mit einem Satz neben ihm in Sicherheit.

„Hallo!" strahlt Sally. „Wartest du schon lange?"

„Ach, überhaupt nicht", lügt er.

„Wir wollten laufen", sagt Lev. „Es war so ein herrlicher Morgen."

Toby sieht, daß ihre Gesichter von der Bewegung an der frischen Luft glühen. Er beneidete sie. Um ihre Freundschaft, ihre Bereitschaft, durch halb Wien zu laufen, ihre offensichtliche Freude an allem, was sie taten. „Wann seid ihr losgegangen?"

„Neun Uhr", sagt Lev. „Sally wollte sich immer wieder etwas anschauen."

„Es war wohl eher so, daß ich euch beiden Gelegenheit gegeben habe, zu verschnaufen", gibt sie zurück. „Ich sage dir, Toby, diese beiden sind vielleicht zwei *Faulpelze*."

„Sparsam, meinst du wohl", sagt Louis. „Denk mal, wieviel wir nicht für die Straßenbahn ausgegeben haben."

„Wie auch immer", lacht Sally. „Jetzt trinken wir erstmal Kaffee."

Sie sind kaum fünfzig Meter gegangen, als sie an einer Straßenecke anhalten. Louis zeigt auf einen eisernen Käfig, der hoch oben an einem Gebäude befestigt ist. Toby sieht hinauf, es scheint sich um einen Baumstamm zu handeln, der mit Eisen beschlagen und fast gänzlich mit eisernen Nägeln bedeckt ist.

„Das ist der letzte Baum des Waldes, des alten Wienerwalds", erklärt Louis. „Man nennt ihn den *Stock-im-Eisen*, und dies ist der Stock-im-Eisen-Platz. Hast du schon von ihm gehört?"

Toby schüttelt den Kopf. „Warum hängt er dort oben?"

„Oh, für die Wiener ist er *sehr* wichtig, ein Stück Geschichte", sagt Louis. „Warte mal, ich glaube, ich erinnere mich an die Geschichte. Vor Jahrhunderten gab es einmal einen Schmied –"

„Schlosser", berichtigt Sally.

„Schlosser. Und er schmiedete einen Zaubernagel, der Glück bringen sollte. Jemand stahl den Nagel und versteckte sich im Wald, aber er merkte, daß er wegen seines Vergehens aufgrund eines Zaubers nicht nach Hause gehen konnte. So versuchte er, den Nagel loszuwerden, und hämmerte ihn in einen Baum. Aber sobald er das getan hatte, fiel er tot zu Boden. Und sein Geist hat diesen Ort nie verlassen. Dort ist dieser Baum, direkt über deinem Kopf."

Toby betrachtet das kurze Stück Holz mit neuem Respekt. „Was bedeuten diese Eisendinger?"

Aber Louis, nun ganz in die Geschichte vertieft, will sich nicht drängen lassen. „Die Stadt wuchs und wuchs", greift er den Faden wieder auf. „Und der Wald mußte ihr weichen. Die Leute kannten die Geschichte vom Schlosser und dem Dieb, und sie kannten den Geisterbaum. Als die Stadt sich bis zu der Stelle ausdehnte, an der der Baum stand, baute man um ihn herum, statt ihn abzuholzen. Dann wurde der Baum morsch, und es bestand die Gefahr, daß er umstürzen würde. Die Stadtväter entfernten die Äste und ordneten an, daß der Stamm durch einen Eisengürtel gestützt werden sollte. Den gibt es noch immer; wenn du näher hinschauen könntest, würdest du das Datum erkennen – 1575. Und an diesem Eisengürtel befindet sich ein Schloß, ein wunderschönes Schloß. Der, der es hergestellt hatte, wurde böse, als die Stadtväter ihm seine Bezahlung verweigerten. Er warf den Schlüssel fort. Große Belohnungen wurden demjenigen versprochen, der imstande wäre, das Schloß zu öffnen. Schlosser kamen von nah und fern, um es zu versuchen, aber es wollte niemandem gelingen; und jeder nagelte einen seiner eigenen Nägel in den Stamm, bevor er wieder heimging. Deshalb", Louis schaut liebevoll auf das knorrige, nägelbeschlagene Gebilde über seinem Kopf, „sieht er jetzt so aus."

„Louis kennt all die alten Geschichten", sagt Sally.

„Und er glaubt die meisten", fügt Lev hinzu. „Du weißt doch, Louis, es gibt ein halbes Dutzend verschiedener Geschichten über die Entstehung des Stock-im-Eisen."

„Weiß ich", sagt Louis mit fester Stimme. „und die, die ich euch gerade erzählt habe, ist die richtige." Er blinzelt Toby zu.

Sie gehen die Kärntner Straße hinunter und bahnen sich einen Weg durch die Menschenmassen, die am Samstagvormittag ihre Einkäufe erledigen. Die prächtigen Schaufensterauslagen zu betrachten und flüchtige Blicke auf einen ungeheuren Reichtum zu werfen, macht in Begleitung der Studenten viel mehr Spaß.

Sally schmiedet Pläne, wie sie „meine erste Million Dollar" ausgeben würde, wenn sie erst einmal Konzertviolinistin wäre. „Hier werde ich meine Schuhe kaufen ... Nein, seht mal dies Geschäft, das ist noch viel besser, sie haben goldene Schuhe – wozu braucht man eigentlich noch nach Paris zu fahren? He, Toby, schau dir das mal an. Glaubst du, es würde mir stehen?" Sie nimmt Toby beim Arm und zieht ihn vor ein Schaufenster, in dem ein Ballkleid ausgestellt war. „Schau mal, es hat so elegante Ziermünzen um die Taille."

Er schluckt. Das Kleid (es hängt über einer Schaufensterpuppe, einer eleganten, kalten Frau mit blinden Augen und geschnitztem Haar) ist am Hals sehr hoch geschlossen, es hat lange Ärmel und fällt in einem Schleier von Rüschen bis auf Knöchellänge hinab. Es ist das luxuriöseste Kleid, das ihm je zu Gesicht gekommen ist. Ganz gewiß hat in seinem Bekanntenkreis zu Hause noch niemand ein solches Kleid getragen. Es fällt ihm schwer, seinen Blick von der oberen Hälfte des Kleides abzuwenden, wo sich die Gipsbrüste der Schaufensterpuppe in beunruhigender und aufreizender Weise nach vorn wölben, wobei der tadellos geschnittene Stoff jeder Kurve des Körpers folgt.

„Natürlich", sagt Sally, „habe *ich* nicht die Figur dafür." Sie sieht Toby schelmisch an, als erwarte sie eine Reaktion, und blickt dann taktvoll zur Seite; das Gesicht des jungen Engländers ist bis zum Hals von einer tiefen Röte überzogen.

Am Ende der Kärntner Straße wenden sie sich nach links und gehen die neue Ringstraße entlang zu einem Restaurant inmitten einer Reihe von Geschäften. Innen stehen die Tische in kleinen Nischen, die durch Topfpalmen und andere Grünpflanzen abgeteilt sind. Sie sind die einzigen Gäste im Restaurant. Der Ober zuckt gleichmütig die Achseln, als sie die Speisekarte ablehnen und viermal Kaffee bestellen. Er serviert ihn in vier kleinen Tassen, zusammen mit vier Gläsern Wasser, die auf hübschen Papiermatten stehen.

„Wohin sollen wir gehen? Ganz sicher ins Figarohaus, wegen Mozart“, bestimmt Sally. „Und dann in die Rauhensteingasse, um ihm unsere Aufwartung zu machen. Wir könnten mit der Straßenbahn nach Heiligenstadt fahren wegen Beethoven – glaubt ihr, daß uns die Zeit reicht? Dort ist das Pasqualatihaus, und ... Oh, natürlich, die Nußdorfer Straße wegen Schubert, können wir dahin gehen?

Louis wendet sich mit gespieltem Ernst an Toby. „Möchtest du in die Nußdorfer Straße gehen, Toby?“

Toby lacht hilflos. „Ich kenne keinen der Orte, über die ihr redet. Ihr trefft die Wahl.“

„Tut mir leid“, sagt Sally zerknirscht. „Ich vergesse immer, daß Wien dir ja noch unbekannt ist.“

„Musik ist mir unbekannt“, bemerkt Toby trocken. „Ich weiß allerdings, daß Schubert ein Komponist war.“ Er beneidet sie wegen ihrer Begeisterungsfähigkeit. Es muß wunderbar sein, denkt er, von einer Sache ganz erfüllt zu sein. Zu Hause haben die Ältesten die jungen Leute in der Versammlung ständig gewarnt, daß eine Gefahr darin liege, von einer Sache *besessen* zu sein. Vor einigen Jahren erst hat man Toby freundlich, aber bestimmt davon abgebracht, ein Interesse am Briefmarkensammeln zu entwickeln, mit der Begründung, daß er dann zu wenig Zeit für lohnendere Beschäftigungen habe ... Die stürmische, allumfassende Hingabe, mit der Sally sich den Dingen widmet, die ihr wichtig sind – sie würde von den Ältesten bestimmt sehr mißbilligt.

An diesem Nachmittag ist Sallys Begeisterung in keiner Weise zu bremsen, als sie die kleine Gruppe mit wirbelwindartiger Geschwindigkeit zu Häuserfassaden und stillen Plätzen führt, die alle irgendwie mit den großen Meistern der Vergangenheit zu tun haben. In einer Gasse in der Nähe der Kathedrale bleiben sie eine Weile stehen und sehen zu einem reich verzierten Flügelfenster hinauf.

„Hier hat Mozart gelebt“, sagt Sally ehrfürchtig. „Er hat in diesem Haus alle möglichen Werke komponiert, unter anderem *Die Hochzeit des Figaro.* Das ist eine Oper“, fügt sie rücksichtsvoll hinzu.

„Und hier ist er gestorben“, sagt Sally, als sie in der nahegelegenen Rauhensteingasse wieder auf dem Bürgersteig haltmachen. „In einem Haus auf diesem Grundstück. Er war erst fünfunddreißig Jahre alt.“ Sie stößt einen tragischen Seufzer aus. „Gehen wir nach Heiligenstadt.“

„In Heiligenstadt“, erklärt Lev, „wird Sally uns vor ein Haus führen, in dem Beethoven mal einen Brief geschrieben hat …“

Trotz der teilweise sehr ermüdenden Besichtigungstour ist dies der vergnüglichste Nachmittag, den Toby seit seiner Ankunft in Österreich verbracht hat – und möglicherweise der wunderbarste Samstag seines Lebens. Die drei Studenten sind unkompliziert, weder anspruchsvoll noch rücksichtslos, und vor allem sind sie in seinem Alter. Er läßt sich in ihre Freundschaft hineinsinken wie in einen bequemen Sessel und ist einfach nur glücklich …

Am frühen Nachmittag sind sie wieder in dem Restaurant, das jetzt voller ist als vormittags. Toby macht sich inzwischen keine Gedanken mehr, ob das teure Essen vermutlich seine Ersparnisse aufzehren wird. Die Aussicht, in so angenehmer Gesellschaft zu essen, statt ganz allein mit einem aufgeschlagenen Buch auf dem Tisch, ist verlockend. Ein verstohlener Blick auf die Speisekarte sorgt jedoch für eine angenehme Überraschung. Sally hat recht gehabt; hier zu essen würde nicht teurer sein als in den anderen Restaurants, in die er einzukehren pflegt.

„Trinken wir einen Wein zum Essen“, schlägt Sally vor. „Toby, du suchst ihn aus. Es gibt hier einen Rotwein als Hausmarke, der nicht besonders schmeckt, aber der weiße ist eigentlich in Ordnung. Was meinst du?“

Toby errötet. „Ich fürchte, ich trinke keinen Alkohol“, sagt er verlegen. „Tut mir leid.“ Er starrt auf sein Gesicht, das sich auf der polierten Tischplatte spiegelt, will nicht den spottenden Blicken seiner drei Begleiter begegnen.

„Warum sagst du, daß es dir leid tut?“ fragt Sally. „Lev trinkt auch keinen Alkohol. Er entschuldigt sich nicht deswegen. Es zwingt euch doch keiner dazu.“

Etwas anderes macht Toby jetzt zu schaffen: Soll er vor dem Essen beten? Eigentlich ist es undenkbar, es nicht zu tun, aber es würde ihn vor den anderen als komischen Kauz hinstellen, gerade heute bei ihrem ersten Zusammensein. Ihm bleibt nicht viel Zeit, seinen Gedanken nachzuhängen, denn schon wird das Essen serviert.

Es gibt eine kurze Gesprächspause, in der alle nach dem Besteck greifen. Ich muß es jetzt tun, denkt Toby, bevor sie mich wieder in eine Unterhaltung verwickeln. Sein Kopf ist leer und sein Mund trocken. Ich werde nur für eine Weile die Augen schließen, entscheidet er; Gott wird das verstehen. Schließlich ist das ein Zeugnis für meinen Glauben. Er schließt die Augen und zählt langsam bis zehn.

Die Gesprächspause hat sich zu einem längeren Schweigen ausgedehnt. Als er die Augen wieder aufmacht, rückt Sally gerade ihren Teller zurecht und legt Messer und Gabel exakt übereinander. Louis ist in die Speisekarte vertieft. Er fährt mit dem Finger an ihr herunter, als suche er nach einem bestimmten Gericht.

Lev hat seinen Hut aufgesetzt, den er zuvor abgelegt hat, und hält den Kopf gesenkt. Erstaunt sieht Toby, wie er einige unverständliche Worte flüstert, danach seinen Hut wieder absetzt, den Kopf hebt und das Gespräch wieder aufnimmt, als sei nichts Besonderes geschehen.

Ein schwindelndes Glücksgefühl durchströmt Toby, als er zu essen beginnt, so daß er kaum den Geschmack der Speisen wahrnimmt. Er weiß genau, was Lev soeben getan hat. Er hat Gott für das Essen gedankt – wenn auch in kürzerer Zeit, als er es von daheim gewohnt ist, und mit dieser seltsamen fremden Sitte, seinen Kopf zu bedecken. Etwas Derartiges hat er noch nie gesehen. Also muß auch Lev einer vom Volk Gottes sein …

Sally und Louis sind im stillen überrascht, daß auch Toby gebetet hat. Sie lassen die Sache jedoch taktvoll auf sich beruhen.

„Nachher“, sagt Sally, „gehen wir zu den Bergs und hören Musik.“

„Können wir dort einfach so aufkreuzen?“ erkundigt sich Toby, froh über den neuen Gesprächsstoff.

„Ich habe ihn schon gefragt. Er ist nur ein paar Tage zu Hause, denn er und seine Frau leben im Augenblick auf dem Land, um zu arbeiten. Er ist in die Stadt gekommen, weil er etwas Geschäftliches zu erledigen hat. Ich habe ihn am Donnerstag in der Akademie gesehen. Ich habe ihm von dir erzählt, Toby. Er freut sich darauf, dich kennenzulernen.“

Das Essen ist gut und billig. „Kein Nachtisch heute“, ordnet Sally an, „bei Alban Berg gibt es immer so köstliche Sachen zum Kaffee.“ Sie reden so viel, daß es eine Weile dauert, bevor Louis, der als letzter fertig ist, sein Besteck niederlegt und sich zufrieden zurücklehnt.

Eine Stunde später laufen sie eine baumbestandene Straße in Hietzing entlang. Berg wohnt in einer Erdgeschoßwohnung, in die man durch eine große Eingangshalle gelangt. Louis klopft an die Tür. Toby steht schüchtern daneben und sieht durch ein Fenster in einen kleinen Garten hinein, dessen kurzgemähter Rasen mit Herbstlaub bedeckt ist. Nach einer Weile wird die Tür geöffnet, und eine Haushälterin führt sie ins Wohnzimmer, wo Toby sogleich ein Flügel und mehrere riesige Gemälde auffallen.

Alban Berg ist Ende zwanzig, aber Toby erscheint er älter. Die leichte Blässe der Haut und die feinen Gesichtszüge verleihen Bergs Gesicht eine gewisse vornehme Würde, ein Eindruck, der noch durch die tiefe, melodische Stimme verstärkt wird, mit der er sie begrüßt. „Sally, Lev, Louis – und das ist Tobias? Seid willkommen in meinem Haus.“

Sally stößt Toby an und deutet auf eines der Portraits an der Wand. „Das ist Arnold Schönberg“, flüstert sie. „Schönberg hat es selbst gemalt – ein Selbstportrait. Er ist ein sehr guter Maler.“ Toby blickt auf die grellbunte Gestalt, die in kühnen, sicheren Pinselstrichen gezeichnet ist, und behält seine Meinung für sich.

Die Luft im Wohnzimmer riecht leicht moderig, offenbar hat es einige Zeit leergestanden. Vollgestopft mit Bildern, Büchern und Zierat macht es einen wohlhabenderen Eindruck als die Wohnung der Studenten; die Unordnung scheint irgendwie mehr System zu haben. Ein großer Tisch ist an einem Ende mit Schriftstücken übersät und am anderen mit Notenblättern, von denen noch mehr auf dem geschlossenen Deckel des Flügels verstreut liegen.

„Geschäftskram", sagt Berg achselzuckend, und schiebt die Unterlagen zusammen. „Eine traurige Notwendigkeit. Der Mensch muß halt leben. Aber diese Dinge halten mich von meiner Arbeit ab, und deshalb verabscheue ich sie." Er schiebt die schweren Vorhänge weit zurück, um die Abendsonne ins Zimmer zu lassen.

„Doch diese langweiligen Angelegenheiten geben uns Gelegenheit, etwas Zeit miteinander zu verbringen. Jetzt wollen wir uns erstmal hinsetzen und Kaffee trinken." Er geht zur Tür und ruft seine Haushälterin, die er Toby mit ernster Höflichkeit vorstellt; die anderen scheint sie bereits zu kennen. „Tobias ist nach Wien gekommen, um uns Englisch zu lehren. In Onkels Schule in unserem Mietshaus."

„Toby", sagt er. „Alle nennen mich Toby."

„Dann sagen wir also Toby", lächelt Berg. Das Lächeln verwandelt sein Gesicht.

„Wir haben Toby die Sehenswürdigkeiten Wiens gezeigt", sagt Sally. „Den ganzen Nachmittag. Wir sind in Heiligenstadt gewesen."

Berg lächelt wieder. „So seid ihr vermutlich eine ganz schöne Strecke gelaufen und werdet euch jetzt gerne hinsetzen." Er nimmt einige Blätter Papier zur Hand. „Louis, diese Gedichte werden dir gefallen. Sag mir, was du darüber denkst." Er reicht ihm die Blätter.

Soweit Toby es von seinem Platz aus sehen kann, scheinen die Gedichte sehr kurz zu sein. Um so mehr überrascht es ihn, daß Louis so lange braucht, um sie zu lesen.

„Peter Altenberg hat sie verfaßt. Ich bearbeite sie für Orchester. Was hältst du davon?"

Louis runzelt die Stirn. „Sie sind sehr … geistreich", sagt er langsam. Er liest sie nochmals. „Ich bin nicht sicher, ob der Text für einen Orchestersatz ausreicht. Sie sind *sehr* kurz." Sally und Lev scheint es peinlich zu sein, daß Louis so direkt seine Meinung äußert, aber Berg fordert ihn auf, sie näher zu erläutern. Während sich zwischen den beiden eine freundschaftliche Diskussion entwickelt, klopft es an der Tür: Die Haushälterin trägt ein Tablett mit Kaffee und einen riesigen Kuchen herein.

Während ein Platz für das Tablett gefunden wird und die Haushälterin einen kleinen Tisch mit Porzellangeschirr deckt, erhascht Toby einen Blick auf eine der Seiten. Das Gedicht besteht aus drei Zeilen:

Siehst du nach dem Gewitterregen den Wald?
Alles rastet, blinkt und ist schöner als zuvor –
*Siehe, Frau, auch du brauchst Gewitterregen!**

Es hat keinen Sinn, denkt er. In der Schule hat Toby das absolute Minimum englischer Lyrik gelernt, das man braucht, um die Prüfungen zu bestehen. Er kennt ein paar Gedichte von Shakespeare und eine Reihe von Miltons Werken, der zu Hause wegen seiner biblischen Themen wohlgelitten war. Aber er hat noch nie etwas mit moderner Lyrik zu tun gehabt, und die literarischen Gegenströmungen der Jahrhundertwende sind ihm unbekannt. Er fragt sich, warum man diese Zeilen überhaupt als ein Gedicht bezeichnen kann – sie reimen sich doch gar nicht. Und sind sie nicht auch reichlich unverschämt, wenn er ihre Bedeutung richtig versteht?

„Was hält Toby davon?“ Berg bedeutet Louis, die Blätter weiterzureichen.

„Ich glaube nicht, daß ich genug über Gedichte weiß, um eine Meinung zu äußern“, sagt er rasch. „Ich habe nicht viele gelesen.“

„Dann Sally.“

Sally liest, danach Lev.

„Warum haben Sie gerade diese ausgewählt?“ will Lev wissen.

Berg lehnt sich in seinem Stuhl zurück und blickt nachdenklich zur Decke. „Habt ihr Peter kennengelernt? Nein. Er ist ein sehr enger Freund von mir. Dies sind Gedichte, die er für Postkarten geschrieben hat. Darum sind sie kurz.“ Er liest eines der Gedichte laut und leidenschaftslos vor. „Es sind ein paar Zeilen Unsinn“, schließt er. „Wieviel lächerliche Lyrik wird geschrieben, meint ihr nicht? Peter hat diese Gedichte verfaßt, um zu zeigen, daß man sich

* vertont in: 5 Orchesterlieder op. 4 nach Ansichtskartentexten von Peter Altenberg – Anmerkung der Übersetzerin

nicht immer so ernst nehmen soll." Er nimmt die Gedichte wieder an sich. „Peter geht es zur Zeit gar nicht gut", fügt er hinzu.

Eine Weile weiß keiner, was er als nächstes sagen soll. Dann fragt Sally: „Spielen Sie uns Ihre Bearbeitung einmal vor? Auf dem Flügel? Einer von uns könnte dazu singen."

„Nein, heute abend nicht. Sie sind nicht fertig. Ihr werdet sie früh genug hören." Er lächelt seiner Haushälterin zu. „Ich glaube, wir brauchen Sie heute nicht mehr zu stören." Als sie das Zimmer verlassen hat, reibt er sich die Hände und strahlt seine Gäste an. „Trinkt! Eßt! Und dann – werden wir musizieren."

Der Kaffee wird mit einer dicken Sahnehaube serviert – so wie Toby es bei reichen Gästen der Kaffeehäuser gesehen, jedoch nie gewagt hat, selbst etwas derartiges zu bestellen. Der Kuchen ist das reinste Wunder der Backkunst, eine Köstlichkeit, die bei weitem alles übertrifft, was Toby bisher in Wien gegessen hat. Er hat solche Torten schon in den Konditoreien der Kärntner Straße gesehen, sie haben dort auf Silberständern im Schaufenster gethront.

„Noch ein Stück?" fragt Berg und bietet Sally höflich von dem Kuchen an.

„Ich könnte keinen Krümel mehr hinunterkriegen", protestiert sie. „Ich hab' schon zwei Stück gegessen. Ach, vielleicht ein *winziges* Stückchen ..."

Als von dem Kuchen nichts als ein leerer Teller übriggeblieben ist, zieht Berg die Vorhänge zu, macht die Lampen an, öffnet den Deckel des Flügels und staubt den Klavierstuhl mit einem Taschentuch ab. „Also. Womit fangen wir an?"

Er durchsucht einen Stapel Noten. Ah! Meine *Sieben frühen Lieder*. Sally, du hast sie einstudiert, glaube ich. Louis, würdest du die Seiten umwenden? Toby, dies sind Lieder, die ich vor sechs oder sieben Jahren geschrieben habe. Der größte Teil der Musik aus diesen Jahren gefällt mir heute nicht mehr, aber diese Lieder habe ich aufbewahrt. Sally, fangen wir an."

In den nächsten beiden Stunden ist das Zimmer von Musik erfüllt. Manchmal spielt Berg allein, dann wieder fordert er die Studenten auf, zu spielen oder zu singen, und einmal bringt er eine Violine herbei, die er Sally zum Spielen reicht. („Es ist eine Cremona", flüstert sie Toby zu, während Lev und Louis später ein Duett spielen. „Und *entsetzlich* wertvoll. Sie gehört der Berg-Familie. Ich hatte schreckliche Angst, ich würde sie fallenlassen.“)

Toby findet alles unglaublich faszinierend. Die „frühen Lieder“ sind so ganz anders als alle Melodien, die er bis dahin gehört hat. Aber sie bewegen sein Herz und füllen seinen Geist mit den romantischsten Vorstellungen, während manche der Instrumentalstücke Bilder von dürrem und unfruchtbarem Land heraufbeschwören – hier und dort mit kahlen Felsen bestückt, und einem Himmel so hart wie Glas.

Die Studenten singen abwechselnd. Sallys Singstimme ist hell und anziehend; Louis singt tonrein und scheint in der Lage, auch äußerst schwierige Passagen vom Blatt zu singen; doch dann wendet sich Berg an Lev und fordert ihn auf, ein Volkslied zu singen. Lev kündigt den alten Wiener Klassiker „Ach, du lieber Augustin“ an und begleitet sich selbst am Klavier. Toby lehnt sich ehrfurchtsvoll zurück. Es ist das erste Mal, daß er einen wirklich guten Sänger von so nahem hört, und er staunt, welches Klangvolumen Levs Stimme hervorbringt. Genauso wenig hat er mit dieser Schönheit seiner Stimme gerechnet, ein voller, samtener Bariton. Wenn Lev auf deutsch singt, scheint er ein ganz anderer Mensch zu sein, als wenn er Englisch spricht. Das Lied selbst – mit seiner einprägsamen Melodie und dem einfachen Text – läßt Tobys Fuß alsbald verstohlen den Takt klopfen.

„Levs Stimme – sie ist ein Musikinstrument!“ erklärt er schließlich, und sieht dabei aus wie einer, der eine bedeutsame Entdeckung gemacht hat, was ja auch der Wahrheit entspricht.

Berg macht eine erfreute Handbewegung. „Absolut richtig! Und man muß für die Singstimme so schreiben wie für Klavier, Klarinette oder Cello – sie ist viel mehr als die gesungenen Worte und die passende Melodie dazu. Ich zeige dir mal, was ich meine.“ Er setzt sich neben Lev an den Flügel. „Siehst du, diese Passage“ – er spielt eine Notenfolge – „klingt *so*, wenn sie in dieser Tonart gesetzt ist … Singen Sie das mal, Maestro Bijkelman!“

Lev singt die Stelle mit einiger Schwierigkeit; Berg hat sie an den oberen Rand seiner Stimmlage gesetzt.

„Hörst du? Und jetzt werden wir das Ganze in eine *tiefere* Tonart setzen“, Berg beugt sich über Lev und spielt dieselbe Melodie auf der anderen Seite der Tastatur. „Sing das einmal, Lev.“ Dieses Mal klingt Levs Stimme selbstsicher, die Töne sind fließend und voll.

„Durch diesen Kunstgriff können wir mit der Musik eine ganze Bandbreite von Gefühlen ausdrücken: Sehnsucht, Leiden, Freude, Vertrauen – alles. Natürlich ist das nur eine Möglichkeit unter vielen. Aber du hast recht, Toby, du hast ein sehr gutes Wahrnehmungsvermögen. Die Stimme ist ein Instrument.“

„Haben Sie deshalb in dem ersten der *Frühen Lieder* die Singstimme so hoch gesetzt?“ fragt Sally interessiert. Bald sind die Studenten und Berg in ein fachkundiges Gespräch vertieft. Sie brüten über Notenblättern, und der Komponist demonstriert am Flügel die verschiedenen Möglichkeiten, wie die Lieder sonst noch hätten gesetzt werden können.

Toby kann der Diskussion bald nicht mehr folgen. Als Louis Sally gegenüber bemerkt, daß „das harmonische Zentrum natürlich in der kleinen Septime liegt und deshalb die darauffolgenden kleinen Terzen etwas so ungewohnt Neuartiges sind“, da hätte er auch Arabisch sprechen können, so viel verstand Toby davon. Aber das macht ihm nichts aus; er sitzt in einem Sessel und freut sich an der Begeisterung der anderen. Ich habe mit Alban Berg über Musik gesprochen, sagt er stolz zu sich selbst, und Alban Berg hat gesagt, daß ich ein sehr gutes Wahrnehmungsvermögen habe …

Er wünscht, dieser Abend würde nie zu Ende gehen.

Aber schließlich hören sie auf zu musizieren, die Studenten setzen sich wieder hin, und Berg legt mehr Holz aufs Feuer. Eine andere Art Unterhaltung beginnt, hauptsächlich über Leute, von denen Toby noch nie etwas gehört hat, aber das stört ihn nicht; er lauscht zufrieden ihrem Gespräch und fühlt sich in der Freundschaft und Toleranz dieser wunderbaren Menschen rundherum wohl.

„Es steht schlecht auf dem Balkan“, sagt Louis. „Selbst wenn der Krieg aufhört, gibt es viel zu tun, viel Restaurierung und Wiederaufbau der Häuser.“

„Und viel Zerstörtes wird nicht so schnell wieder heil werden“, seufzt Berg. „Es wird kein schnelles Ende des Krieges geben. Soviel steht fest.“

„Was machen eigentlich Schönberg und Anton Webern?“ erkundigt sich Sally.

Berg überlegt eine Weile. „Arnold geht es sehr gut, er wird in Berlin geschätzt, und es ist leichter für ihn dort. Es war die richtige Entscheidung, nicht nach Wien zurückzukommen. Vielleicht später einmal. Auch Webern geht es gut. Er würde gern zurückkehren. Wir planen Konzerte für das nächste Jahr. Schönberg, Webern und ich – wir werden einige öffentliche Konzerte geben. Dann werden die Leute unseren Werken einmal genau zuhören können."

Toby fühlt sich plötzlich gedrängt, selbst eine Frage zu stellen. „Was hat Herr Schönberg geschrieben, das ihn so bedeutend macht?" Die Frage kommt ihm, noch während er sie stellt, unverschämt vor, und er versucht, sie mit einem Lächeln zu mildern. Aber Berg zeigt keine Spur von Verärgerung.

„Er ist ganz einfach ein Genie", sagt er. „Er ist ein Lehrer, ja, und ich bin sein Schüler, aber er ist ein Lehrer, weil das die wahre Berufung des Künstlers ist. Denn wie alle Genies ist er Lehrer, Prophet und Messias." Diese Worte sind schockierend und für Tobys in der Versammlung geschulte Ohren geradezu gotteslästerlich; aber in der Art, wie der ältere spricht, liegt etwas Achtunggebietendes. Berg lacht. „Und er ist auch ein sehr anstrengender Mann. Er und ich, wir haben einiges miteinander auszufechten."

Die Studenten sind taktvoll genug, um nicht weiter nach der Bedeutung dieser Worte zu fragen. Nach einer weiteren Viertelstunde erhebt sich Berg. „Ich bringe euch zur Straßenbahn", sagt er. „Ich brauche Bewegung und bin froh, wenn ich noch einmal an die frische Luft komme, bevor ich mich in diesem leeren Haus zu Bett lege. Es war ein guter Abend. Ich bin froh, daß ihr gekommen seid."

„Es war wunderbar", sagt Sally, und Lev und Louis stimmen ihr zu.

„Und Toby? Wie hat dir dieser musikalische Abend gefallen?"

„Sehr gut, danke. Ich habe viel gelernt."

Alban Berg lächelt. „Du mußt wiederkommen. In ein oder zwei Monaten werde ich mit meiner Frau in die Stadt zurückkehren. Dann werden wir unsere Freundschaft wieder aufnehmen."

In der Straßenbahn ist Sally ganz aus dem Häuschen. „Ist er nicht ein wunderbarer Mann? Diese Lieder, sie lassen sich so gut singen, und sie sind wirklich große Musik. *Warum* ist er nicht bekannter?

Ach, warum können die Traditionalisten an der Akademie einfach nicht begreifen, daß sie ein Genie in ihrer Mitte haben?"

„Aus dem gleichen Grund, weshalb sie Schönberg nicht verstehen", entgegnet Louis. Obwohl auch er ein großer Bewunderer Bergs ist, scheint er weniger beeindruckt von den Liedern als Sally. Es folgt eine lebhafte Diskussion, und kurz darauf sind sie schon an der Haltestelle, wo die Studenten aussteigen müssen.

„Es ist erst zehn Uhr, Toby. Komm doch noch auf einen Kaffee herein. Du kannst mit der nächsten Bahn nach Hause fahren."

Toby nimmt das Angebot gerne an, er will nicht, daß dieser wunderbare Abend schon zu Ende geht. Ein paar Minuten später ist er mit Lev allein, während Sally und Louis Kaffee kochen. Toby nimmt seinen ganzen Mut zusammen und stellt die Frage, die er Lev schon den ganzen Tag stellen wollte.

„Lev", beginnt er zögernd, „in dem Restaurant – hast du vor dem Essen gebetet."

„Ja, hab' ich", bestätigt Lev erstaunt. „Das mache ich immer so."

„Das habe ich nicht gewußt", sagt Toby.

„Was gewußt?"

„Daß du *Christ* bist. Daß du einer vom Volk des Herrn bist. Wie ich, weißt du – wie ich und Onkel und mein Vater."

Bei dem Wort „Christ" verdüstert sich Levs Gesicht für einen Augenblick, noch mehr jedoch, als Onkels Name fällt. Er sieht Toby etwas verlegen an. „Aber das bin ich *nicht*", sagt er langsam. „Und was deinen Herrn betrifft –"

„Aber warum hast du dann gebetet? Ich verstehe das nicht. Ich tue das immer, man hat es mich schon als Kind gelehrt."

„Mich auch", sagt Lev ruhig. „Aber begreifst du nicht? Das ist das *H'a motze,* das Dankgebet bei Tisch. Ich bin kein Christ ... ich bin Jude."

„Nimmst du Zucker in deinen Kaffee?" fragt Sally hinter ihm. „Ich hab' das vergessen."

In dem darauffolgenden fröhlichen Geplauder bemerkt niemand Tobys Verlegenheit, und so hat er Gelegenheit, seine Gedanken in Ruhe zu ordnen. Natürlich hat er bemerkt, daß Levs Name ausgesprochen jüdisch klingt. Aber das heißt nicht, so hat er überlegt, daß er ein *praktizierender* Jude ist. Jedenfalls hat er einen vollkommen falschen Schluß gezogen, als er Lev im Restaurant beten sah.

Was denkt er eigentlich über Juden? Die Antwort auf diese Frage wird für Toby zunehmend schwieriger. Da er von Natur aus einen ausgeprägten Sinn für Gerechtigkeit hat, beginnt er allmählich, Onkels ständige Seitenhiebe und Anspielungen gegen die Juden in dieser Stadt zu verabscheuen. Vor allem mißfällt ihm die unglaubliche Heuchelei, deren sein Gastgeber fähig zu sein scheint – besonders wenn er Onkels Verhalten im Umgang mit einflußreichen und wohlhabenden Juden beobachtet und es mit den Bemerkungen vergleicht, die er später zu Hause über sie macht.

Aber er findet es auch nahezu unmöglich, den Einfluß seiner Erziehung auszuradieren, in der die Juden stets mit einer gewissen Zwiespältigkeit betrachtet wurden. Sie gehören zu einem Volk, das von Gott besonders auserwählt wurde, soviel steht fest. Und doch haben die Juden Christus gekreuzigt. Und daher, so haben die Ältesten in Lancaster erklärt, tragen sie die Blutschuld am Tod des Erlösers; sie haben ein großes Vorrecht erhalten und dieses weggeworfen.

Zur Ehre der Versammlung in Lancaster muß gesagt werden, daß diese Ansicht mit großem Bedauern vertreten wurde, und daß ihre persönliche Haltung Juden gegenüber immer sehr zuvorkommend war. Aber Toby ist in dem Bewußtsein erzogen worden, daß die Juden Menschen seien, die ganz besonders der Erlösung bedurften; daß sie in einer anderen Weise gesündigt hätten als alle anderen Völker und daher ganz anders seien als jene.

Wie soll er sich also Lev gegenüber verhalten, nun, da Lev sich als Jude zu erkennen gegeben und seine Frömmigkeit in einem öffentlichen Restaurant demonstriert hat – etwas, das Toby selbst jedesmal in peinliche Verlegenheit bringt? Er hat Lev ins Herz geschlossen – aber Lev ist einer von denen, die Gottes Sohn verworfen haben. Wie soll Toby dieser Tatsache gerecht werden?

Bevor er die Wohnung verläßt, um mit der Straßenbahn zu den Onkels zu fahren, ist er wieder alleine mit Lev. Er beschließt, die Gelegenheit beim Schopf zu ergreifen, um das eben geführte Gespräch fortzusetzen.

„Ach, Lev?“ fragt er betont zwanglos, „in welche Synagoge gehst du eigentlich?“

„Synagoge?“ wiederholt Lev, als hätte Toby die Frage auf russisch gestellt.

„Ja. Wo gehst du zur Kirche?“

„Oh!“ Lev lacht ein wenig. „Ich gehe überhaupt nicht, zumindest selten. Schon vor Jahren habe ich aufgehört, regelmäßig den Gottesdienst zu besuchen. Jetzt begreife ich, das fragst du, weil du mich beten gesehen hast. Nun, man muß nicht regelmäßig in die Synagoge gehen, um Gott für sein Essen zu danken. Wir jüdischen Männer werden gelehrt, Gott siebenundzwanzigmal am Tag zu loben. Es fällt schwer, diese Gewohnheit abzulegen. Und es ist mir auch ein *Bedürfnis.* Ich möchte ‚danke‘ sagen.“

Also ist Lev nicht erlöst ... Eine mächtige Welle der Erleichterung durchströmt Toby. Doch sofort schämt er sich dafür. Er hat zudem das Gefühl, daß die Dinge nicht so einfach liegen, wie Levs Antwort glauben macht.

Seine eigene Verantwortung wird ihm schlagartig bewußt. Dies ist eine Gelegenheit, einem Freund Zeugnis abzulegen – was aus der Sicht der Versammlung einer der wenigen Gründe ist, überhaupt mit Andersdenkenden befreundet zu sein. Toby weiß, was er jetzt zu tun hat: Er muß Lev die Folgen seines halbherzigen Glaubens vor Augen stellen und ihn an den Punkt führen, wo er seine eigene Entscheidung für Christus treffen kann. Lev, das weiß Toby, muß erlöst werden – und er, Toby, ist der einzige Mensch in seinem Umfeld, der ihm den Weg zum Heil zeigen kann ...

Und doch hat er da bei Lev eine einfache Frömmigkeit bemerkt, die ihn nachdenklich macht. In Levs Gotteserfahrung gibt es etwas, an das er, Toby, nicht herankommt und das in keine ihm bekannte Kategorie paßt. Als er Levs aufrichtige Dankbarkeit mit seinem eigenen Bibelwissen und seinen frommen Ansichten vergleicht, die er in erster Linie von anderen übernommen hat, fühlt er sich merkwürdig unsicher.

Und doch ... Er weiß – und ist nicht bereit, von diesem Wissen abzulassen –, daß von Lev mehr erwartet wird als bloße Dankbarkeit gegen einen gütigen Gott. Er weiß, daß der Weg zu Gott ein schmaler Weg ist, daß nur wenige ihn finden; er weiß, daß die Nachfolge ihren Preis hat. Er weiß alle diese Dinge nicht, weil er sie bei Lev vermißt, sondern weil er spürt, daß ihm selbst in dieser neuen und verwirrenden Welt das, was ihm immer als sicherer Besitz erschien, zu entgleiten droht.

Vielleicht ist es gut, überlegt er, daß es nicht noch einen Christen in der Gruppe gibt. Sonst würden sie mich sofort durchschauen.

Der Mülleimer am Michaelerplatz

„Fräulein Müller. Seite 43, bitte. Lesen Sie den ersten Abschnitt."

Toby lehnt sich zurück, die Hände hinter dem Kopf verschränkt, und hört geistesabwesend Helga Müller zu, deren Aussehen ihn am Anfang so fasziniert hat. Diese erste Vernarrtheit ist verflogen, nachdem Toby die lebenslustige Sally kennengelernt hat. Helga macht rasche Fortschritte, ihre volle, warme Stimme liebkost den steifen Text des Lehrbuchs und läßt ihn wie Poesie klingen.

Poesie! denkt Toby, und ihm fallen die Gedichte Altenbergs ein und all das, was er am Samstag erlebt hat. Er wirft einen kritischen Blick auf Helga und fragt sich, weshalb er sie einmal so begehrenswert gefunden hat. Sie ist zweifellos hübsch, doch ihr Gesicht, das sieht er nun, ist irgendwie leer. Sie hat etwas Oberflächliches an sich. Er fragt sich, wie sie sich wohl an den Gesprächen in Hietzing beteiligt hätte ... Mit Sally kann man dagegen wirklich ernsthafte Gespräche führen. Und sie spielt so wunderbar Geige und Klavier. Und sie ist ein sehr liebenswerter Mensch. Kein Wunder, daß jeder sie gern hat!

Er merkt, daß die Klasse langsam unruhig wird. Helga Müller hat aufgehört zu lesen. Er sieht in das Buch und merkt, daß sie den von ihm angegebenen Abschnitt zu Ende gelesen hat.

„Sehr gut, Fräulein Müller", sagt er. „Bitte setzen Sie sich."

Sie bleibt stehen. „Ich glaube, daß meine Aussprache mangelhaft ist", sagt sie überzeugt.

„Nein, ich finde, Sie haben das sehr gut gelesen", entgegnet er.

„Dann habe ich die vierte Zeile richtig gelesen?"

Toby merkt, daß er ihr überhaupt nicht zugehört hat. „Ja, es war gut“, behauptet er.

Ein anderer Schüler hebt die Hand. „Sie hat das „a“ sehr lang gelesen. Sie haben uns gesagt, es müsse kurz sein. Ja, ich erinnere mich. Sie haben das schonmal verbessert.“

Toby runzelt die Stirn. „Setzen Sie sich bitte, Fräulein Müller. Sehen Sie, es ist nicht immer nötig, *jeden* kleinen Fehler zu berichtigen. Es kommt oft vielmehr auf das Stilgefühl an, die Art, wie Sie einen Absatz im Ganzen lesen, nicht so sehr auf jede Einzelheit.“

Helga Müller setzt sich mit einem äußerst mißbilligenden Ausdruck auf ihren Platz. Toby, der noch vor zwei Wochen nach einem solchen Vorfall vor Scham am liebsten in den Boden gesunken wäre, sagt nun sehr bestimmt: „Also, wir müssen jetzt fortfahren. Die praktische Übung.“

„Sie steht auf Seite 44“, meldet sich einer der Schüler eifrig zu Wort.

„Nein, ich werde Ihnen heute eine andere Übung geben.“ Die Klasse sieht ihn bestürzt an; jede Art von Neuerung ist ihnen zuwider. „Ich möchte, daß Sie sich vorstellen, Sie seien im Urlaub in England. Ich möchte, daß Sie an Ihre Familie zu Hause schreiben. Schreiben Sie ein kleines Gedicht.“ Die Schüler nicken zustimmend, scheinen aber nicht gerade begeistert.

„Dieses Gedicht muß so kurz sein, daß es auf eine Postkarte paßt. Sie dürfen schreiben, über was Sie wollen. Vielleicht fällt Ihnen auch etwas Witziges ein.“ Er erhebt sich. „Sie können anfangen. Sie haben zehn Minuten Zeit.“

Er schlendert zum Fenster. Im Klassenzimmer wird es ruhig. Unten im Hof ist die geharkte Erde mit Sämlingen gesprenkelt, ob es sich um Unkraut oder andere Pflanzen handelt, weiß Toby nicht. Zumindest wächst etwas. Er läßt seinen Blick über die unteren Treppenabsätze schweifen, und ihm fallen die schäbigen Türen, die abblätternde Farbe und der rissige Verputz auf; vor einer Tür liegt ein schlafender Hund ausgestreckt, den Kopf auf den Vorderpfoten. Seine Gedanken wandern den Treppenabsatz weiter herum bis zu dem Fenster unter Onkels Schule, wo Sally wohnt. Heute dringt kein Laut aus ihrer Wohnung. Sally, Lev und Louis haben erwähnt, daß sie den ganzen Tag Vorlesungen in der Akademie besuchen.

Mit einem Seufzer wendet er seine Aufmerksamkeit wieder der Klasse zu. Die Schüler kritzeln eifrig in ihre Hefte, manche suchen in dem Lehrbuch nach Wörtern, andere füllen ganze Seiten mit Verszeilen, streichen sie dann wieder aus und schreiben sie neu. Er beobachtet sie, bis die zehn Minuten vorüber sind, läuft dabei zwischen den Pulten hin und her, gibt hier und da Ratschläge und überfliegt die Verse, über die Köpfe der Dichter gebeugt.

„Die Zeit ist um", sagt er schließlich. „Bitte legen Sie die Hefte auf mein Pult. Ich gebe sie Ihnen das nächste Mal zurück."

Als Heinrich Spasser an ihm vorbeigeht, nimmt er Toby beim Arm. „In England muß man seine Postkarten also in Gedichtform schreiben?"

Toby schüttelt geduldig den Kopf. „Nein, Herr Spasser. Das war eine *Übung*. Es war kein Beispiel dafür, wie Englisch in der Praxis angewendet wird."

Er scheint erleichtert. „Danke vielmals. Im nächsten Jahr fahre ich nach London. Ich hoffe, meine Familie zu schreiben."

„*Meiner* Familie zu schreiben", berichtigt Toby ihn automatisch. Spasser blickt ihn verwirrt an. „Nein, ich werde *meiner* Familie schreiben."

Als die Schüler gegangen sind, bleibt Toby noch zwanzig Minuten im Klassenzimmer und liest die Gedichte, die sie geschrieben haben. Die meisten haben sich an ein strenges Versmaß gehalten, einer hat sich über Tobys Anweisungen hinweggesetzt und vierzig Zeilen Blankvers geschrieben, in denen er in aller Ausführlichkeit einen Besuch im Parlament beschreibt (die Einzelheiten hat er Wort für Wort dem Lehrbuch entnommen); eine andere hat ein glühendes Liebessonett aus Manchester an ihren Ehemann in Wien verfaßt. Helga Müller hat in perfektem Versmaß einen äußerst langweiligen Vierzeiler über englische Geschichte geschrieben; Heinrich Spasser hat mit dem ganzen Stolz eines Erfinders Halbreime entdeckt: Sein erstaunlich kurzes Gedicht beginnt damit, daß er Schiff auf Fisch reimt, danach hat er den Versuch aufgegeben, überhaupt Reime zu finden.

Während Toby die Hefte in seiner Aktentasche verstaut, denkt er, daß er nun doch ein wenig mehr Achtung gewonnen hat vor den eigenwilligen Nonsensgedichten eines Peter Altenberg.

Die Schüler kommen und gehen. Die Kurse in der Onkel-Schule dauern jeweils sechs Wochen, mit ein paar Tagen Pause dazwischen – für Toby der einzige bezahlte Urlaub. In diesem sechswöchigen Kurs lernen die Schüler die Grundlagen der Grammatik und einfaches Vokabular. Die Kurse werden hauptsächlich von Toby unterrichtet, mit gelegentlicher Hilfe von Jack, der einen Sonderkurs für Geschäftsleute betreut, denen er das Rüstzeug für den internationalen Handelsverkehr mitgeben soll. Ganz selten erscheint Onkel selbst im Klassenzimmer und verwickelt die Schüler in eine englische Unterhaltung, indem er sie mit steifen Worten nach Familie, Beruf oder Gesundheit befragt.

Manche Schüler sprechen nach dem Kurs erstaunlich gutes Englisch; andere verlassen die Schule mit einem geringen Wortschatz und einer grauenhaften Aussprache. Die meisten sind, unabhängig von ihrem eigenen Kenntnisstand, sehr zufrieden, und jeder erhält ein Zeugnis, das in verschnörkelter Schrift mit Goldbuchstaben dem Betreffenden bescheinigt, er habe einen „Kurs für Fortgeschrittene" an der Onkel-Schule für englische Sprache besucht („Direktor: Gerhard Onkel") und den Abschluß erreicht.

Der Tag kommt, an dem Helga Müller ihren Kurs beendet und die Schule verläßt; Toby schüttelt ihr ohne jede Gemütsbewegung die Hand, und sie entfernt sich aus seinem Leben – wahrscheinlich ohne zu ahnen, welche Aufregung sie darin einmal verursacht hat. Tobys Aufmerksamkeit ist nun auf Sally gerichtet, und weil er einer der drei jungen Männer ist, mit denen sie einen gleichermaßen freundlichen Umgang pflegt, braucht er seine Beziehung zu ihr nicht näher zu überprüfen. Er freut sich ganz einfach über jede Gelegenheit, da er mit ihr zusammensein kann.

Und es gibt viele Gelegenheiten! Nach dem unglückseligen Besuch im Heurigenlokal scheinen die Onkels erleichtert, daß er seine Zeit jetzt mit den Studenten verbringt. Toby erzählt ihnen nicht viel von ihren gemeinsamen Unternehmungen. Er verbringt mehrere Abende in der Woche in der Wohnung der Studenten, und sie laden ihn oft ein, den Samstag mit ihnen zu verleben. Der Sonntag jedoch, das ist eine stillschweigende Übereinkunft, gehört den Onkels und der Gemeinde.

Bisher hat Toby in der Versammlung keine echten Freunde gefunden; er schließt aber im Laufe der Zeit viele Gemeindeglieder ins

Herz, besonders die älteren Leute: weißhaarige Männer und Frauen, die ihn mit zittrigen Stimmen und schwachem Händedruck begrüßen und auffordern, sich zu ihnen zu setzen und von sich zu erzählen. Mit ihnen kann er lange Gespräche führen – über geistliche Dinge, die er zwar für sich in Anspruch nimmt, aber doch nicht ganz zu seinem inneren Besitz gemacht hat. Er tauscht mit ihnen Bibelverse aus und schwelgt in Erinnerungen an Konferenzen und besondere Gottesdienste zu Hause.

Sein eigener Glaube bleibt unverändert, wird aber in zunehmendem Maße in Frage gestellt. Er beruht in erster Linie auf der Überzeugung, daß hinter allen Dingen ein gütiger Gott steht, von dem die Bibel ein genaues Bild zeichnet. Wenn etwas besonders Schönes geschieht, so schreibt Toby es dem Eingreifen Gottes zu – besonders, wenn er zuvor für die betreffende Angelegenheit gebetet hat. Geht dagegen etwas schief oder fühlt er sich enttäuscht, so liegt das seiner Meinung nach daran, daß er nicht fest genug geglaubt oder nicht ausreichend dafür gebetet hat. Es ist ein schwacher Ersatz für einen lebendigen Glauben. Toby weiß das.

An einem Abend nimmt Lev Toby zum Einkaufen mit; sie haben festgestellt, daß sie beide neue Hemden brauchen, und wollen diesen Einkauf gemeinsam tätigen. Nach einer vergnüglichen Stunde, in der sie in einem Dutzend Geschäfte die Preise verglichen – sehr zum Ärger der Ladenbesitzer – und sich schließlich für das billigste Hemd entschieden haben, schlendern sie durch die Innenstadt, wobei Lev mit Toby über Architektur spricht.

„Schau mal die Hofburg an, Toby. Was siehst du?"

„Sie ist sehr schön", sagt Toby.

„Aber *warum* ist sie schön? Was macht sie schön? Warum ist sie schöner als, sagen wir mal, das Geschäft, in dem wir unsere Hemden gekauft haben? Was macht sie überhaupt schöner als unsere Hemden?"

Toby zeigt auf die steinernen Verschnörkelungen und die fein gemeißelten Säulen der Hofburg. „Dort –"

„Wer hat gesagt, daß das *schön* ist? Wer hat die Regel aufgestellt, daß, wenn man Stein auf eine bestimmte Art meißelt, er zu einem Gegenstand der Bewunderung wird?"

Alles, was Toby darauf sagen kann, ist, daß er selbst es für ein schönes Bauwerk hält. „Ich weiß nichts über Architektur", gibt er zu. „Aber mir gefällt die Bauweise des Palastes."

Lev nickt. „Das ist schon recht. So kannst du auch sagen, er sei schön. Jetzt komm mal mit."

Er geht mit Toby zum Michaelerplatz, auf der anderen Seite der Alten Hofburg, und stellt ihn vor eine kürzlich erbaute Ladenfassade. „Und was hältst du *hier*von?"

Toby findet es unmöglich, sich ein Urteil zu bilden. Die Ladenfassade besteht aus vier riesigen Platten aus grünem Marmor, die in strenge Rechtecke gesägt und hochkant aufgestellt sind, wie geometrische Parodien auf die griechischen Säulen des älteren Bauwerks gegenüber. Darüber ist quer eine weitere Marmorplatte angebracht. Über der groben Ladenfassade erheben sich vier Stockwerke hoch schlichte Fenster, die in ein schmuckloses Dach einmünden.

Wenn man dieses Bauwerk einmal bemerkt hat, ist es nicht mehr zu übersehen. Es liegt an der Gabelung zweier Straßen, wobei die Hauptfassade direkt gegen den Michaelerplatz ausgerichtet ist, und scheint mit seiner Schmucklosigkeit gegen die barocke Herrlichkeit der Hofburg zu protestieren. Selbst für Tobys ungeschultes Auge wäre es schwer gewesen, sich einen größeren Kontrast vorzustellen.

„Es ist schrecklich", sagt er schließlich. „Es ist einfach häßlich. Entsetzlich. Es paßt überhaupt nicht hierher."

„Und doch", entgegnet Lev, „ist es zur Zeit wahrscheinlich das interessanteste und mit Sicherheit das berühmteste Gebäude in Wien."

Er läßt Toby die marmornen Säulen ganz aus der Nähe betrachten. „Schau mal, diese Säulen sind nicht etwa schlecht gearbeitet, es wurde viel Sorgfalt darauf verwandt. Faß sie mal an, Toby. Sie sind anders als deine verzierten Säulen, aber sie sind trotzdem Qualitätsarbeit. Gute Handwerker haben dieses Gebäude errichtet! Schau mal, wie gut die Blumenkästen an den Fenstern eingepaßt sind; siehst du den Kontrast zwischen dem edlen Marmor und der Schlichtheit der oberen Stockwerke? Es sind keine griechischen Säulen, es fehlen die herrlichen Schnitzereien, die du an der Hofburg bewundert hast, aber sie sind auf ihre eigene Weise schön. Dieses Haus wurde von Adolf Loos gebaut, Toby. Er ist ein guter

Freund Alban Bergs. Wie er, möchte auch Loos eine neue Sprache finden, auf eine neuartige Weise Schönheit darstellen. Sieh dir sein Haus nochmal an, Toby."

Toby versucht ernsthaft, der Architektur auf den zweiten Blick eine gewisse Schönheit abzugewinnen, aber es will ihm nicht gelingen. „Für mich sieht es immer noch seltsam aus. Ich könnte das nicht schön nennen."

Lev lächelt zustimmend. „Das ist gut. Hättest du deine Meinung zu schnell geändert, hätte ich geglaubt, daß du mich nicht richtig verstanden hast. Toby, vergiß dieses Haus nicht. Denk dran, daß du nicht nur dort Wahrheit und Schönheit findest, wo du gewohnt bist, danach zu suchen." Er streicht liebevoll über die marmorne Säule und sieht zu dem schmucklosen Dach hinauf.

„Dies ist eine der aufregendsten Städte der Welt, und es sind Menschen wie Adolf Loos, die Wien dazu machen. Weißt du, daß die Inhaber des Ladens einen Wettbewerb für den Entwurf ihres neuen Gebäudes ausgeschrieben hatten? Acht Architekten nahmen daran teil, und alle Entwürfe wurden abgelehnt. Loos hatte nicht an der Ausschreibung teilgenommen, erhielt aber trotzdem den Auftrag. Die meisten Professoren verabscheuen sein Haus. Die Künstler der Stadt, die Architekten und Steinmetze lehnen es ebenfalls ab; aber sie verdienen ihr Geld mit der althergebrachten Bauweise. Der Stadtrat hat dann entschieden, daß Loos das Haus vollenden sollte. Die einzige Auflage bestand darin, daß bronzene Blumenkästen angebracht werden sollten." Er lacht. „Als würde man eine scheußliche Wunde mit einem hübschen Pflaster überkleben!"

In kürzester Zeit bekommt Toby oberflächliche Einblicke in alle möglichen Kunstformen, die für ihn allesamt neu sind, in der Kunstwelt jedoch Furore machen. Er erfährt, daß es Schriftsteller und Dramatiker gibt, die als gefährlich modern gelten, deren Werke sogar manchmal in Konflikt mit den städtischen Behörden geraten. Er geht etliche Male auf eigene Faust zum Michaelerplatz zurück, um sich das Looshaus anzusehen. Dabei hört er auf die Bemerkungen der Umstehenden, die das neue Gebäude anstarren: „Marmorner Kohlenkorb", „Mülleimer", „Gefängnisblock" – so lauten einige der freundlicheren Bezeichnungen.

Er liest und hört von Unruhen anläßlich von Theater- und Konzertpremieren, von Demonstrationen bei Vorträgen, von bitterbösen Leserbriefen der Traditionalisten an die Zeitungen. Er selbst bleibt bei alledem ein Zuschauer, einer, der die ganze Empörung teils belustigt, teils interessiert zur Kenntnis nimmt, ohne jedoch zu verstehen, worum es im letzten geht.

In Onkels Haus verschweigt er seine neuen Entdeckungen und bleibt stumm, wenn Onkel bei der Lektüre von Zeitungsberichten über ein umstrittenes Theaterstück oder Konzert erbittert schnaubt, ja selbst wenn er wieder eine seiner häßlichen Bemerkungen über die Juden macht. Onkel verabscheut Kunst in jeder Form, und die gegenwärtigen Neuerungen tragen nicht gerade zu einer Änderung dieser Ansicht bei.

Toby findet es immer schwieriger, überhaupt Themen zu finden, über die er sich mit den Onkels unterhalten kann. Und so kommt es, daß er sein Leben nun großenteils außerhalb ihres Hauses verbringt.

Stürme brauen sich zusammen

Der Balkankrieg entwickelt sich zum wichtigsten Gesprächsstoff im Haus der Onkels. In England war er Toby nur als ein unbedeutender Konflikt erschienen, ein Territorialstreit zwischen Nachbarn; als Bulgarien und Serbien im März 1912 ein Bündnis schlossen, das auf die Teilung Makedoniens hinauslief, hatte Toby das kaum berührt – nicht zuletzt deshalb, weil er nur eine sehr vage Vorstellung hatte, wo Bulgarien, Serbien und Makedonien sich eigentlich befanden. In der Schule erfuhr Toby von den Hintergründen des großen österreich-ungarischen Reiches mit seinem alternden Kaiser Franz-Joseph, doch die komplexen Beziehungen und jahrhundertealten Zwistigkeiten zwischen den Balkanstaaten blieben für ihn ein Buch mit sieben Siegeln.

In Wien ist das anders; die Probleme sind zum Leben erwacht, nicht zuletzt deshalb, weil der Krisenherd sozusagen vor der Haustür liegt. Toby begreift rasch, wie instabil diese Region geworden ist. Da ist beispielsweise die Türkei, deren Soldaten die Balkanregion in der Vergangenheit oft genug verwüstet haben; viele ihrer Nachfahren leben noch immer in Wien, man erkennt sie an ihren Schnurrbärten und den orientalischen Gesichtszügen. In Ungarn, so wird ihm berichtet, gibt es noch Moscheen und Minarette, die aus der Zeit früherer Eroberungen stammen. Das östlichste Gebiet des Reiches, das legendäre Transsylvanien, ist eine Region, um die Österreich-Ungarn und die Türkei jahrhundertelang gekämpft haben.

Die Leute, die an Onkels melancholischen Zusammenkünften teilnehmen, sinnen stundenlang über die Frage nach, was die Türkei wohl im Falle eines Sieges tun würde. Im neuen „Balkanbund" schließen sich alte Feinde wie Bulgarien und Serbien wegen eines möglichen Territorialgewinnes zu einem beunruhigenden Bündnis zusammen. „Und welche Erwartungen hat Rußland in dieser Sache?" fragt Onkel düster, während er und seine Freunde über Landkarten brüten.

Das Kriegsgeschehen bewirkt, daß Onkel einer Weltuntergangsstimmung verfällt, die schon morgens beim Lesen der Tageszeitung beginnt und für den Rest des Tages anhält. Frau Onkel erträgt alles mit ruhiger Gelassenheit; sie hört den Ansichten anderer Leute zu und äußert selten eine eigene Meinung. Aber wenn sie von neuen Kampfhandlungen oder einer neuen Schlacht erfährt, von Tod und Zerstörung, dann ist es, als sei sie selbst körperlich verwundet worden. Als der Oktober zu Ende geht und die Türkei Friedenspläne und Schlichtungsbedingungen ablehnt, scheint Frau Onkel in sich zusammenzusinken.

Der Krieg berührt Toby, weil er seine Gastgeber und Freunde betrifft. Ansonsten bleibt er der Krieg eines anderen Landes, der sich weit von ihm entfernt abspielt.

Viel mehr interessiert er sich allerdings für Onkel, dessen Verhalten eine verwirrende Mischung aus langweiliger Vorhersagbarkeit und verschwiegener Geheimnistuerei ist. Manchmal sieht Toby ihn vom Fenster seines Zimmers aus spät in der Nacht oder frühmorgens kommen oder gehen. Er trägt dann stets die gleiche grobe Kleidung wie in der Nacht, als er selbst im Heurigenlokal gewesen ist.

An einem Morgen, nachdem Toby Onkel verstohlen ins Haus hat schleichen sehen, begegnet er ihm, als er gerade aus dem Badezimmer kommt; er trägt wieder seinen normalen Anzug und ist frisch gewaschen und rasiert.

„Guten Morgen, Toby“, begrüßt ihn sein Gastgeber. „Hast du gut geschlafen?“

„Sehr gut, danke“, entgegnet Toby höflich. „Und Sie?“

„Ganz tief und fest.“ Onkel verzieht keine Miene.

„Sehr tapfer“, bemerkt Toby. „Ich wünschte, ich wäre ein Frühaufsteher wie Sie.“

„So?“

„Ich habe Sie gerade hereinkommen sehen ... Mein Vater ermahnt mich ebenfalls, Morgenspaziergänge zu machen, das sei gut für die Gesundheit. Aber ich stehe nie früh genug auf“, sagt er mit Unschuldsmiene.

Onkel zuckt die Schultern. „Es war kein Spaziergang für meine Gesundheit“, knurrt er. „Ich habe das Werk des Herrn getan.“ Er stapft ohne weitere Erklärungen die Treppe hinunter.

Beim Frühstück spricht er über viele Dinge, kommt aber nicht mehr auf seinen morgendlichen Ausflug zurück. Auch Frau Onkel erwähnt ihn nicht. Ob sie überhaupt davon weiß? Toby möchte zu gern wissen, was das wohl für ein „Werk des Herrn“ ist, das eine solche Geheimniskrämerei erfordert – und noch dazu einen Wechsel der Kleidung. Aber seine Neugierde wird nicht befriedigt, obwohl er in den nächsten Wochen sehr häufig Onkels mysteriöses Kommen und Gehen beobachtet.

Auch wenn Toby nichts davon bemerkt – Onkels nächtliche Aktivitäten machen seiner Frau sehr wohl zu schaffen. Sie hat keine Ahnung, wo er hingeht und was er tut. Zwölf Monate lang geht das nun schon so. Oft merkt sie es nur an der schmutzigen Arbeitskleidung, die am nächsten Morgen im Wäschekorb liegt. Wenn sie ihn danach fragt, gibt er sich kalt und abweisend.

„Man braucht nicht seinen besten Anzug für jede Arbeit, zu der der Herr einen beruft“, stößt er hervor. „Gräben ausheben zum Beispiel. Niemand würde in seinem Sonntagsanzug Gräben ausheben. Aber *du* würdest das vielleicht tun“, fügt er sarkastisch hinzu.

„Du hebst Gräben aus?“ fragt Frau Onkel ungläubig.

„Das war doch nur ein Beispiel. Stell dich nicht so dumm an. Manche Arbeit ist eben schmutzige Arbeit."

„Worin besteht eigentlich deine ‚Arbeit'?"

„Das geht dich nichts an. Du hast deine Pflicht zu erfüllen, ich erfülle die meine. Gehe ich etwa jedes Kontobuch der Schule mit dir durch? Frage ich dich um Rat, wenn ich einen neuen Lehrer einstelle? Na also."

Toby ist verzaubert von den Klängen, die aus dem Trichter dringen. Die Studenten spielen ihm öfter Grammophonplatten vor, wollen ihm einen Schnellkurs in Musikgeschichte verpassen. Obwohl die Musik von zischenden und kratzenden Nebengeräuschen begleitet wird, ist Toby begeistert. Keiner seiner Bekannten in Lancaster besitzt ein Grammophon!

„Es muß schrecklich teuer sein", sagt er und fragt sich, ob Jacks Bemerkungen über reiche Studenten nicht doch der Wahrheit entsprechen.

„Ja, das stimmt", sagt Sally. „Glücklicherweise haben wir nichts dafür zahlen müssen. Der Mann, der früher hier gewohnt hat, hat es stehen lassen. Er ist ins Ausland gegangen und will nächstes Jahr wieder in diese Wohnung ziehen; er hat mir das Grammophon und das Klavier und ein paar andere Sachen dagelassen." Liebevoll streichelt sie den Apparat. „Aber die Platten gehören uns. Sein Musikgeschmack war ein bißchen ... wienerisch ... Du weiß schon. Alles Tanzmusik. Wir kaufen unsere eigenen Platten. Seine haben wir in einem der Schränke verstaut."

„Und das ist auch gut so", meint Lev trocken. „So wie wir mit Platten umgehen." Er hält eine hoch. „Louis hat anscheinend seine Pfeifenasche darauf fallen lassen." Er wischt die Platte heftig mit dem Ärmel ab und prüft sie dann sorgfältig. „Jetzt sollte sie in Ordnung sein. Aber wir probieren sie mal aus. Betätigst du die Kurbel, Toby?"

So kommt es, daß Toby zum ersten Mal Beethoven hört, und nicht nur Beethoven, sondern Beethovens Fünfte Sinfonie, und nicht nur Beethovens Fünfte Sinfonie, sondern Beethovens Fünfte Sinfonie unter der Leitung des großen Dirigenten Arthur Nikisch in Leipzig.

„Er war schon ein weltberühmter Geiger, als er viel jünger war als ich“, sagt Sally respektvoll, während Lev die Nadel auf die Platte legt.

„Wer? Beethoven?“ erkundigt sich Toby, und Louis wirft ein Kissen nach ihm. Aber dann liegt die Nadel in der Rille. Die Hammerschläge von Beethovens Schrei der Auflehnung gegen das Schicksal erklingen.

Toby vergißt die anderen und die Nebengeräusche und betritt eine völlig neue Welt. Es ist gänzlich anders, als Bach oder Webern zuzuhören. Sie haben auf Wahrheiten hingewiesen, die über diese Welt hinausgehen – Beethoven packt die Welt an der Kehle und zwingt sie, ihm zuzuhören.

„Ich fürchte, wir haben nur den ersten Satz“, sagt Lev, als der letzte Ton verklingt. Der Stapel von Platten, von denen er eine nach der anderen aufgelegt hat, ist sichtlich geschrumpft. Toby ist so in die Musik vertieft gewesen, daß er kaum bemerkt hat, daß sie alle vier Minuten von Lev unterbrochen wurde. Er hat Tobys Entzücken gesehen und sich daraufhin entschlossen, ihm den ganzen Satz vorzuspielen – wobei er immer wieder die Platten wechseln und das Grammophon aufziehen muß.

„Was meinst du damit“, fragt Toby besorgt.

„Es gibt vier Sätze. Das war der erste. Wir haben die anderen nicht – zu teuer! Wir schaffen sie uns früher oder später an.“

Toby steht immer noch unter dem Eindruck von Beethovens kosmischem Krieg. Der Marsch der Bässe, das Donnern der Hörner, das große Thema, das aus den Saiten hervorzuquellen und das ganze Orchester zu umfassen schien – es klingt ihm noch in den Ohren. Widerstrebend wendet er sich an Lev.

„Was ist ein Satz?“

Lev erklärt Toby kurz und bündig, was eine Sinfonie ist, aber der hört gar nicht richtig zu; er bekommt Beethovens Musik einfach nicht aus dem Kopf.

Sally lächelt verständnisvoll. „Er ist ganz anders als Webern, nicht wahr?“

Toby versucht, Zeit zu gewinnen und sich zu erinnern, was er über Beethoven weiß. Das meiste hat er an jenem ersten Samstag erfahren, als sie sich verschiedene Häuser ansahen, in denen der Komponist gelebt hat. „Er war der, der taub war, oder?“

Sally nickt. „Er schrieb einen großen Teil seiner bedeutendsten Werke, als er sie nicht mehr hören konnte. Nicht mit den Ohren, meine ich. Er konnte sie in seinem Kopf hören."

Toby, der die Klänge der Fünften Sinfonie noch immer im Kopf klingen hört, stimmt begeistert zu. „Ich weiß nicht, wer mir am besten gefällt", meint er. „Ich mag Bach, und ich mag Webern – beide auf ihre Art. Und diese Musik ist auf eine ganz andere Art wunderbar. Ich weiß nicht, welche die beste ist."

„Du *mußt* nicht zwischen ihnen wählen!" ruft Sally gereizt aus. „Es ist doch keine Sache von Entweder-Oder, obwohl eine Menge Leute das gerne so sehen würden. Schönberg, Berg, Webern – sie alle haben Lieder auf die althergebrachte Art geschrieben, und sie sind ganz wunderbar, obwohl Alban nichts mehr von seiner frühesten Musik wissen will. Du solltest einmal einige Kompositionen von Schönberg hören. *Pelleas, Gurre-Lieder, Verklärte Nacht* – du würdest glauben, sie stammen von Brahms oder Mahler."

„Und doch", schaltet sich Louis ein, „hieß es letzten Monat beim Konzert von *Pierrot lunaire,* es sei der Beginn einer neuen Art zu hören."

„Aber siehst du nicht, Louis – das ist es doch, was in der Musikszene geschieht", entgegnet Sally erregt. „Entschuldige, Toby, ich weiß, du hast keine Ahnung von den Stücken, über die wir reden. Aber siehst du, was gerade in Wien geschieht? Ein paar der alten Garde, die Leute, die an der Akademie, in der Oper, in der Musikwelt das Sagen haben – sie schauen rückwärts, auf die Vergangenheit, auf die großen Komponisten, die auf dem Stadtfriedhof begraben liegen. Sie haben vergessen, daß auch Beethoven in seiner Zeit ein Revolutionär war – oh ja!" sagt sie und stampft dabei mit dem Fuß auf. „Der Anfang seiner ersten Sinfonie ..."

Die anderen beobachten sie mit offenem Mund. Sally hält inne und grinst. „Tut mir leid, aber darüber kann ich mich richtig aufregen. Siehst du, sie sagen, daß es nichts Neues geben darf. Und Berg und Webern und Schönberg sagen, daß wir nicht stehenbleiben können, daß wir weitergehen müssen, weißt du?"

„Aber das heißt nicht, daß wir die Vergangenheit mißachten", fügt Lev hinzu. „Deshalb spielen wir noch immer Beethovens Fünfte

– und eines Tages, wenn wir reich sind, werden wir die anderen drei Sätze kaufen."

Toby versucht, Jack etwas von seiner Begeisterung zu vermitteln, als sie sich in der englischen Schule treffen. Er ist nicht beeindruckt.

„Du hast also einige Schallplatten gehört – gut; verstehe nicht, weshalb du deshalb so aus dem Häuschen gerätst. Eine gute Tanzmusik, das würde mir gefallen. Haben sie nicht solche Platten?"

Toby fallen augenblicklich die Platten ein, die in einem Schrank aufbewahrt werden. „Sie halten nicht viel von Tanzmusik", sagt er diplomatisch. „Hast du schon mal Beethoven gehört?"

„Ja, ein oder zweimal. Nicht schlecht, hat mir ganz gut gefallen."

Von einer so halbherzigen Bewunderung fühlt sich Toby richtiggehend verletzt. Er läßt das Thema fallen.

Er sieht Jack sowieso kaum noch privat. Jack hat eine Freundin. Eines Tages – Toby ist gerade dabei, sein Pult aufzuräumen – kommt Jack mit ihr ins Klassenzimmer.

„Toby, ich glaube, du kennst Helga Müller."

Er ist selbst erstaunt, wie wenig es ihm ausmacht, daß Jack seinen Arm um die Frau legt, die erst vor ein paar Wochen seine Gedanken Tag und Nacht ausfüllten. Er lächelt sie sogar an. „Ja natürlich. Wie geht es Ihnen?"

Helga, die damit gerechnet hat, Toby ziemlich aus der Fassung zu bringen, antwortet höflich, und nach ein paar Minuten verlassen die beiden das Zimmer, um in ein Restaurant und danach in die Oper zu gehen. Jacks Arm liegt um Helgas Taille.

Als er vom Fenster aus beobachtet, wie Helga in Jacks Auto einsteigt, wünscht Toby sich sehnlichst, daß er seinen Arm einmal um Sally legen könnte.

Toby ist klar, daß er es nicht länger hinausschieben kann, mit den Onkels über seine neugewonnenen Interessen zu reden. Er möchte einfach, daß die Onkels sie akzeptieren. Schließlich, so überlegt er, sind Beethoven und Bach weitaus erbaulicher als die Tanzveranstaltungen und Bars, zu denen es Jack hinzieht. Sorgfältig wartet er auf einen günstigen Zeitpunkt und schneidet das Thema an, als sie nach dem Abendessen zusammensitzen.

„Ich habe kürzlich Musik gehört. Es war außerordentlich ... interessant.“ Ein nichtssagendes Wort, aber immerhin ein Anfang.

Onkel, der gerade ziemlich verärgert in der Zeitung eine Karte über die Truppenbewegungen auf dem Balkan studiert hat, sieht abrupt auf. „Musik? Wie?“

„Nun, meine Freunde, die an der Akademie studieren, haben gespielt und gesungen, und manchmal spielen sie mir Schallplatten vor. Ich lerne viel. Ich habe vorher kaum etwas über Musik gewußt.“

„Was für Musik? Tanzmusik?“

„Nein, keineswegs – sie nennen es klassische Musik, aber manches ist ganz modern. Ich habe ein Stück von Mozart gehört.“ Er kann sich nicht erinnern, ob Mozart ein alter oder moderner Komponist ist, aber er bezweifelt, daß Onkel etwas gegen Mozart haben kann.

„Ha!“ stößt Onkel hervor, und Frau Onkel legt behutsam ihre Stickarbeit auf die Seite.

Toby fährt fort. „Ich habe zuvor noch nie richtig Musik gehört. Es ist alles sehr neu für mich.“

„Hörst du nicht die Musik in der Versammlung?“ fragt Frau Onkel. „Wir haben einen sehr guten Pianisten.“

„Er ist sehr gut“, pflichtet Toby ihr bei. „Besser als bei uns zu Hause“, meint er großzügig und hofft, die alte Dame, deren Harmoniumbegleitung so unberechenbar war wie Frau Onkels Kochkünste, werde ihm seinen Verrat vergeben. „Aber hier in der Versammlung wird dieselbe Musik gespielt wie bei uns zu Hause. Sehr erbaulich“, beeilt er sich hinzuzufügen, „aber sie ist mir sehr vertraut. Diese Musik ist ganz anders.“

„Du meinst, sie ist nicht erbaulich“, sagt Onkel entschieden.

„Nein“, stottert Toby. „Ich meine – es ist überhaupt eine ganz andere Art von Musik. Haben Sie Beethoven und Bach gehört?“

„Nein!“ Onkels Verneinung klingt beinahe, als sei er stolz darauf.

„Ich habe auch andere Komponisten gehört“, sagt Toby, der verzweifelt nach irgendeinem gemeinsamen Interesse sucht. „Alban Berg zum Beispiel. Arnold Schönberg, Anton Webern.“

Onkel schweigt still, was Toby als Aufforderung zum Weiterreden deutet. „Ich habe von ihrer Musik mehr gehört, als von irgendeinem anderen Komponisten. Sie ist sehr interessant, sie –“

„Schönberg ist Jude", unterbricht Onkel ihn. „Weißt du das?"

Toby starrt ihn verständnislos an. „Spielt das eine Rolle?"

„Toby, glaubst du, daß Musik nur Noten sind, die gespielt werden? Nur Zeichen auf einem Notenblatt, eine Tonleiter auf der Violine, ein Akkord auf dem Klavier? Glaubst du, daß das alles ist?"

„Natürlich nicht", entgegnet Toby. „Das ist ja das Wunderbare. Die Musik spricht zu uns, über alles mögliche."

„Genau", knurrt Onkel. „Was also sagt dir Schönbergs Musik?"

Toby versucht, in Worte zu fassen, was er empfunden hat, als die Studenten ihm Musik von Schönberg vorspielten. Onkel unterbricht ihn.

„Du willst also sagen, daß diese Musik zu deinem Geist gesprochen hat, daß sie dein Herz bewegt hat?"

„Ja, genau!" stimmt Toby zu. „Sie hat eine geistliche Dimension." Er hat seinen Trumpf ausgespielt.

Onkel erhebt sich, was er häufig tut, wenn er eine besonders bedeutsame Erklärung abgeben will. „Du erhältst also geistliche Unterweisung von einem *Juden*", sagt er, sichtlich angewidert. „Du öffnest deine Seele einem Menschen, dessen Volk den Messias verworfen hat."

„So ist das nicht ..."

„Schweig still!" donnert Onkel. „Hör mir gut zu. Mit wem du dich anfreundest, ist deine Sache. Du bist nicht mein Sohn, und ich kann nicht verlangen, daß du mir in dieser Sache gehorchst. Aber dies ist mein Haus, und ich verlange folgendes: Du wirst keinen von diesen Leuten in mein Haus bringen. Ich will sie hier nicht haben. Und keine Musik hier. Hast du mich verstanden?"

Toby, zutiefst erschüttert, bringt kein Wort heraus.

„Hast du mich verstanden?"

Toby nickt. „Ja", flüstert er.

Er sieht zu Frau Onkel hinüber, die seinem Blick ausweicht; in ihrem Gesicht spiegeln sich eine Menge Gefühle. Sie legt ihre Stickarbeit zusammen. „Ich glaube es ist Zeit, daß wir alle zu Bett gehen", sagt sie.

Onkel hebt die Hände zum allabendlichen Segen, aber bevor er etwas sagen kann, ist Frau Onkel gegangen – mit einem frostigen Ausdruck in den Augen.

Onkel und Toby sehen einander an. Der ältere Mann kämpft sichtlich mit der Vorstellung, einen Segen über jemandem auszusprechen, den er soeben angebrüllt hat. Nach einem kurzen Moment des Zögerns verläßt auch er das Zimmer.

Es würde die Aufgabe des Chronisten erleichtern, könnte er auf irgendein Ereignis in Onkels Vergangenheit verweisen, das seine anhaltende Abneigung gegen das jüdische Volk erklärt. Aber ein solches Ereignis gibt es nicht. Für Onkel ist die Sache sonnenklar: Die Juden haben Christus ermordet, und daher weilen ihre Nachkommen als Verfluchte auf der Erde. Die Tatsache, daß so viele seine Ansicht nicht teilen (nicht zuletzt viele in der Gemeinschaft) kann seine innere Gewißheit nicht im geringsten erschüttern.

An diesem Abend sitzt Onkel lange in seinem Arbeitszimmer und wälzt schwere Gedanken. Warum hat sich der Junge ausgerechnet für Musik interessieren müssen? Noch dazu für jüdische Musik? Wie kann man von jemand, der so jung und beeinflußbar ist, erwarten, die schwerwiegende Dimension des Problems zu erkennen, die Bedrohung für die Menschen, die subtile Macht, die von den Juden ausgeht? Was soll er jetzt tun? Was hätte Tobys Vater in einer solchen Situation getan? Was erwartet Gott von ihm?

Erwartungen, Erwartungen! So viel wird von ihm gefordert, so viel erwartet! So wenige nehmen sich der Sache an, den heiligen Namen Gottes zu schützten! Wie konnte ihm nur der Gedanke kommen, daß Toby ihn vielleicht einmal bei dieser Aufgabe unterstützen würde? Aber was ist statt dessen geschehen? Toby ist in die Hände der Juden gefallen, ist verführt worden von der unmoralischen Musik des Außenseiters Schönberg und seiner subversiven Genossen.

„Es bleibt an uns hängen“, murmelt Onkel. „Wir müssen zur Tat schreiten, so schnell wie möglich. Diejenigen, die untätig abwarten und nichts unternehmen, begreifen gar nicht, wieviel sie uns schulden.“

Er neigt seinen Kopf zum Gebet und spricht wohlgeformte Sätze in eine dunkle und stumme Leere. Dann geht er zu der Schublade, in die Frau Onkel seine Arbeitskleidung gelegt hat, frisch gewaschen und ordentlich zusammengefaltet. Er zieht sich rasch um und geht hinaus in die Nacht.

„Er war sehr wütend", sagt Toby. Er blickt die Studenten der Reihe nach an. „Tut mir leid, Lev. Ich hatte keine Ahnung, daß er so drastische Ansichten hat."

„Ich schon", entgegnet Lev. „Er hat einen Namen in der Stadt. Man kennt ihn als Judenhasser. Er hat öffentliche Reden gehalten. Du machst dir keine Vorstellung! Und was einen Besuch in seinem Haus betrifft – tut mir leid, Toby, du bist hier herzlich willkommen, aber keiner von uns hat die leiseste Absicht, dich in seinem Haus zu besuchen."

Sally lächelt mitfühlend. „Du mußt einfach diese Wohnung zu deinem Stützpunkt machen", sagt sie. „Wir passen auf dich auf. Wir lassen nicht zu, daß Lev dich zu irgendwas Schlechtem verführt."

Lev lacht. „Wahrscheinlich verführt Toby eher mich ... Er ist ein richtiger Prediger, stimmt's, Toby?"

Toby errötet vor Verlegenheit und lächelt glücklich.

Weihnachten mit Sally

Ein paar letzte Blätter klammern sich an schwarze Zweige und zeichnen sich gegen den weißen, kahlen Winterhimmel ab. Im Prater werden die Gehwege täglich gefegt, doch im Laufe des Tages sammeln sich wieder viele Blätter auf dem Boden, die der Wind den wenigen Spaziergängern um die Ohren wirbelt.

Als das Weihnachtsfest näherrückt, begibt sich Toby öfter als sonst in die Kärntner Straße. Verzaubert bleibt er vor den teuren Schaufensterauslagen stehen. Er hat jede Woche etwas Geld gespart, um Weihnachtsgeschenke für die Onkels zu kaufen, aber es fällt ihm schwer, etwas Passendes zu finden; das meiste ist viel zu teuer. Aber es gibt auch andere Geschäfte in der Stadt, wo man billiger einkaufen kann. In vielen Schaufenstern stehen Weihnachtsbäume, Drehorgelspieler lassen altbekannte Weihnachtsmelodien erklingen.

Zu Tobys Verwunderung erwähnen die Onkels Weihnachten kaum einmal. In der Wiener Versammlung werden in den Abkündigungen, die jeden Sonntag am Ende des Gottesdienstes verlesen werden, keine außergewöhnlichen Veranstaltungen erwähnt. Auch Besucher, die zu ihnen ins Haus kommen, erwähnen Weihnachten mit keinem Wort.

Die Tage vergehen langsam in Wien, obwohl in der Welt draußen Ereignisse von historischer Bedeutung stattfinden: Am 5. Dezember stimmt die Türkei schließlich doch einem Friedensangebot zu und unterzeichnet einen Waffenstillstand mit Bulgarien, Montenegro und Serbien; Griechenland enthält sich der Stimme.

Am 8. Dezember verläßt Jack die Stadt, um die Ferien mit Freunden in Salzburg zu verbringen. Beim Abschied verspricht er Toby: „Ich werde mäßig und ausgeglichen leben, alter Junge, und vor allem behandele ich den bösen Alkohol mit Respekt ..." Er sagt das mit einem so übertriebenen Augenzwinkern, daß Toby lachen muß.

Auch Sally und die Studenten verbringen Weihnachten nicht in Wien; Lev und Louis reisen ab, um Weihnachten bei ihren Familien zu verleben, sobald die Akademie vor Weihnachten ihre Tore schließt. Sally wird bis zur Weihnachtswoche in Wien bleiben, dann fährt auch sie zu Freunden ihrer Familie nach Graz – weit weg von Wien. Die meisten von Tobys Kursen sind bis zur Mitte des Monats beendet; ein paar Unentwegte und hoffnungslose Fälle wollen bis in die Weihnachtswoche hinein weitermachen. Toby freut sich nicht im geringsten auf ein Weihnachtsfest ohne die einzigen wahren Freunde, die er in Wien hat.

Schließlich findet er ein passendes Geschenk für die Onkels: einen Bildband von London. Er versteckt ihn zwischen anderen Büchern in seinem Zimmer; gelegentlich wirft er selbst einen Blick hinein und fragt sich, ob er je Gelegenheit haben wird, die Orte und Bauwerke, die in dem Buch beschrieben sind, mit eigenen Augen zu sehen. Die Ansichten sind, obwohl ihm selbst nicht vertraut, doch immerhin englisch genug, um starkes Heimweh bei ihm hervorzurufen – ein Gefühl, das sich verstärkt, als die Tage fortschreiten und es bei den Onkels immer noch keinerlei Anzeichen dafür gibt, daß Weihnachten unmittelbar vor der Tür steht.

Den Grund für ihr Schweigen findet er ungefähr zehn Tage vor dem Weihnachtsfest heraus. Denn schließlich hat er den Mut aufgebracht und seine Gastgeber gefragt, wie das Weihnachtsfest bei ihnen gestaltet würde. Als er am folgenden Tag Sally besucht, hat er seinen Schock noch nicht überwunden.

„Sie werden das Fest einfach *ignorieren*, haben sie gesagt." Toby ist außer sich. „Das tun sie immer, sagen sie. Sie tun so, als gäbe es Weihnachten überhaupt nicht!" Er kann das selbst jetzt noch kaum fassen.

„Ach komm, Toby, das war sicher ein Mißverständnis. Niemand tut so, als gäbe es Weihnachten nicht. Selbst Lev nimmt an Weihnachtsfeiern teil, und er ist Jude. Die Onkels gehen doch in die Kirche. Weihnachten ist doch ein ganz wichtiges kirchliches Fest. Du hast ihnen vielleicht nicht richtig zugehört."

„Ich *habe* zugehört", beharrt Toby. „Sie hätten es gar nicht deutlicher sagen können. Sie sagen, Weihnachten sei ein heidnisches Fest. Sie sagen, keiner weiß, wann Jesus wirklich geboren wurde, und der fünfundzwanzigste Dezember sei schon lange vor Jesu Geburt ein heidnisches Fest gewesen. Die ganzen Bräuche, auch der Weihnachtsbaum, sind von heidnischen Festen übernommen worden. Sie meinten, manches sei sogar satanisch."

Sally schnappt hörbar nach Luft, aber Toby fährt unbeirrt fort: „Sie sagten, wenn man die Kärntner Straße hinuntergeht und einen Blick auf die weihnachtlichen Auslagen wirft, kann man dort geradezu die Werke des Teufels sehen. Stolz, Verschwendung, Gottlosigkeit – so in der Art eben."

„Sie haben mit Sicherheit teuflische Preise", meint Sally sarkastisch. „Aber es ist doch allgemein bekannt, daß Weihnachten ursprünglich ein heidnisches Fest war. Das ist doch kalter Kaffee. Das haben sie uns schon in der Schule in Nebraska erzählt. Aber das heißt noch lange nicht, daß es ein Fest des Teufels ist, so wie du auch kein Heide bist, wenn du den Donnerstag ‚Donnerstag' nennst, weil er nach dem Gott Donar benannt ist – ja, das ist wahr", bestätigt sie noch einmal, als Toby die Brauen hebt. „Und daß dich *das* erstaunt, zeigt nur, wie unwichtig der ganze Unsinn ist, den die Onkels dir erzählt haben. Vielleicht sind Christbäume etwas Heidnisches. Na und? Das stört doch keinen. Darauf kommt es an Weihnachten doch gar nicht an."

„Ich weiß", gibt Toby zu. „Bei uns zu Hause feiern wir auch Weihnachten. Aber die Onkels scheinen dieses Fest zu verabscheuen."

„Haben sie beide genau dasselbe gesagt?" will Sally wissen. „Oder hat Onkel allein geredet, und seine Frau hat ihm nicht widersprochen?"

Toby runzelt die Stirn. Jetzt, wo er darüber nachdenkt, erinnert er sich, daß es *tatsächlich* nur Onkel war, der gesprochen hat. Seine Frau hat neben ihm gesessen und an einer dieser endlosen Stickereien gearbeitet, die sie neben ihrem Sessel im Salon aufbewahrt. „Na ja", sagt er nachdenklich, „sie hat eigentlich gar nichts gesagt ..."

„Du kannst wetten, daß sie nicht seiner Meinung ist", meint Sally entschieden. „Ich sage dir, nur Onkel ist so gegen Weihnachten, dieser elende Spielverderber."

Ihr Gesicht hellt sich auf, und sie beugt sich mit gewichtiger Miene in ihrem Sessel vor. „Weißt du, Toby, dafür habe ich eine Neuigkeit für dich! Du hast doch gehört, daß ich über Weihnachten nach Graz fahren wollte?"

„Ja", sagt Toby und versucht, sich seine trostlose Stimmung nicht allzusehr anmerken zu lassen.

„Also – ich fahre nicht."

Er starrt sie an. „Was?"

„Ich fahre nicht. Ich bleibe hier. Die Tochter dieser Leute aus Graz ist krank geworden, sie muß einen Spezialisten in Berlin aufsuchen. Die Eltern begleiten sie dorthin. Das heißt, ich verbringe Weihnachten in Wien."

Toby hat Mühe, ein zufriedenes Lächeln zu unterdrücken, das sich über sein Gesicht stiehlt. „Aber was machst du dann? Es ist niemand hier, ich meine, ich bin hier, aber alle anderen sind ..."

„Nur nicht so bescheiden, Toby", lacht Sally. „Du bist nicht niemand. Wir werden uns eine schöne Zeit machen."

„Du meinst – wir beide?"

„Das hoffe ich doch", gibt Sally fröhlich zurück. „Ich habe jedenfalls nicht vor, meine ganzen Ferien über diese vier Wände anzustarren."

Tobys Gedanken und Gefühle wirbeln durcheinander. Sein erster

Gedanke ist, daß er nun nicht mehr dazu verurteilt ist, Weihnachten allein mit den Onkels zu verbringen ... Aber dann begreift er, daß sein Glück viel größer ist, als er im ersten Moment gedacht hat. Bisher hat er Sallys Gesellschaft immer mit Lev und Louis geteilt. Aber jetzt würde er sie eine ganze Woche lang für sich allein haben! Als er in ihr vergnügtes und vor Begeisterung glühendes Gesicht blickt, fällt ihm erneut auf, wie hübsch sie ist.

„Das ist wunderbar", sagt er lahm und könnte sich ohrfeigen, daß er kein besseres Wort gefunden hat.

„Also", sagt Sally in ihrer praktischen Art, „dann können wir ja Pläne machen. Selbst wenn die Onkels gegen Weihnachten sind, nehme ich an, daß sie dich einige Zeit bei sich haben wollen. Und am ersten Weihnachtstag selbst bin ich ausgebucht, da habe ich eine Verabredung."

Tobys Herz sinkt. „Das habe ich nicht gewußt", sagt er.

„Wie könntest du auch?" fragt Sally überrascht. „Du hast doch gerade erst gehört, daß ich über Weihnachten in Wien bin."

„Ich meine ..." beginnt Toby – und wäre beinahe ins Fettnäpfchen getreten.

„Ich gehe nach Hietzing", sagt sie. „Zu Alban Berg. Sie haben mich zum Weihnachtsessen eingeladen. Es wird eine große Sache, ich werde mich ganz elegant anziehen müssen, es werden alle möglichen Leute kommen: Peter Altenberg, Adolf Loos ... Ach, Toby", lenkt Sally ein. „Das tut mir wirklich leid. Du wirst wohl in Kaisermühlen bei den Onkels festsitzen. Ich würde bestimmt versuchen, eine Einladung für dich zu bekommen, wenn das möglich wäre, das weißt du. Aber sie haben nur drei oder vier seiner Schüler eingeladen. Es ist eine große Ehre – ich glaube nicht, daß ich den Mut aufbrächte, sie zu bitten, ob ich noch einen Freund mitbringen darf."

„Das verstehe ich" sagt Toby gelassen. Er ist sehr erleichtert, daß es sich um eine andere Art von Verabredung handelt, als er befürchtet hatte. „Ich hoffe, dir gefällt das Fest, ehrlich."

„Er hat mich schon vor einer ganzen Weile eingeladen, und ich mußte absagen, weil ich nach Graz fahren wollte. Aber als ich von dort eine Absage bekam, sagte Berg, die Einladung bestehe immer noch."

„Ist schon in Ordnung", versichert ihr Toby. „Ich verstehe das wirklich."

„Aber das ist ja nur der erste Weihnachtstag", meint Sally. „Wir können an den nächsten Tagen noch eine Menge zusammen unternehmen."

„Ja, das können wir", sagt Toby glücklich.

Die trüben Dezembertage erscheinen Toby nun viel freundlicher; ja, er beginnt tatsächlich sich auf Weihnachten zu freuen. Den Onkels erklärt er, daß er in den Ferien gern einige Zeit mit jemand verbringen würde. Sie erheben keine Einwände, nur Onkel brummt mürrisch, als Toby erwähnt, daß es sich um jemand von den Musikstudenten handele.

„Ich bin froh, daß du nicht allein sein wirst", sagt Frau Onkel. „Ich denke, daß du lieber mit Leuten deines Alters zusammen bist." Toby ist so höflich, seinen Mund zu halten, und wird dafür mit einem seltenen Augenzwinkern von Frau Onkel belohnt.

„Aber wir würden uns freuen, wenn du am fünfundzwanzigsten hier bist", sagt sie. „Es wird anders werden, als du es gewohnt bist, wir werden einige Gäste haben."

„Danke, Frau Onkel", sagt Toby höflich. Er hofft, die Gäste würden interessant sein, aber hauptsächlich ist er froh, daß an diesem seltsamen Weihnachtstag überhaupt etwas Besonderes geschehen soll.

Die Weihnachtswoche wird geschäftiger, als Toby erwartet hat. Der erste Feiertag fällt auf einen Mittwoch, und die Schule schließt am vorhergehenden Freitag. Toby nimmt sich vor, alle Vorbereitungen für die nächsten Kurse noch vor Weihnachten zu erledigen, um anschließend Zeit für Sally zu haben. Und so sitzt er am Samstag, Montag und am Heiligabend in einem eiskalten Klassenzimmer und erarbeitet Übungen für die Schüler der nächsten Kurse. Auch Sally steckt tief in den Vorbereitungen für ihren Unterricht bei Berg, der als letzte Vorbereitung für ihr Musikexamen gedacht ist, das sie im Januar ablegen will. Sie begegnen sich jeden Tag auf der Treppe und reden ein paar Minuten miteinander.

„Jetzt ist alles viel zu hektisch, wir haben keine Zeit", stöhnt

Sally. „Wir sehen uns dann nach Weihnachten." Sie verabreden, sich am zweiten Feiertag im Augarten zu treffen.

Am Heiligabend kommt ein Brief von Vater.

„Ich sende Dir in dieser Weihnachtszeit meine herzlichsten Grüße in der Hoffnung, daß Weihnachten für Dich ein *angenehmes und gottesfürchtiges* Fest werde, an dem Du über die Geburt unseres Herrn nachsinnst. Die Brüder übermitteln Dir Grüße. Am Sonntag zeigte Br. Hipplethwite Bilder von seinem Aufenthalt im Heiligen Land, Du hättest den Vortrag sehr anregend gefunden. Ich freue mich, daß Du am Weihnachtstag in Bruder Onkels Haus mit den Brüdern und Schwestern zusammenkommen willst. Wir werden Dich besonders in unser Gebet einschließen, wenn wir uns selbst hier versammeln: Dein Dich liebender Vater."

Mit dem Brief ist ein kleines, flaches Päckchen angekommen, auf dem in Vaters ordentlicher Handschrift steht: „Erst am 25. Dez. 1912 öffnen." Er legt den Brief und das Päckchen zu den anderen Briefen, die er von Vater erhalten hat und die er immer wieder liest, wenn ihn Heimweh und Enttäuschung überkommen wollen.

Was würde Vater wohl sagen, überlegt er, wenn er wüßte, daß sein Sohn einen Juden zum Freund hat und die Musik eines jüdischen Komponisten bewundert? Was würden die Brüder in der Versammlung wohl sagen, wenn er Lev mitbringen würde? Levs Tischgebete, sein Glaube an einen gütigen Gott – ob das irgend etwas gelten würde? Oder würde alles als wertlos angesehen, müßte Lev sein geistliches Leben nochmals ganz von vorn beginnen?

Eines aber ist sicher, das weiß Toby. Lev würde dort eine erheblich barmherzigere Behandlung erfahren als in Onkels Haus. Nach der großen Auseinandersetzung mit Onkel hat er den Entschluß gefaßt, Lev niemals ins Haus zu bringen – selbst wenn Onkel ihm das nicht ausdrücklich untersagt hätte.

Wie merkwürdig, denkt Toby, da hat er erst Hunderte von Kilometern reisen müssen, um die großartigen Eigenschaften von Menschen zu entdecken, die er sein ganzes Leben gekannt hat!

Am Weihnachtsmorgen trägt Onkel seinen besten Anzug, in dem er immer wie ein Bestattungsunternehmer aussieht. Toby hat gespürt, daß selbst ein Weihnachtsfest, das nicht gefeiert wird, einige besondere Bemühungen erfordert. Und so hat er seine Stiefel am Vorabend geschwärzt und sie nach dem Aufstehen poliert, bis sie wie Ebenholz glänzen; er hatte sich für den Tag auch ein frisches Hemd bereitgelegt, an dem die Manschettenknöpfe prangen, die sein Vater ihm geschenkt hat.

Nach dem Frühstück überreicht Toby Frau Onkel verstohlen den Bildband, den er in Geschenkpapier gewickelt hat. „Es ist ein Geschenk", sagt er. „In England beschenken wir uns an Weihnachten. Ich hatte es besorgt, bevor ich wußte ..."

„Wie lieb von dir!" ruft Frau Onkel aus, als sie Tobys Verlegenheit bemerkt. „In Österreich haben wir diesen Brauch auch. Es ist wunderbar, ein Geschenk zu bekommen. Schau mal", wendet sie sich an ihren Mann, „es ist ein Buch. Über London. Sieh mal, es sind Bilder darin."

Onkel nimmt das Buch und blättert es durch. „Das ist ein sehr interessantes Buch. Danke, Toby. Wir werden es gerne lesen."

Frau Onkel langt hinter ihren Stuhl und holt ein kleines Päckchen hervor. „Wie du weißt, Toby, feiern wir nicht Weihnachten. Aber wir wissen, wie man dieses Fest in England begeht, und das ist eine sehr schöne Sitte. Dies ist für dich."

Überrascht nimmt Toby das Päckchen in Empfang und wickelt es aus. Es sind ein Paar Handschuhe darin, warme, wollene, von Hand gestrickte Handschuhe. „Ich habe sie selbst gemacht", sagt Frau Onkel. „Ich hoffe, sie passen dir."

Toby probiert erst einen, dann auch den anderen an. Frau Onkel hat gut geschätzt; die Handschuhe passen genau. „Ich habe keine Handschuhe mitgebracht", sagt er. „Sie sind wunderschön. Danke vielmals." Er sieht zu Onkel hinüber, um auch ihn an dem Dank teilhaben zu lassen, und merkt, daß Onkel Mühe hat, seine Überraschung zu verbergen. Er hat nichts davon gewußt, denkt Toby. Als er sich beobachtet fühlt, nimmt Onkel sich zusammen und bringt ein Lächeln zustande. „Ein praktisches Geschenk, Toby."

„Das ist es", erwidert er. „Frau Onkel, Sie hätten sich nichts Besseres für mich ausdenken können. Ich danke Ihnen herzlich."

Bevor seine Frau etwas entgegnen kann, übernimmt Onkel wieder die Kontrolle über die Situation. Er greift nach der Bibel, die auf dem Tisch liegt, öffnet sie aufs Geratewohl und liest einen langen Abschnitt vor. Dabei verflüchtigt sich die Atmosphäre von Wärme und guter Laune, die soeben entstanden ist. Onkel beendet schließlich seine Lesung und beginnt übergangslos, ein langes Gebet zu sprechen. Toby neigt den Kopf und schließt die Augen. Für den Bruchteil einer fantastischen Sekunde hat er den Eindruck, als höre er seinen Vater leise lachen.

Der Tisch wird abgeräumt. Onkel setzt sich in den Salon und öffnet ein dickes Buch, während Frau Onkel in der Küche verschwindet, um das Mittagessen vorzubereiten. Toby bietet ihr seine Hilfe an, aber sie lehnt kategorisch ab, deshalb geht er in sein Zimmer zurück und packt das Päckchen aus, das Vater ihm geschickt hat.

Es ist ein Buch, das hat er schon vermutet, aber diesmal hat Vater eine unerwartete Wahl getroffen: *Ein Führer durch den Nachthimmel*, voller Zeichnungen von Planeten und Sternbildern und astronomischen Zahlen und Fakten. Vater hat ihm eine persönliche Widmung hineingeschrieben: *„Denn so hoch der Himmel über der Erde ist, läßt er seine Gnade walten über denen, die ihn fürchten. So fern der Morgen ist vom Abend, läßt er unsere Übertretungen von uns sein. Psalm 103, 11.12*“

Über die Maßen gerührt begreift Toby, daß Vater ihm zum ersten Mal ein Buch geschenkt hat, auf dessen Lektüre er sich richtig freut.

Toby hört die Türglocke. Jemand öffnet die Haustür; dann gedämpftes Stimmengeräusch in der Diele, ein Gast wird begrüßt und in den Salon geführt. Wenig später hört Toby, wie Frau Onkel die Treppe hochsteigt. „Herein“, ruft Toby, noch bevor sie an die Tür klopft.

„Der erste Besucher ist angekommen, Toby. Du kannst dazukommen, wenn du möchtest.“

Er steht auf, zieht seine Jacke an, rückt die Krawatte zurecht und prüft, ob seine Stiefel noch glänzen; dann folgt er Frau Onkel nach unten.

Als er den Salon betritt, steht ein großer, massiger Mann von seinem Stuhl auf und streckt ihm die Hand entgegen. Er hat stechend blaue Augen und ein rosiges Gesicht, seine Haare wellen sich von einem herrlichen Schnurrbart und einem üppig gewachsenen Spitzbart aus in alle Richtungen. Er hat eine Stupsnase, auf der eine goldgeränderte Brille sitzt. Toby erkennt ihn sofort. Zuletzt hat er diesen Mann in dem Zug gesehen, mit dem er nach Wien fuhr. Er hat Schnaps getrunken, Shakespeare zitiert und Toby das Leben schwergemacht ...

„Darf ich dir Hans Braun vorstellen“, sagt Frau Onkel. „Er ist ein alter Freund von uns.“

In Brauns Augen erscheint nicht einmal ein Funke des Erkennens. „Und wer ist euer Gast?“ erkundigt er sich, bevor Frau Onkel Toby vorstellen kann.

„Das ist Toby Burgate“, schaltet sich Herr Onkel ein. Braun verzieht keine Miene. „Toby bleibt ein Jahr lang in Wien. Er unterrichtet Englisch an der Schule. Er ist ein guter Lehrer, wir sind sehr zufrieden mit ihm.“ Braun starrt Toby gleichgültig an. „Herr Braun ist gerade erst in Wien angekommen.“

Hat Braun ihn erkannt? Ist dieses leutselige, ausdruckslose Lächeln – das jedoch von den kalten blauen Augen Lügen gestraft wird – eine Verstellung? Was hat Braun überhaupt hier zu suchen? fragt Toby sich. Im Zug ist er in Gesellschaft von lärmenden Freunden gewesen, laut und ausgelassen, er hat Schnaps getrunken und lautstark über Dinge geredet, die man ganz gewiß als weltlich bezeichnen kann. Was tut er hier in Onkels Haus, diesem Mausoleum der Ehrbarkeit, in dem Alkohol verpönt ist?

Er setzt sich auf einen der unbequemen Stühle neben Braun, was ihm die Möglichkeit gibt, ihn verstohlen zu beobachten. Hat Braun etwa eine Art Bekehrung erlebt? Hat er vielleicht den Schnaps und sein ungestümes Wesen hinter sich gelassen? Nein, denkt Toby, es ist derselbe Braun; es haftet – da ist er ziemlich sicher – sogar ein leichter Geruch von Branntwein an seiner mächtigen Gestalt.

„Jetzt erzähl mal, wie die Dinge stehen“, wendet sich Braun an Onkel. „Es ist viel Zeit vergangen, seit wir das letzte Mal zusammen saßen, mein guter Freund.“

Onkel runzelt die Stirn. „Wir machen uns Sorgen wegen des Kriegs“, sagt er nachdenklich. „Die Wolken haben sich nicht verzogen. Und hier in Wien ist viel Unruhe. Im jüdischen Viertel ...“

Obwohl es sonst nicht ihrer Art entspricht, unterbricht Frau Onkel ihren Mann, als er sich gerade wieder seinem Lieblingsthema zuwenden will. „Wir hatten einige sehr gute Gottesdienste in der Versammlung“, sagt sie ruhig. „Erzähl Hans von der Missionskonferenz im letzten Monat.“

Onkel sieht verärgert aus, muß sich jedoch von der klugen Strategie seiner Frau geschlagen geben. Nun berichtet er wohl oder übel von der Veranstaltung, die ein bemerkenswerter Erfolg für die Versammlung gewesen ist. „Unsere jährliche Konferenz“, erklärt er. „Es wurde aus vielen Ländern berichtet. Es gab Ausstellungen, Vorträge, viele interessante Dinge. Es kamen über hundert Leute, sogar einige aus Deutschland und Ungarn.“

„Und Toby? Hat es Ihnen auch gefallen?“

Toby errötet. „Nun, ich konnte nicht alle Veranstaltungen besuchen, eigentlich kaum welche“, gibt er zu. „Es gab besonders viel Arbeit in der Schule.“

„Toby muß manchmal lange arbeiten“, wirft Onkel ein, offenbar besorgt, sein Gast könnte einen ungeistlichen Eindruck machen. Toby ist sehr verlegen, denn an den meisten dieser Abende hat er überhaupt nicht gearbeitet, sondern den Studenten beim Musizieren zugehört. Er bemerkt, daß Braun mit kaum verhohlener Belustigung auf seine geröteten Wangen blickt.

Braun wendet sich an Frau Onkel. „Um deine Gesundheit stand es nicht zum besten, als wir uns das letzte Mal gesehen haben. Bist du nun wiederhergestellt?“ Er ist der perfekte Gast, ruhig und besorgt, seine Hände über dem stattlichen Bauch gefaltet.

„Ach, mir geht es viel besser; ich fühle mich sehr gut, danke der Nachfrage.“ Toby sieht ihr schmales Gesicht und den bläulichen Schimmer, der in diesen Tagen ständig auf ihren Lippen liegt, und fragt sich, wie gesund seine Gastgeberin wirklich ist. „Aber“, fügt sie lächelnd hinzu, „du kommst von einer Reise, du bist sicher hungrig.“ Sie verschwindet in der Küche und erscheint gleich darauf mit einem beladenen Tablett.

Braun ißt konzentriert. Er widmet sich mit Hingabe dem Essen, wie es sich für einen guten Gast gehört, jedoch mit einem Anflug von Melancholie; er ist offensichtlich ein Feinschmecker und Besseres gewöhnt. Frau Onkel stellt ein Glas Apfelsaft neben seinen Teller, woraus er von Zeit zu Zeit mit höflicher Märtyrermiene einen kleinen Schluck nimmt. Tobys Stimmung hebt sich gewaltig, als er daran denkt, wie damals der Schnaps im Eisenbahnabteil die Runde gemacht hat.

Als der Nachmittag fortschreitet, erscheinen noch weitere Besucher, die auf unbequeme Stühle komplimentiert und mit Erfrischungen versorgt werden. Dann und wann kommen längere Gespräche auf. Sie werden von den Neuigkeiten aus London bestimmt, wo gerade eine Friedenskonferenz stattfindet. Die Türkei hat sich damit einverstanden erklärt, nahezu alle europäischen Territorien aufzugeben, und verlangt dafür die Schaffung eines unabhängigen Albaniens an der Adriaküste. Insbesondere Serbien hat darauf mit Verärgerung über den Verlust seiner Küstenlinie reagiert; die neuesten Nachrichten aus London lauten jedoch dahingehend, daß die Serben dem Vorschlag widerstrebend zugestimmt haben – unter der Voraussetzung, daß man ihnen den Zugang zur Adriaküste garantiert.

„Das wird nicht so bleiben", meint einer der Gäste. „Es ist eine Lösung, die aus Verzweiflung zustandegekommen ist. Früher oder später werden die Unstimmigkeiten wieder zum Ausbruch kommen."

„Aber es herrscht wenigstens Frieden", wendet sein Nachbar ein. „Die Kampfhandlungen haben aufgehört."

Onkel, der merkt, daß ihm das Gespräch entgleitet, räuspert sich vernehmlich. „Manchmal ist es notwendig, weiter zu kämpfen. Manchmal muß das Böse um jeden Preis verhindert werden." Nachdem er auf diese Weise wieder die allgemeine Aufmerksamkeit auf sich gelenkt hat, hält er einen theologischen Vortrag, durch den er in der darauffolgenden Diskussion die Oberhand gewinnt.

Toby sitzt ruhig da und beobachtet die anderen. Ihm fällt auf, daß ein Gespräch für Onkel immer ein Streitgespräch sein muß, niemals eine erholsame Unterhaltung. Trotz Onkels eifriger Bemühungen bewegt sich das Gespräch jedoch allmählich vom Thema Krieg weg, und man kommt auf die umstrittene Heizungsanlage in der Versammlungshalle zu sprechen. Wie bei den meisten Themen, die an diesem Nachmittag diskutiert werden, hat Toby keine eigene Meinung dazu.

Am Spätnachmittag serviert Frau Onkel den Kaffee, was zu einer endlosen Aufgabe zu werden droht. Als sie den letzten bedient hat, fordert Onkel die ersten bereits zu einer zweiten Tasse auf und setzt damit eine Kettenreaktion in Gang. Frau Onkel hat mehrere Bleche mit Blätterteigteilchen gebacken. Jeder Gast nimmt sich höflich ein Stück, läßt es aber nach ein paar qualvollen Bissen auf dem Teller liegen.

„Möchtet ihr noch ein Stück?“ fragt Onkel von Zeit zu Zeit in die Runde. „Oh, ihr genießt noch das erste ...“ Schließlich gibt er auf, und die Kuchenstücke werden in einem mächtigen Stapel auf die Anrichte gestellt. Toby verspürt Hunger und rückt mit seinem Stuhl näher an die Anrichte. Während er an einem matschigen Kuchenstück kaut und der Zuckerguß auf seine Hosen bröselt, denkt er sehnsüchtig an zu Hause. Vater würde diesen Tag vermutlich bei einer der Familien aus der Versammlung verbringen – bei gutem Weihnachtsessen ...

Toby empfindet großes Mitleid mit sich selbst. Aber dann fällt ihm ein, daß Sally nicht nach Graz gefahren ist – und seine Stimmung hebt sich augenblicklich.

„Natürlich“, hört er Brauns dröhnende Stimme, die Onkel vorübergehend aus dem Mittelpunkt des Interesses verdrängt, „die Dinge sind nicht mehr so, wie sie einmal waren. Die junge Generation, sie geht jetzt neue Wege. Hier in Wien herrscht die Anarchie. Gefährliche Ideen breiten sich aus. In ganz Europa hören wir von der neuen Musik, der neuen Malerei, der neuen Architektur ...“

Toby denkt an Sally, die jetzt in Bergs Haus ist, und fragt sich, was Braun wohl über die Gesellschaft denkt, die sich dort versammelt hat. Aber gleich darauf denkt er an Sallys fröhliches Lachen und ihre blitzenden Augen. Und so verpaßt er den Rest von Brauns Klagerede und die Reaktion der anderen Gäste. Er freut sich unbändig auf den nächsten Tag, den er mit ihr verbringen wird.

Toby verbringt den restlichen Nachmittag damit, an Sally zu denken. Er erwacht nur gelegentlich aus seinen Tagträumen, wenn jemand eine Bemerkung oder Frage an ihn richtet, was jedoch nicht oft vorkommt.

Schließlich verläßt der letzte Besucher das Haus. „Lassen Sie mich das Geschirr spülen“, sagt Toby.

„Nein“, lächelt Frau Onkel. „Es macht keine Mühe.“

„Sie sind aber sehr müde“, wendet Toby ein. „Heute ist Weihnachten, lassen Sie es mich dieses eine Mal für Sie tun.“

„Das *reicht* jetzt“, sagt Onkel leise in einem unheilverkündenden Tonfall. Toby begreift, daß er sich auf gefährlichem Boden bewegt und läßt das Thema fallen.

Später sitzt er wieder in seinem Zimmer und liest, als Frau Onkel an die Tür klopft. „Ich bringe dir deine Wäsche“, sagt sie.

„Aber Sie haben doch heute nicht gebügelt!“ ruft er aus.

Frau Onkel sieht überrascht aus. „Das macht mir nichts aus. Ich hatte heute abend nichts anderes zu tun.“

„Aber es ist *Weihnachten*!“ Dann fällt ihm ein, was die Onkels von diesem Fest halten, und wird rot. „Tut mir leid“, sagt er lahm.

„Schon gut. Es ist nicht so, daß dieser Tag völlig bedeutungslos für uns wäre. Aber wir machen auch kein christliches Fest daraus.“

„Bitte“, wagt Toby noch einmal zu fragen, „erklären Sie mir noch mal – warum feiern Sie Weihnachten nicht?“

„Warum sollten wir?“ gibt Frau Onkel freundlich zurück.

„Weil – nun, weil es eben Tradition ist. Weil wir an diesem Tag unseren guten Willen zeigen, weil die Menschen zu dieser Zeit ihren Ärger vergessen – Friede und Freundlichkeit, so in der Art eben –“

„Soll es etwa nur einen Tag geben, an dem wir uns so verhalten? Nur einen Tag von so vielen?“ Sie lächelt, während sie Tobys Wäsche ordentlich zusammenstapelt.

Toby lacht. „Ja, Sie haben recht. Es klingt ziemlich töricht, wenn man es so formuliert. Und Sie haben mir ja schon gesagt, daß eigentlich niemand weiß, wann Jesus wirklich geboren wurde.“

„Das stimmt.“ Sie nickt. „Das weiß keiner.“ Sie streicht das letzte Wäschestück glatt. „Aber das Wichtigste ist doch“, ihre Stimme klingt plötzlich sehr nachdrücklich, „daß er *wirklich* geboren wurde. Er ist Mensch geworden, daran besteht kein Zweifel.“

„Mir hat es heute gefallen“, wechselt Toby das Thema. „Es war interessant, Ihre Freunde kennenzulernen. Ich bin Herrn Braun übrigens schon einmal begegnet.“

Sie ist überrascht. „Wie ist das möglich?“ fragt sie. „Du bist das erste Mal in Österreich.“

„In Deutschland“, erklärt er. „Auf der Durchreise. Im Zug – als ich nach Wien gefahren bin. Er war auch auf der englischen Fähre und dann im Zug. Er ist in Frankfurt ausgestiegen. Er hat mir erzählt, daß er in Wien lebt, aber ich glaube, er hat nur einen Scherz gemacht", fügt er nachsichtig hinzu.

Frau Onkel schüttelt den Kopf. „Ich denke, du hast dich geirrt, Toby. Hans Braun ist noch nie in England gewesen, und ich glaube nicht, daß er sich zu der Zeit, als du zu uns gekommen bist, in Deutschland aufgehalten hat." Sie klingt sehr bestimmt. „Es stimmt, daß er ein Haus in Wien hat. Ein großes altes Geschäftshaus in der Landstraße. Aber es ist oft verschlossen, denn Hans ist sehr viel auf Reisen.

Toby nimmt diese Information zur Kenntnis. Dann ist Brauns Haus in der Landstraße also kein Scherz gewesen.

„Überhaupt", fügt Frau Onkel hinzu, „hat er gar nicht erwähnt, daß er dir schon einmal begegnet ist. Es schien, als hätte er dich noch nie gesehen. Glaubst du nicht, daß er dich wiedererkannt hätte?"

„Ja", sagt Toby nachdenklich. „Ich denke, das *hätte* er."

„Hast du schon Pläne für den Rest der Ferien gemacht?" erkundigt sich Frau Onkel, die nun ihrerseits das Thema wechselt.

„Ich denke, ich werde morgen einmal ausgehen", sagt er betont zwanglos. „Mit jemandem von den Studenten."

Frau Onkel lächelt. „Es handelt sich wohl um eine junge Dame."

„Woher wissen Sie das?" fragt er und errötet, als er merkt, daß er ihre Vermutung bestätigt hat.

Sie lacht. „Ich merke es an der Art, wie du über sie sprichst. Oder vielmehr, wie du *nicht* über sie redest! Ist sie nett?"

„Sie ist wunderbar", sagt Toby ungestüm, dann nimmt er sich etwas zurück. „Sie war sehr freundlich zu mir, alle Studenten waren es."

„Freundschaften sind wichtig, Toby", sagt sie ernst. „Besonders, wenn man jung ist. Aber du vergißt doch nicht den Einen, der vor allen anderen unser bester und treuester Freund ist?"

Ihm wird klar, daß Frau Onkel ein geistliches Thema anschneiden will, und fühlt sich unbehaglich. „Nein, natürlich nicht."

Frau Onkel seufzt. „Es ist so schwer für euch junge Leute in diesen Zeiten", meint sie nachdenklich. „Besonders jetzt, wenn die ganze Welt auseinanderfällt. Man hört von Kriegen und Kriegsgeschrei." Toby erkennt den Bibelvers, den sie zitiert, ein Vers, der oft von den Predigern in der Versammlung gebraucht und dann mit unheilvollen Warnungen ausgeschmückt wird. „Wie sehr trifft das auf diese Zeit zu." Ihre Miene ist sorgenvoll. „Wer weiß, wo das noch alles enden wird."

„Herr Onkel meint, der Grund sei, daß die Juden die Gesellschaft zugrunde richten ..."

„Herr Onkel", entgegnet sie scharf, „hat sehr eigene Ansichten. Das heißt jedoch *nicht*, daß seine Ansichten richtig sind."

Es folgt eine Pause, als beiden entsetzt klar wird, was da gerade gesagt worden ist. Dann nimmt Frau Onkel einige Kleidungsstücke an sich, die versehentlich in Tobys Wäsche geraten sind, und geht fast schüchtern aus dem Zimmer.

Sally läuft mit großen Schritten durch den Park und wirbelt mit den Füßen die welken Blätter auf. Sie trägt einen orangefarbenen Schal, der in den Ausschnitt eines langen, gutsitzenden Mantels gesteckt ist, in dem sie besonders elegant aussieht. Durch das Laufen an der frischen Luft sind ihre Wangen gerötet, ihre Augen blitzen fröhlich. Als sie Toby erblickt, winkt sie ihm begeistert zu und rennt ihm die letzten Schritte entgegen.

„Fröhliche Weihnachten!"

„Dir auch", entgegnet Toby glücklich. „Du siehst wunderbar aus."

Sie zeigt auf den orangefarbenen Schal. „Von meiner Vermieterin. Ein Weihnachtsgeschenk."

Toby hält die Hände hoch, zeigt ihr die neuen, warmen Handschuhe. „Von Frau Onkel."

„Dann sind wir beide ordentlich beschenkt worden", lacht Sally. „Und hier" – sie steckt die Hand in ihre Manteltasche und zieht ein flaches Päckchen hervor – „das ist für dich."

„Was ist das?" fragt Toby verlegen.

„Mach es auf, du Dummkopf, dann weißt du es!"

Er streift die Handschuhe ab und wickelt das Päckchen aus. Ein kleines Buch kommt zum Vorschein. Es öffnet sich wie von selbst auf der ersten Seite, und Toby liest den Titel: *Neue Gedichte,* von Rainer Maria Rilke. Auf dieselbe Seite hat Sally in ihrer geschwungenen Handschrift eine Widmung geschrieben:

Für Toby, Weihnachten 1912. In Liebe, Sally.

„Kennst du Rilkes Werke?"

„Ich fürchte, nein", bekennt Toby. „Das sollte ich aber wohl. Ich habe schließlich Deutsch studiert, oder?"

„Rilke ist schrecklich modern, also mach dir darüber keine Gedanken. Ich hoffe, du magst Gedichte."

Toby blättert darin. „Es ist wunderschön", sagt er. Die Gedichte erscheinen ihm ziemlich seltsam, aber schon kann er etliche auffallende Sätze und Titel ausmachen. „Ich werde es sehr gerne lesen."

Er fingert in seiner Tasche herum und zieht ebenfalls ein Päckchen hervor. „Fröhliche Weihnachten, Sally."

„Das wäre doch nicht nötig gewesen, Toby. Oder *doch* – ich kriege so gern Geschenke! He, das hast du aber hübsch verpackt."

Toby hatte sich den Kopf zerbrochen, was er für Sally kaufen könnte. Er nahm (zu Recht) an, daß sie verlegen sein würde, wenn er viel Geld für sie ausgäbe, aber sobald er wußte, daß er in den Weihnachtsferien mit ihr zusammensein würde, hatte er begonnen, nach einem passenden Geschenk für sie Ausschau zu halten.

Er beobachtet ihr Gesicht, während sie das Päckchen langsam aus dem Geschenkpapier schält (das er mit fast ebensolcher Sorgfalt ausgesucht hat wie das Geschenk selbst). Dann öffnet sie die kleine Schachtel und stößt einen Freudenschrei aus.

„Es ist *wunderschön*, Toby. Es ist ganz wunderschön."

Sie nimmt den Anhänger heraus, den er in einem Laden gekauft hat, wo alle Arten von kuriosen Schmuckstücken verkauft wurden. Seine Wahl war auf eine winzige Violine gefallen, deren Umrisse emailliert waren und deren Saiten aus feinem Golddraht bestanden. Das ganze Instrument war auf einem Oval von kleinen Halbedelsteinen befestigt. Die Kette, an der der Anhänger hing, bestand aus feinen Silbergliedern.

„Dafür hast du aber eine Menge ausgegeben!"

Toby wird rot.

„Leg sie mir an!" Sally reicht ihm die Kette, knöpft ihren Mantel auf und neigt den Kopf.

Seine Finger erscheinen ihm groß und ungeschickt, als er mit dem Verschluß hantiert. Sallys Nähe macht ihn befangen, ihr Parfum und die Wärme ihrer Haut, während seine Hände ganz leicht ihren Hals berühren und dort einen Moment verweilen, bis es ihm gelingt, die beiden Hälften der Schließe ineinander zu befestigen. Er tritt zurück und bemerkt, daß der Anhänger an einer Seite hängt.

„Tolpatsch“, sagt Sally scherzhaft und rückt den Anhänger in die Mitte. „Wie sehe ich aus?“

„Du bist wunderschön“, flüstert Toby und meint damit ihre glühenden Wangen, das Blitzen in ihren Augen und das ansteckende Lächeln. Er weiß, daß sich etwas verändert hat, und er weiß, daß auch Sally es spürt. Ein paar kurze Augenblicke lang hat er seinen Arm um Sally gelegt – und nichts würde je wieder so sein wie zuvor.

„Du bist lieb“, sagt Sally und gibt ihm einen freundschaftlichen Kuß auf die Wange.

„Danke für das Buch.“ Wenigstens das kann er sagen, ohne daß seine Stimme zittert.

Sie laufen mehrere Stunden lang umher und reden über Gott und die Welt. Sally hängt sich bei ihm ein, und ein- oder zweimal drückt er ihre Hand, um seinen Worten Nachdruck zu verleihen, aber ganz behutsam, damit sie sich nicht zurückzieht. Dieses kostbare Einander-Nahesein darf nicht zerstört werden!

Der Nachmittag verläuft äußerst vergnüglich, obwohl Toby kaum merkt, über was sie eigentlich reden – und noch viel weniger, wohin sie gehen. Sie lachen viel und sind darauf bedacht, die Themen Krieg und Antisemitismus zu vermeiden. Einmal erkundigt sich Sally nach Tobys Heimat, und er berichtet ihr ausführlich von Vater, Lancaster und der Versammlung.

„Vielleicht komme ich eines Tages mal nach Lancaster,“ sagt Sally.

„Das hoffe ich sehr!“ meint Toby sehnsüchtig. „Und nun erzähle du mir von Nebraska“.

„Nun“, beginnt Sally, „es ist ein Präriestaat, der Missouri fließt dort, es gibt viel Landwirtschaft, und wir bauen gute Äpfel und Kartoffeln an. Nebraska ist mehr oder weniger in der Mitte von Amerika, und die Hauptstadt heißt Lincoln. Dort wohne ich. Wir haben Konservenfabriken und Getreidemühlen. Und das ist schon alles, was man über Nebraska wissen muß.“

„Wie wohnst du dort?“

„Wir wohnen in einem großen Stadthaus mit einem schönen Hof. Mein Vater arbeitete in der Mühle, aber er mußte aufhören, weil er krank wurde – das Mehl hat seine Lungen kaputtgemacht. Er kann nicht sehr weit laufen, und eine Krankenschwester kommt einmal wöchentlich und behandelt ihn. Ich habe zwei Brüder und eine Schwester. Sie ist Lehrerin. Die beiden Jungen sind noch in der Schule. Was noch? Mutter kümmert sich um Vater und engagiert sich ehrenamtlich. Sie geht zu vielen Wohltätigkeitsessen."

„Deine Familie ist sicher sehr ... nett."

„Sie sind in Ordnung. Ich mag sie."

Eine ganze Weile sagt keiner mehr etwas.

Sie haben einen Außenbezirk im Norden der Stadt erreicht, als die Dämmerung hereinbricht. „Gehen wir zurück", sagt Toby widerstrebend, und sie lenken ihre Schritte wieder in Richtung der Studentenwohnung.

Als sie in den Hof kommen, der nun im Dunkeln liegt, werden sie still und stehen nebeneinander. Toby ist klug genug, die Stille nicht mit Reden zu durchbrechen.

„Toby", sagt Sally, „das war ein wunderbarer Nachmittag für mich."

„Nicht annähernd so wunderbar wie für mich", erwidert Toby dankbar.

„Toby", Sally zögert, „ich möchte, daß du weißt ... Du bist für mich ein richtig guter Freund."

Toby wird tiefrot und weiß nicht, was er darauf sagen soll.

„Ich mag dich sehr", sagt sie, „und ich kann mit dir auf eine Art reden, wie ich es mit den anderen nicht kann."

„Das gleiche Gefühl habe ich bei dir." Tobys Herz klopft so heftig, daß er das Gefühl hat, als läge ein großer Stein in seiner Kehle.

„Was ich damit sagen will, Toby – ich glaube nicht, daß ich für mehr bereit bin."

Der große Stein hämmert gegen Tobys Adamsapfel, und er hat das absurde Gefühl, daß er gleich in Tränen ausbrechen wird. Aber was hat er eigentlich verloren? Hat Sally ihm je zu verstehen gegeben, daß sie mehr für ihn empfindet als für Lev oder Louis? Wie lächerlich, ja kindisch sind doch seine Hoffnungen gewesen. Er fühlt sich wie ein Narr.

„Du wirst immer etwas Besonderes für mich sein, Toby. Ein ganz besonderer Freund. Eigentlich der *allerbesonderste*. Aber – erwarte nicht mehr von mir, Toby." Sie sieht ihn beinahe flehend an. „Ich kann dir nicht mehr geben. Nicht jetzt; niemandem. Verstehst du?"

„Ja", stammelt er. „Ja, ich verstehe."

„Das glaube ich eigentlich nicht", sagt Sally etwas kleinlaut ... „Schau mal, ich freue mich, daß wir einander Geschenke gemacht haben. Ich freue mich, daß wir in den Ferien zusammensein werden. Und, Toby, auch das ist nicht bedeutungslos." Sie gibt ihm einen Kuß auf die Wange und drückt seine Hand. „Eins nach dem anderen, Toby. Ich freue mich sehr auf morgen. Komm lieber nicht mit hoch, es ist zu dunkel, du würdest vielleicht nicht sicher wieder hinunterfinden. Treffen wir uns morgen hier, um elf. Ja?"

Sie umarmt ihn noch einmal kurz, dreht sich dann um und läuft leichtfüßig die Treppe hinauf.

In den folgenden Tagen erkunden Toby und Sally gemeinsam die Stadt. Sie tun es in einer spontanen und faszinierenden Weise – so wie Menschen eine Stadt durchstreifen, die kein bestimmtes Programm haben und ebensosehr die gegenseitige Gesellschaft genießen wie das, was sie sehen und hören.

Am letzten Ferientag verkündet Sally: „Diese Überraschung habe ich bis zuletzt aufgespart. Toby, wir mieten einen *Fiaker*."

„Das können wir uns nicht leisten!" ist Tobys erste Reaktion. Fiaker sind etwas für Touristen; elegante Kutschen, die von glänzend gestriegelten Pferden gezogen und von livrierten Kutschern gelenkt werden. Die Fahrten sind nicht gerade billig, man nimmt wohl an, die Touristen seien bereit, für dieses Vergnügen alles zu zahlen.

„Doch, das können wir", widerspricht Sally. „Ich habe etwas gespart. Schau nicht so schuldbewußt! Dieses Geld hätte ich auch in Graz ausgegeben."

Und so lernt Toby die Wiener Innenstadt noch einmal ganz neu kennen, aus einem ungewöhnlichen und ganz wunderbaren Blickwinkel: hoch über der Menschenmenge in einem gut gefederten Fiaker, mit Sallys Hand in der seinen.

An den Abenden erzählt er den Onkels kaum etwas von seinen Ausflügen, er sagt nur, er habe mit jemandem die Stadt besichtigt. Frau Onkel bemerkt jedoch seine Fröhlichkeit und das Leuchten in seinen Augen und macht sich ihren Reim darauf. Sie hätte ihn wohl gern vorsichtig ausgefragt, aber sie geht zur Zeit früh zu Bett. Drei Tage nach Weihnachten ist sie nämlich ohnmächtig zusammengebrochen. Der Arzt meinte, sie habe sich überarbeitet und müsse so viel wie möglich das Bett hüten, denn ihr Gesundheitszustand sei bedenklich. Sie müsse ruhen, ruhen und nochmals ruhen.

Onkel hat daraufhin angeordnet, daß sie nach dem Abendessen sofort zu Bett geht; er duldet dabei keinen Widerspruch. Doch er läßt sie nach wie vor Frühstück, Mittag- und Abendessen vorbereiten und hält auch Toby davon ab, ihr zu helfen. Toby wäre nicht so oft ausgegangen, hätte er gewußt, wie ernst der Arzt mit Frau Onkel gesprochen hat. Aber er ist im stillen erschrocken, wie grau sie im Gesicht aussieht.

Es ist Frau Onkels Krankheit, die Toby wieder zu beten anfangen läßt. Seit geraumer Zeit hat er kaum noch gebetet – hauptsächlich, weil in seinem Kopf dann immer die eine beunruhigende Frage auftaucht: Ist Sally die Frau, die ihm vom Herrn *bestimmt* ist? Sally ist lustig und attraktiv und intelligent und eine gute Musikerin – aber höchstwahrscheinlich ist sie *nicht* die Frau, die Gott für ihn vorgesehen hat. Das Problem liegt nun darin, daß Toby nicht irgendeine Frau will, die ihm vom Herrn bestimmt ist. Er will Sally!

Aber jetzt macht er sich ernsthafte Sorgen um Frau Onkel, und er beginnt inbrünstig für sie zu beten. Seine Gebete für Frau Onkel erwecken in ihm den Wunsch, auch für Onkel und seine Judenverachtung zu beten, und das wiederum macht ihm Mut, für Lev zu beten … Und schließlich kann er mit Gott auch über Sally reden; er kann ihm sagen, wie sehr er sich zu ihr hingezogen fühlt und wie sehr er wünscht, sie würde zum Glauben finden. Und er dankt für die glückliche Zeit mit ihr über Weihnachten.

Nächtlicher Streifzug

Jack kehrt in düsterer Laune nach Wien zurück. Als Toby nach den Ferien wieder zur Arbeit erscheint, trifft er seinen Kollegen im Lehrerzimmer an.

„Frag mich bloß nicht, wie meine Ferien waren“, knurrt er.

„Wie waren deine Ferien?“ erkundigt sich Toby sofort.

„Absolut bescheiden, wenn du es schon wissen mußt. Und ich hab’ die entsetzlichsten Kopfschmerzen. Hol mir doch mal ein Glas Wasser. *Und mach nicht solchen Lärm!*“ jammert er, als Toby den Wasserhahn aufdreht, wobei die alten Bleirohre kreischen. „Gib mir das Glas in die Hand. Langsam.“

„Du hast doch gesagt, du würdest nicht soviel Alkohol trinken“, erinnert ihn Toby.

„Das kommt nicht vom Alkohol. Ich hab zuviel gegessen. Der Alkohol war *gestern.* Ach, übrigens“, fragt Jack mürrisch. „Wie waren *deine* Ferien?“

„Ich hatte herrliche Ferien.“ Toby strahlt.

„Ach ja, dann erzähl mal.“

„Nun, den ersten Weihnachtstag habe ich mit den Onkels verbracht.“

„Ach du liebe Güte! Sie hat gekocht, vermute ich? Frau Onkel?“

„Ja“, gibt Toby zu. „Das hat sie.“

„Und wie war’s?“

„Es blieb viel übrig.“

„Jetzt fühle ich mich schon besser“, grinst Jack grimmig. „Dies“, er tätschelt bedauernd seinen kranken Magen, „ist zumindest die Folge von *gutem* Essen. Ein Preis, der es wert ist, gezahlt zu werden, kann ich dir sagen. Das hat die unerträgliche Gesellschaft aufgewogen.“ Er trinkt einen Schluck Wasser und verzieht das Gesicht. „Was hast du sonst noch gemacht?“

„Ich war viel mit Sally zusammen“, sagt Toby.

„Dachte ich mir’s doch“, stellt Jack mit mürrischer Genugtuung fest.

„Wir sind viel gelaufen. Und haben uns unterhalten.“

„Und überhaupt nicht geküßt?“

Toby ist schockiert.

„Natürlich nicht. Zumindest nicht, was *du* als küssen bezeichnen würdest.“

„Warum nicht?“ fragt Jack. „Das werdet ihr früher oder später sowieso tun. Wir sind hier in Wien, und ihr seid jung … Romantik liegt in der Luft. Ah! Die Torheiten der Jugend!“

Toby wirft in gespieltem Ärger ein Buch in Jacks Richtung. Es trifft ihn mit einer Staubwolke und einem Wirbel von losen Blättern.

„Damit kannst du erstmal aufhören“, meint Jack und klopft sich sorgfältig den Mantel ab. „Ich fühle mich auch ohne solche Mordversuche schon schlecht genug.“

„An Weihnachten ist bei den Onkels was Komisches passiert“, sagt Toby.

„Nicht möglich“, witzelt Jack.

„Ach, hör doch mal eine Minute zu, Jack. Sie bekamen Besuch von einem Mann. Ich habe ihn im Zug getroffen, mit dem ich von Ostende nach Wien gekommen bin. Ich bin sicher, er hat mich erkannt, aber er zuckte mit keiner Wimper, als er mich sah. Und er war gemein zu mir im Zug, er hat sich vor all seinen Freunden über mich lustig gemacht. Aber in Onkels Haus hat er so getan, als hätte er mich noch nie gesehen. Frau Onkel hat mir gesagt, daß er in Wien lebt, aber die meiste Zeit woanders ist.“

„Vielleicht hat er dich vergessen. So auffällig bist du schließlich nicht, es sei denn, du hättest dich im Zug sehr danebenbenommen.“

„Unsinn! Als sie mir seinen Namen nannten, kam mir alles wieder in den Sinn. Er hat sich mir im Zug selbst vorgestellt. Hans M. K. Braun.“

Eine leichte Furche erscheint auf Jacks Stirn. „Warte mal, dieser Name kommt mir bekannt vor. Hans M. K. Braun … Wo bin ich ihm nur begegnet?“ Er denkt einige Augenblicke nach. „Nein, ist mir entfallen. Ich werd' schon noch draufkommen.“ Er erhebt sich mit schmerzverzerrtem Gesicht. „Jetzt komm. Wir machen lieber unseren Unterricht. Wir können ihnen was vom Weihnachtsmann erzählen. Aber ruhig, Toby, ruhig. Mein Kopf fühlt sich an, als würde er gleich zerspringen.“

Hans Braun ist in den nächsten paar Wochen häufig zu Gast in Onkels Haus und bleibt oft über Nacht. Toby gewöhnt sich daran, mit dem großen, schweigsamen Mann zu frühstücken, der seinen Kaffee brühendheiß schlürft und außer trockenem Brot nichts zu sich nimmt. Gelegentlich nimmt er an Gottesdiensten der Versammlung teil, wo man ihn offenbar von früheren Besuchen her kennt. Er verfolgt die gottesdienstlichen Vorgänge mit Interesse, als sei eine solche Veranstaltung für ihn ein außerordentliches Erlebnis. Anders als Toby und die Onkels kennt er keines der Lieder auswendig und muß das Gesangbuch benutzen; aber er ist allem Anschein nach mit den Melodien vertraut. Während der Predigten macht er sich sogar Notizen; zu Hause nimmt er an den Andachten teil, wieder mit jener leichten Gleichgültigkeit, als würde er gleichzeitig Gott anbeten und Onkels zeremonielles Gehabe begutachten.

Die Gespräche zwischen Onkel und Braun drehen sich um zwei Themen: die Balkankrise und die Juden. Die brüchige Londoner Friedenskonferenz ist am 6. Januar ausgesetzt worden, und den größten Teil dieses Monats haben sich die Türken und Griechen erbitterte Kämpfe geliefert. Es gab eine große Seeschlacht und mehrere Zusammenstöße zu Lande. Andere Länder beobachten mit Sorge, wie sich die Lage verschlechtert. Am 3. Februar erklärt Bulgarien der Türkei den Krieg, und das ist der Beginn des Zweiten Balkankriegs.

Diejenigen in der Versammlung, die in der Balkankrise ein Zeichen des bevorstehenden Weltendes sehen, fühlen sich durch den neuen Krieg bestätigt. Für Toby, den die Ereignisse in dieser Region zunehmend beunruhigen, bedeutet der Krieg eine furchterregende Eskalation der Lage.

Die Juden liefern Onkel und seinen Gästen noch mehr Gesprächsstoff; Braun weiß über die Einwanderungszahlen Bescheid und kann auf Anfrage Statistiken vorweisen. Er bringt häufig Schriftstücke und Bücher mit, über denen er und Onkel brüten. Sie tragen Titel wie *Moses Söhne: Ein neuer Faktor auf den Weltmärkten* oder *Die Protokolle der Ältesten von Zion* oder *Zwei Testamente sind besser als eines*. Oft wird bei der Lektüre solcher Bücher auch die Bibel geholt, in der Onkel und Braun Verweisstellen nachschlagen.

Frau Onkel bereitet geduldig die Mahlzeiten zu und hält das Haus sauber, obwohl ihre Bewegungen immer langsamer werden. Zwischendurch muß sie sich oft hinsetzen, um wieder zu Atem zu kommen. Am Abend geht sie früh zu Bett, so daß Toby kaum Gelegenheit hat, einmal mit ihr zu reden. Onkel schläft nun in einem anderen Zimmer, mit der Begründung, daß er seine Frau nicht stören will, wenn er spät zu Bett geht. Natürlich erleichtert das sein nächtliches Kommen und Gehen. Tobys Vermutung, daß Braun Onkel dabei zuweilen begleitet, wird eines Morgens bestätigt, als er die beiden früh um fünf Uhr gemeinsam ins Haus kommen sieht.

„Ich weiß nicht, was ich davon halten soll", sagt er später zu Lev. „Ich weiß nicht, wohin Onkel geht und was er dort treibt. Aber Braun ist mit von der Partie, soviel weiß ich."

„Es gibt eine ganz einfache Möglichkeit, das herauszubekommen", sagt Lev. „Du brauchst ihm bloß einmal zu folgen."

Toby nickt. „Daran habe ich auch schon gedacht. Und ich werde es auch tun."

„Sei vorsichtig", warnt ihn Lev. „Ich würde dich ja begleiten, aber wir wissen nicht, wann er das nächste Mal ausgeht. Du wirst wohl allein gehen müssen."

„Tu mir nur einen Gefallen", bittet Toby. „Erzähle Sally nichts davon. Sie würde sich Sorgen machen."

Die Gelegenheit ergibt sich drei Tage später. Da er nicht schlafen kann, öffnet Toby um Mitternacht die Läden, um das Licht des Vollmonds ins Zimmer zu lassen. Da hört er schwere Fußtritte im unteren Stock; Braun und Onkel sind offenbar in der Diele. Toby zieht sich rasch an und lugt aus dem Fenster. Die Männer erscheinen in schäbiger Kleidung unten auf der Straße; Braun hat einen Segeltuchsack über die Schulter gehängt. Toby sieht ihnen nach, wie sie die Straße entlanggehen. Dann läuft er leise die Treppe hinunter und zur Haustür hinaus.

Er kann von Glück sagen, daß keiner der beiden Männer ihn bemerkt, denn er hat keinerlei Erfahrung darin, jemanden zu verfolgen. Seine Bemühungen, sich für die beiden Männer unsichtbar zu machen, lassen ihn für etwaige Passanten wahrscheinlich sehr verdächtig erscheinen. Aber es ist niemand außer Braun und Onkel auf der Straße, und die sind zu sehr in ihr Gespräch vertieft, um ihn zu bemerken.

Sie schreiten kräftig aus, und Toby hat Mühe, ihnen zu folgen. Einmal halten sie unvermittelt an, damit Braun sich die Pfeife anzünden kann, und Toby muß schnell hinter einer Mauer Deckung suchen. Dort hockt er ganz in ihrer Nähe und kann ihre Stimmen deutlich hören.

„Eine gute Nacht für unsere Arbeit", sagt Onkel. „Der Mond scheint hell, und es ist warm."

„Du warst schon immer ein guter Planer, Onkel", gibt Braun zur Antwort. „Alles fein säuberlich vorbereitet."

„Warum soll man das Werk des Herrn nicht auch sorgfältig ausführen?" Onkels Stimme klingt salbungsvoll, beinahe dünkelhaft.

„Das Werk des Herrn – ja, ja. Das duldet keine Nachlässigkeit. Das Werk des Herrn! Also, führen wir's aus."

Toby begreift schnell, daß die beiden auf das jüdische Viertel, Leopoldstadt, zustreben. Sie scheinen den Weg gut zu kennen und nähern sich dem Viertel auf kleinen Nebenstraßen und schlecht beleuchteten Gassen. Schließlich gelangen sie in eine ruhige Straße, in der etliche Fenster im Erdgeschoß erleuchtet sind; bei einigen stehen die Läden offen.

Als sie in diese Straße einbiegen, muß Toby schnell Deckung suchen, denn Braun bleibt plötzlich stehen. „Ich halte Wache", sagt er und stellt den Segeltuchsack mit einem Seufzer der Erleichterung auf dem Pflaster ab; er scheint schwer gewesen zu sein.

Onkel zieht ihn am Ärmel. „Komm schon, Braun. Ich kann das nicht allein machen."

„Das machst du doch immer", gibt Braun lakonisch zurück. „Ich passe auf, daß du nicht gestört wirst. Hier." Er reicht Onkel den schweren Sack, woraufhin der nachgibt.

„Also gut. Du sagst mir dann, ob jemand kommt." Er beugt sich nieder, öffnet den Sack und entnimmt ihm offenbar ein paar Steine, die er in seine Taschen steckt. Als er sich wieder aufrichtet, zieht das Gewicht seine Jacke fast bis auf Kniehöhe. Dann holt Onkel tief Luft und beginnt, die Straße hinunterzurennen; dabei läuft er im Zickzack von einem Haus zum anderen.

Fassungslos sieht Toby zu, wie Onkel in jedes erleuchtete Fenster einen Stein schleudert und dabei wie ein Schuljunge aufjuchzt. Innerhalb von Minuten hört man überall zersplitterndes Glas und zorniges Geschrei.

Als Onkel sein Zerstörungswerk beginnt, rennt Braun eine enge Gasse hinunter und bleibt in einer schattigen Ecke unter einem überhängenden Baum stehen. Toby sieht aus seinem Versteck, wie sich die Umrisse von Brauns korpulenter Gestalt gegen den mondhellen Nachthimmel abzeichnen. Nach wenigen Minuten kehrt Onkel zurück und biegt in dieselbe Gasse ein. Dann sind die beiden Männer plötzlich wie vom Erdboden verschluckt.

Erst als Toby den Mut aufbringt und selbst die Gasse hinunterläuft, findet er Onkels Fluchtweg: Eine Mauer ist an einer Stelle zusammengebrochen; wenn man hinübersteigt, gelangt man in einen verwilderten Hof und von dort auf die Hauptstraße. Zu diesem Zeitpunkt sind Onkel und Braun nirgends mehr zu sehen.

Toby rennt den ganzen Weg zurück nach Kaisermühlen, da er befürchtet, Onkel würde in sein Zimmer schauen, bevor er sich zu Bett begibt. Verwirrt und zornig kommt er zu Hause an. Aber Onkel und Braun haben sich auf dem Rückweg offensichtlich viel Zeit gelassen, denn er liegt schon längst im Bett, als er die beiden heimkommen hört.

Am nächsten Morgen sitzen Onkel und Braun gewaschen, rasiert und hellwach am Frühstückstisch und reden über Politik. Toby, dem die Augen brennen und der Kopf dröhnt, weil er so wenig geschlafen hat, vermeidet es, sie anzusehen und konzentriert sich auf sein Essen. Frau Onkel, die mittlerweile noch hinfälliger geworden ist, sitzt in einem Sessel und nippt an ihrem schwarzen Kaffee.

Als Toby Jack von den Ergebnissen seiner nächtlichem Verfolgungsjagd berichtet, zeigt Jack sich wenig überrascht.

„Ich habe nachgedacht. Ich kann mich, glaube ich, erinnern, wo ich von diesem Braun gehört habe“, sagt er. „Es war in Frankfurt. Es gab einige Vorfälle, bei denen Juden überfallen wurden. In diesem Zusammenhang wurde Brauns Name erwähnt. Kann mich aber um nichts in der Welt an Einzelheiten erinnern. Sein Name stand in den Zeitungen. Ich wünschte, ich könnte mich entsinnen, was er für eine Rolle gespielt hat. Es war eine merkwürdige Geschichte, soviel weiß ich.“

„Er fuhr gerade nach Frankfurt, als ich ihn im September getroffen habe. In Frankfurt ist er aus dem Zug gestiegen."

„September?" – Um *die* Zeit ist das passiert; ja, das paßt. Sehr seltsam."

„Aber Onkel ..."

„Ah ja, Onkel. Nun, das ist eine interessante Sache." Jack reibt sich nachdenklich die Hände.

„Was soll das Ganze? Was will er damit erreichen?"

„Das liegt doch auf der Hand! So klar wie Kloßbrühe. Er ist ein Freizeitgangster. Ein Leuteschinder. Er läßt's an den Juden aus, weil niemand sie leiden kann. Mit den Türken oder Deutschen könnte er das nicht machen. Die würden zurückschlagen."

„Aber er ist Ältester in der Versammlung, er gehört zum Volk Gottes, er sagt, er tut das Werk des Herrn ..."

Jack lacht. „Er ist ein alter Heuchler. Du weißt das doch, Toby. Komm, gib's schon zu."

Knapp zwanzig Meter weiter hat Onkel in seinem Büro am hinteren Ende des Korridors eine Auseinandersetzung mit Hans Braun.

„Du bist nun achtmal mit mir nachts fortgegangen, um die Arbeit zu tun, und jedesmal mußte ich alles allein machen. Du stehst nur da und schaust zu."

Braun sitzt in einem von Onkels besten Lederstühlen. Dieser ist bereits durch Brauns massige Gestalt überlastet, dazu wippt er noch vor und zurück und strapaziert den Stuhl auf diese Weise zusätzlich. „Du machst das so gut", sagte er. „Und überhaupt, ich trage die Sachen. Ich halte Wache. Und ich bewahre deine Geheimnisse." Er nimmt einen gläsernen Briefbeschwerer vom Schreibtisch und begutachtet ihn von allen Seiten.

Onkel stöhnt innerlich. „Alles, was ich sagen will, ist: Ich brauche deine Hilfe – *nicht*!" schreit er auf. Braun balanciert den Briefbeschwerer am Rand des Schreibtisches, indem er ihn leicht mit dem Finger anstößt und ihn hin- und herwippen läßt. Onkel nimmt ihn an sich und legt ihn in eine Schublade. „Das ist eine ernsthafte Angelegenheit."

Braun sieht interessiert auf. „Ja, sag es mir noch einmal, Onkel. Erklär mir, warum es so eine ernste Sache ist."

„Das weißt du sehr gut. Die Juden vermehren sich. Sie kaufen in der ganzen Stadt Häuser auf. Sie beschränken sich nicht mehr nur auf ihr eigenes Viertel. Sie glauben, sie seien hier erwünscht. Unsere Arbeit besteht darin, ihnen zu zeigen, daß sie sich im Irrtum befinden."

„Weiter."

„Europa ist mit Juden überfüllt, über eine Million, vielleicht sogar zwei Millionen, sie kommen von Polen und Rußland und halten Ausschau nach neuen Ländern, in denen sie die Herrschaft ausüben können. Zehntausend kommen allein nach Galizien. Sie stehen vor den Toren des Reiches, sie kommen aus dem Norden, aus dem Osten ..."

„Flüchtlinge, ja", gähnt Braun. „Rußland und Polen wollten sie loswerden, ist das nicht so?"

„Das *weißt* du doch alles", schnauzt Onkel ihn ärgerlich an.

„Erzähl' es mir noch ein letztes Mal." Braun beobachtet ihn träge.

„Wenn die Wiener Juden merken, daß sie in ihren schönen Häusern nicht sicher sind; wenn sie ein wenig leiden; wenn sie auf den Straßen um ihre Sicherheit fürchten müssen; wenn sie merken, daß ihre Häuser beschmiert und Steine in ihre Fenster geworfen werden – wenn das alles geschieht, gehen sie vielleicht auch fort. Sie finden vielleicht eine andere Stadt."

„Und das wäre gut, oder nicht?"

„Sei nicht so dumm." Onkel klingt nun sehr zornig.

„Du mußt es mir noch mal erläutern – die theologische Begründung", sagt Braun. „Ich bin nicht so klug wie du. Erklär' mir noch mal, warum diese ... Arbeit ... das Werk des Herrn ist. Man kann nie wissen, vielleicht muß ich das einmal anderen erklären."

Onkel breitet hilflos die Arme aus. Für ihn liegt das alles auf der Hand. „Die Juden tragen die Blutschuld. Sie sind diejenigen, die Christus gekreuzigt haben. Jeder Jude auf der Welt hat einen Anteil an dieser Schuld, jede Generation an jedem Ort. Deshalb müssen wir sie von uns absondern. In Wien beobachten wir, daß Juden einflußreiche Positionen einnehmen, in denen sie Macht ausüben. Und weshalb sollten diejenigen, die für den Tod Jesu Christi verantwortlich sind, Macht über die ausüben, die durch seinen Tod erlöst wurden?"

Braun nickt gleichmütig. „Wie wahr, mein alter Freund. Du kannst das sehr gut ausdrücken."

Onkel sieht Braun flehentlich an. „Weißt du, worum ich bete? Ich bete um eine Stadt, in der keine Juden mehr sind. Es ist Gottes Aufgabe, sie zu bestrafen, aber wir, die wir diese Bedrohung verstehen, müssen alles tun, was in unserer Macht liegt. Deshalb tun wir diese Arbeit. Und aus diesem Grund dürfen wir nicht damit aufhören."

„Für eine solche Arbeit", sagt Braun gelassen, „brauchst du einen guten und verläßlichen Wachmann und einen starken Mann, der deine Waffen trägt. Das wird meine Aufgabe sein. Du wirfst die Steine und schlägst die Leute zusammen, das kannst du am besten. Ich trage die Säcke."

Onkel mustert ihn eingehend. War da ein Anflug von Sarkasmus in Brauns Stimme?

Während er Braun aus dem Büro geleitet, macht er bereits mit ihm Termine aus, an denen Braun wieder die Säcke tragen, und er, der Diener Gottes, die eigentliche Arbeit tun würde.

Toby wartet eine Woche, bevor er den Studenten von seiner Entdeckung berichtet. Er fragt sich besorgt, wie Lev wohl reagieren würde; denn Lev – der kein Schwächling ist – könnte sehr wohl auf den Gedanken kommen, die Dinge selbst in die Hand zu nehmen.

Schließlich ist es Sally, die das Thema zur Sprache bringt. Seit Weihnachten ist in der Beziehung der Studenten untereinander eine Veränderung eingetreten; es wird stillschweigend vorausgesetzt, daß Toby und Sally nun auf eine andere Art befreundet sind, obwohl das nie ausgesprochen worden ist. Aber auch wenn Sally und Toby zuweilen einen Abend zu zweit verbringen, mindert das nicht die herzliche Freundschaft zu den anderen innerhalb der Gruppe.

An einem Abend sind Sally und Toby allein in der Wohnung. Toby hat Sally bei ihren Geigenübungen zugehört – für ihn immer noch ein faszinierendes Erlebnis. Später sitzen sie zusammen und unterhalten sich. Da kann Toby nicht mehr an sich halten und erzählt ihr die ganze Geschichte. Nach dem ersten Schock hört Sally mit ernster Miene zu.

„Diese Sache hat eine Menge Konsequenzen", sagt sie. „Was hat das für Folgen für deinen Umgang mit den Onkels – und mit Braun natürlich?"

Toby erklärt, daß es erstaunlich einfach gewesen sei, die alte Beziehung aufrechtzuerhalten. „Bei Tage sind Onkel und Braun andere Menschen", sagt er. „Ich dachte zuerst, ich würde nie mehr mit ihnen reden können. Aber es geht doch."

„Und worin besteht jetzt deine Verantwortung? Was solltest du tun, jetzt, da du alles weißt? Worin besteht *meine* Verantwortung, nun, da ich davon weiß? Hast du schon daran gedacht, daß die Sache vermutlich noch schlimmere Ausmaße annehmen könnte – er wird sich nicht mit dem Einschlagen von Fenstern begnügen!" Sie seufzt. „Fenster einschlagen! Das hat mein kleiner Bruder immer gemacht. Er hat mehr als einmal dafür Prügel bezogen. Vielleicht sollte jemand Onkel verprügeln. Toby, glaubst du, wir sollten die Polizei informieren?"

Er überlegt. „Was meinst du?"

„Nun", sagt Sally nachdenklich, „da gibt es einiges zu berücksichtigen. Erstens: Was für Folgen hätte das für Frau Onkel, der es, wie du sagst, gar nicht gut geht?"

„Das stimmt", sagt Toby ungestüm.

„Schön. Dann zweitens: Was für Folgen hätte das für dich? Du wirst deine Arbeit verlieren, wenn Onkel ins Gefängnis kommt, und deine Unterkunft dazu."

Toby starrt sie an. „Das stimmt – aber dürfen wir darauf Rücksicht nehmen?"

„Gut, Toby. Ich habe gehofft, daß du so reagieren würdest. Also. Drittens – und das ist der ausschlaggebende Punkt – denke ich: Wie lange wird es dauern, bevor er jemanden umbringt, wenn er das nicht schon getan hat?" So unverblümt ausgesprochen ist die Frage besonders schockierend.

Sally fährt fort: „Drüben in Leopoldstadt passieren alle möglichen Zwischenfälle. Jede Woche, so scheint es. Und es wird immer schlimmer."

„Würde die Polizei etwas unternehmen?"

„Das müßten sie wohl, denke ich, wenn du ihnen von Onkel und Braun berichtest. Die Entscheidung liegt bei dir, Toby, und es ist keine leichte Entscheidung."

Es folgt eine lange Pause. Toby starrt an die Decke, er ist verwirrt und unsicher. Sally nimmt ihre Geige und poliert sie mit dem gelben Tuch. Lange Zeit spricht keiner von ihnen ein Wort.

„Weißt du", sagt Sally unvermittelt. „Ich glaube, du mußt dir über viel mehr Dinge klarwerden, als nur über das, was du wegen Onkel unternehmen willst." Sie öffnet die Verschlüsse des Geigenkastens und legt das Instrument hinein. „Was hältst du wirklich von der Versammlung, von Onkel, von den Juden ...? Wenn Onkels Religion gar keine Religion ist, was *ist* dann eigentlich Religion?"

Toby fühlt sich durch diese Wendung des Gesprächs überrumpelt und hat keine Zeit, sich eine Antwort zurechtzulegen. „Ich weiß es nicht mehr", sagt er ehrlich.

„Also, Toby, fangen wir am Anfang an. Was ist dir ganz gewiß? Nimm mich, zum Beispiel. Ich glaube an Gott."

Toby sieht sie erstaunt an, das hat sie noch nie gesagt.

„Warum bist du darüber so erstaunt? Nur, weil ich nicht mit Onkels Religion übereinstimme, heißt das noch lange nicht, daß ich nicht an Gott glauben kann."

„Aber du gehst nicht zur Kirche", wendet Toby ein. Für ihn gehört das einfach dazu.

„Aber das tue ich. In Nebraska. Dort gehe ich jeden Sonntag mit meiner Familie zum Gottesdienst."

Eine wilde Erregung beginnt sich Tobys zu bemächtigen. Vielleicht ist Sally ja doch die Frau, die Gott für ihn bestimmt hat? „Deine Familie – ihr seid also Christen?"

„Nun – sie glauben an Gott. Das tun wir alle. Wir gehen jeden Sonntag in die Kirche, aber mehr nicht. Aber wir glauben an Gott. Manchmal bete ich auch." Tobys Erregung flaut sichtlich ab. Das ist nicht die Sprache der Erlösten, die zum Volk Gottes gehören. Sally fährt fort und sieht ihm dabei direkt in die Augen: „Und wie sehr glaubst *du* an Gott?"

„Ich liebe den Herrn", erwidert er automatisch. „Ich trachte danach, ihn zu ehren." Es klingt geschraubt und unbeholfen.

„Nein, sag es mit deinen eigenen Worten, nicht, wie sie es dich in der Versammlung lehren. Wie würdest du selbst das ausdrücken?"

Der vertrauten Sprache beraubt, mit der er solche Dinge auszudrücken pflegt, fühlt Toby sich äußerst unbehaglich. Zögernd sucht er nach Worten. „Nun – ich denke, daß ich an Gott glaube als an eine Person, weil ich meine, daß ein Gott, der nur eine Kraft oder Macht darstellt, nicht viel wert ist. … Äh … Beten ist Reden mit Gott, und man sollte jeden Tag eine bestimmte Zeit lang beten und in der Bibel lesen, aber das habe ich eigentlich nicht mehr getan, seit ich in Wien bin, ich muß mich viel mehr bemühen …"

„Also, reden wir darüber. Heißt das, daß man nur zu einer bestimmten Zeit am Tag mit Gott reden kann? Willst du damit sagen, daß uns Gott nur einmal in vierundzwanzig Stunden zuhört?"

Toby lacht. „Nein, natürlich nicht."

„Wozu also eine bestimmte Zeit, wenn man jederzeit mit ihm reden kann?"

Toby denkt eine Weile nach und lächelt dann kläglich. „Das ist auch so eine Sitte, mit der ich aufgewachsen bin, nehme ich an. Ich habe noch nie darüber nachgedacht."

„Womit bist du sonst noch aufgewachsen? Worüber hast du sonst noch nicht wirklich nachgedacht? Welche Vorstellung hast du zum Beispiel *wirklich* von Gott?"

Toby beginnt ihre Frage zu beantworten, aber sie unterbricht ihn. „Ich glaube nicht, daß du mir eine schnelle Antwort geben solltest. Denk darüber nach, wenn du allein bist. Toby, hast du als Kind mal ‚Schokoladenwettessen' gespielt?"

„Ja – warum?"

„Versteh mich bitte nicht falsch. Aber weißt du noch, wie wir eine Papierschicht nach der anderen weggeschnitten haben und das Päckchen jedesmal kleiner wurde? Und am Ende kam die Schokolade zum Vorschein, weil die ganze Verpackung abgelöst war?"

Toby nickt.

„Ich habe den Eindruck, Toby, daß du dich hier in Wien ein bißchen wie dieses Schokoladenpäckchen fühlst. Eine Schicht nach der andern wird abgelöst … Du machst dich frei von allen möglichen Äußerlichkeiten, die dir nur im Weg waren. Du hast angefangen, Fragen zu stellen, die du noch nie gestellt hast, und das ist gut. Aber …" Sie zögert und beendet dann hastig den Satz. „Aber paß auf, daß du nicht auch die Schokolade fortwirfst, Toby!"

Sie blickt in sein kummervolles Gesicht und lacht. „Laß dich nicht entmutigen, Toby. Das, was wichtig ist, geht nicht verloren.

Auch ich muß über diese Dinge nachdenken, weißt du. Bis ich dir begegnet bin, habe ich nicht viel über Gott nachgedacht. Ich wußte nur, daß er da ist. Vielleicht genügt das nicht. In einer Welt, die so zerrissen ist, in der halb Bulgarien im Krieg zusammengeschossen wurde, in der Herr Onkel sich wie ein Wilder aufführen kann, weil er meint, das Werk Gottes zu tun ... Wir alle müssen uns in einer solchen Welt darüber klarwerden, was wir eigentlich glauben."

Sie beugt sich vor und küßt ihn leicht auf die Stirn. „Es gehört alles zusammen, Toby. Gott ist nicht nur ein Sonntagsgott, der in dunklen Anzügen und düsteren Versammlungssälen angebetet werden will. Das kann nicht sein. Wenn Gott überhaupt eine Bedeutung hat, dann ist er in allem, was gut ist, in der Musik, in Kunst und Literatur, in all den Dingen, die du entdeckst und lieben lernst – in diesen Dingen muß auch Gott sein. Das geht gar nicht anders. Wie könnte er sonst Gott sein?"

Toby liegt an diesem Abend im Bett und kann nicht einschlafen. Die Frage, ob er Onkel bei der Polizei anzeigen soll, schiebt er erstmal beiseite. Viel schwerwiegender erscheint ihm das andere Problem, das Sally ihm bewußt gemacht hat. Nun ist er dabei, seine Seele einer gründlichen Prüfung zu unterziehen.

„Fang am Anfang an", hat Sally gesagt. Also: Was hält er von Gott? Was ist das Minimum, dessen er sich absolut gewiß ist?

Man könnte annehmen, daß Toby nun reinen Tisch machen, alle vorgefaßten Meinungen über Bord werfen und ganz von vorne beginnen würde. Aber das ist ihm nicht möglich. Damit hätte er eingestanden, daß die Versammlung in Lancaster ihn nichts hat lehren können – und das entspricht einfach nicht der Wahrheit.

Toby hat zu viele gute Erinnerungen an Gläubige, deren Gotteserfahrung einfach echt war – Menschen wie Vater, die sich in allen Umständen des Lebens mit kindlicher Erwartung an Gott wandten. Ein Skeptiker könnte einwenden, daß ihr Zeugnis naiv sei, daß sie nur das sahen, was sie sehen wollten, daß sie gute Nachrichten als Gebetserhörungen interpretierten und die Enttäuschungen nicht wahrhaben wollten. Aber Toby kennt seinen Vater zu gut, um das zu glauben. Nein, er kann nicht alles über Bord werfen. Er besitzt ein Startkapital; es gibt Tatsachen, die er nicht leugnen kann.

Und was steht auf der Gegenseite?

Da ist einmal der Lebensstil in der Gemeinde, Traditionen, die er ohne zu fragen akzeptiert hat. Ist es wirklich wahr, daß man nur im Sonntagsanzug Gottesdienst feiern kann? Wo steht das in der Bibel? Nein, diese Sitte überzeugt ihn überhaupt nicht.

Das Verbot von Kunst und Vergnügungen – das ist schon ein schwierigeres Thema. Auf der einen Seite ist er mittlerweile davon überzeugt, daß in der Musik etwas enthalten ist, das seinen Geist im Tiefsten berührt. Auf der anderen Seite scheint Jack, der mit der Musik, die Toby fasziniert, überhaupt nichts anfangen kann, aber Tanzen und andere Vergnügungen liebt, viele Warnungen der Heiligen zu bestätigen: Weltliche Gesinnung führt zu Trunksucht und Autounfällen ... Aber kann man deswegen behaupten, daß „klassische" Musik von Gott ist und Tanzmusik vom Teufel? Das wäre sicher zu einfach. Toby beschließt, *dieses* Thema vorerst zu vertagen.

Aber worin besteht denn seine eigene Gotteserfahrung? Hat er nicht im Grunde den Glauben seines Vaters übernommen? Reicht das aus? Er kennt die Antwort; unzählige Prediger haben sich in der Versammlung darüber ausgelassen, daß niemand das Himmelreich von seinen Vorfahren ererben kann. Jeder muß selbst mit Gott ins reine kommen.

Er starrt in die dunklen Zimmerecken, wo das flackernde Licht der Gaslampe nicht hinkommt. Diese jahrelangen Besuche der Sonntagsgottesdienste, so überlegt er, müssen doch etwas zählen. Alle Sonntagabendversammlungen, die er treu besucht hat, die Bibellese, die Gebete, die zunehmend gewandter wurden, je mehr er mit der Sprache der Heiligen vertraut wurde ...

Er muß plötzlich an die abgehärmte, müde Frau Onkel denken. Sie ist nicht besonders gebildet; sie hat wenig zu den unzähligen theologischen Gesprächen beizutragen, die in ihrem Haus geführt werden; und doch erkennt er in ihrem Gesicht, so erschöpft und grau es auch aussieht, etwas, das er sich selbst wünscht. Wie hat Sally es genannt? Gewißheit ...

Es könnte so einfach sein, überlegt er. Wenn er nur die Versammlung als gekünstelt und wirklichkeitsfremd abtun könnte, eine überholte religiöse Kleinkariertheit, die in der modernen Welt nichts zu bedeuten hat! Und wenn er sich nur ganz und gar auf die Welt stürzen könnte, die Wien für ihn bereithält! Eine Welt mit aufregenden und befriedigenden künstlerischen Erlebnissen und neuen Bereichen, die sich vor ihm öffnen, wohin er auch blickt!

Aber in all dem, was er in der Versammlung gelernt hat, steckt etwas, das unentbehrlich ist ... Ohne dieses Etwas wird er niemals herausfinden, wer Gott wirklich ist. Und inmitten all der neuen Erlebnisse in Wien gibt es Dinge, die ihn, wenn er nicht achtgibt, von dem wegziehen, wonach er eigentlich sucht.

Es ist keine Frage des Entweder-Oder, wird Toby klar. Irgendwo, irgendwie müssen die beiden Welten, die an ihm ziehen – jede in eine andere Richtung – miteinander in Einklang gebracht werden.

Die Musiker

Im Frühjahr des Jahres 1913 erlangt Arnold Schönberg immer größere Bekanntheit. Im Jahr zuvor ist in München eine Sammlung von Beiträgen von Schülern und Freunden veröffentlicht worden, die ganz einfach den Titel *Arnold Schönberg* trug; dieser Band enthält nicht nur Beispiele seiner Kompositionen, sondern auch Reproduktionen von einigen seiner Gemälde. Ebenfalls in München ist im Vorjahr das revolutionäre Kunstmagazin *Der blaue Reiter* erschienen, an dem Schönberg mitgearbeitet hat. In Amsterdam wird seine Musik öffentlich aufgeführt. Sein avantgardistischer Liederzyklus *Pierrot Lunaire,* der in Wien feindselige Reaktionen hervorgerufen hat, wird in ganz Europa aufgeführt und von Komponisten wie Ravel, Strawinsky und Puccini bewundert.

Am 23. Februar nehmen Sally und die Studenten Toby zur ersten Aufführung von Schönbergs *Gurreliedern* mit – einem großen Chorwerk mit riesiger Orchesterbesetzung, an dem Schönberg seit 1900 gearbeitet hat. Der Text mißfällt Toby – es geht um eine Frau, die aus Eifersucht zum Mord getrieben wird, aber die großartigen Melodien verzaubern ihn. Auch das Publikum ist begeistert.

„Wenn wir lange genug applaudieren", ruft Louis Toby zu, als sie sich am Ende des Konzerts die Hände wund klatschen, „dann wird Schönberg auf die Bühne kommen und sich verbeugen." Toby klatscht sofort lauter. Der Applaus geht weiter, doch der Komponist läßt sich nicht blicken. Schließlich verbeugt sich der Dirigent ein letztes Mal und verläßt das Podium, gefolgt von den Musikern. Das Publikum beginnt mit den Füßen zu stampfen. Man hört ärgerliche Rufe. Was als Ovation begonnen hat, verwandelt sich rasch in eine lautstarke Demonstration.

„Gehen wir lieber", sagt Louis. „Komm, Sally."

„Alban glaubte nicht, daß Schönberg sich vor dem Publikum verbeugen würde", sagt Sally auf dem Weg zur Straßenbahn. „Er ist in Wien so schlecht behandelt worden, daß er nicht höflich sein wollte, nur weil ihm das Publikum heute abend zujubelte. Der Dirigent hatte sich noch nicht mal die Mühe gemacht, das Stück ordentlich zu studieren, und Schönberg mußte auf eigene Kosten aus Berlin anreisen und Proben durchführen. Fragt nur Alban Berg, er hat mitgeholfen, das Konzert vorzubereiten."

„Es war heute abend ganz anders als früher", meint Lev. „Schönbergs *Verklärte Nacht* verursachte einen Aufruhr, als sie aufgeführt wurde. Bei der Uraufführung seiner ersten Kammersinfonie verließen die Leute den Saal, und diejenigen, die blieben, versuchten, die Musik niederzubrüllen – Mahler versuchte, beruhigend auf sie einzuwirken, aber das Getöse ging noch stundenlang nach dem Konzert weiter. Sein zweites Streichquartett brachte das Publikum zum Lachen. Kein Wunder, daß er keine Lust hatte, sich zu verbeugen."

„Er wird jetzt eher anerkannt", sagt Louis. „Die Situation wird besser."

„Sie lieben die alte Musik", meint Sally. „Sie lieben den alten, romantischen Schönberg vom Anfang des Jahrhunderts. Den Schönberg von heute mögen sie nicht so sehr. Ihr werdet schon sehen. Laßt euch nicht täuschen."

Einige Tage später erhält Sally eine Nachricht auf Alban Bergs charakteristischem Briefpapier. Er lädt sie alle für den Samstagabend in sein Haus ein.

Er selbst öffnet die Tür, seine Augen funkeln schelmisch. Toby und die Studenten sind überrascht, daß Berg so sichtlich erfreut ist, sie zu sehen. Er bedeutet Toby und den Studenten, ins Haus zu kommen, nimmt Sallys Geigenkasten und führt sie in ein großes Zimmer.

Ein untersetzter Mann mit schütterem Haar erhebt sich aus Bergs bequemstem Sessel. Toby ist ein wenig enttäuscht, daß er die Gesellschaft des Komponisten mit einem Fremden teilen soll. Der Mann sieht aus wie ein Geschäftsmann, mit hochgestelltem Kragen und zugeknöpfter Weste. In einer Menschenmenge hätte er ihn keines zweiten Blickes gewürdigt. Aber Lev erkennt ihn sofort.

„Herr Schönberg", stammelt er.

Der ältere Mann streckt ihm die Hand entgegen. Lev ergreift sie und begrüßt den Meister ehrfürchtig, gefolgt von Sally und Louis. Berg schiebt Toby nach vorn: „Toby ist kein Musiker, aber er lehrt seine Ohren, wie moderne Musik beschaffen sein sollte."

Sie setzen sich. Während des darauffolgenden lockeren Gesprächs hört Toby nur zu und fragt sich, weshalb er so enttäuscht ist. Dies also ist Arnold Schönberg, der Komponist, der dabei ist, die Welt der Musik auf den Kopf zu stellen; der Lehrer von Alban Berg und Anton Webern, dem man erst vor Wochen bei der Uraufführung der *Gurrelieder* stürmisch applaudiert hat, der aber dennoch ein Außenseiter in der Wiener Musikszene bleibt. Dies ist Arnold Schönberg?

Toby hat sich Arnold Schönberg ganz anders vorgestellt, wie einen großen, kraftvollen Helden. Obwohl er nicht erwartet hat, daß Schönberg dem Bild gleicht, das mit grellen Farben und kühnen Pinselstrichen gemalt ganz in seiner Nähe an der Wand hängt – dieser untersetzte Mann in seinem dreiteiligen Anzug ist irgendwie eine Enttäuschung für ihn.

Schönberg spricht mit Alban Berg über ein weiteres Konzert, das Anfang März stattfinden soll. Die Studenten hören respektvoll zu; Toby sieht aus dem Fenster und beobachtet das Gezeter der Spatzen, die um eine kleine Statue in Bergs Garten herumschwirren. Er beginnt, dem Gespräch zuzuhören.

„Busoni hat mir versprochen zu kommen", sagt Berg. Toby weiß nur, daß es sich um einen Komponisten und einen Anhänger Schönbergs handelt. „Und Stefan Zweig und Kraus ...“ Er rattert eine lange Liste von Namen herunter, in der fast jeder moderne Schriftsteller, Künstler oder Musiker vorkommt, von dem Toby seit seiner Ankunft in Wien gehört hat.

„Wir können auf die gute Aufnahme meiner *Gurrelieder* aufbauen“, sagt Schönberg. „Sie werden den Stücken von Mahler und Zemlinsky ebenso applaudieren.“

„Ich frage mich“, meint Berg nachdenklich, „wie Weberns Stücke wohl ankommen werden und deine Kammersinfonie – und meine Lieder ...“

„Das wird sich zeigen“, entgegnet Schönberg. „Zumindest klappt es diesmal mit den Proben, nicht so wie bei dem Fiasko mit den *Gurreliedern*. Wir müssen später noch einmal darauf zurückkommen.“

Er wendet sich an die Studenten. „Dieses ganze Geschwätz von Konzerten ist sicher ermüdend für deine jungen Freunde.“ Sie protestieren natürlich. Sie waren schon damit zufrieden. Schönberg überhaupt reden zu hören, egal über welches Thema. „Ihr studiert am Konservatorium, höre ich von Alban. Ich glaube, ich habe euch dort schon gesehen.“

Das folgende Gespräch dreht sich ausschließlich um Musik. Toby kann bald nicht mehr mithalten. Statt dessen beobachtet er Schönbergs Gesicht. Ihm fallen die Augen des Komponisten auf – groß und dunkel und sehr ausdrucksvoll. Auch seine Stimme ist auffallend wohlklingend, aber noch bemerkenswerter ist seine Fähigkeit, ein Gespräch zu führen. Es scheint, daß der Komponist dem, der gerade mit ihm redet, seine volle Aufmerksamkeit schenkt und ihn vollkommen ernst nimmt. Selbst als er Toby nach seinen musikalischen Ansichten fragt, läßt er sich nicht anmerken (obwohl er es sicher schnell erraten hat), wie gering die musikalische Bildung des jungen Engländers ist. Er hört ihm aufmerksam zu, und als Toby die Oper *Die Hochzeit des Figaro* irrtümlich Beethoven statt Mozart zuschreibt, übersieht Schönberg das Lächeln der Studenten und korrigiert ihn behutsam.

Einmal sieht Berg auf Sallys Geigenkasten, der an die Wand gelehnt steht, und wirft ihr einen bedeutungsvollen Blick zu: Sally schüttelt jedoch heftig den Kopf, sie ist überzeugt, daß sie in

Gegenwart des großen Meisters keinen Ton zuwege bringen würde. Berg läßt es dabei bewenden.

Als das Gespräch sich um Leute dreht, die Toby nicht kennt, sinkt er dankbar in seinen Sessel zurück. Aber er hat bereits für sich entschieden, daß Arnold Schönberg zu den wunderbarsten und gütigsten Menschen zählt, denen er je begegnet ist. Und als der Ehrengast sich erhebt und ankündigt, es sei nun Zeit für ihn, zu seinem Quartier zurückzukehren, stimmt er in das Protestgeschrei der anderen ein.

Aber Schönberg ist unerbittlich. „Es gibt noch viel für das Konzert zu tun, es muß noch einiges vorbereitet werden", sagt er bedauernd. „Grüß mir Helene, Alban." Er wendet sich an die Studenten. „Auf Wiedersehen! Lernt, übt und spielt viel Musik. Wir treffen uns beim Konzert, wenn nicht schon vorher!"

Berg erhebt sich, und sie gehen gemeinsam aus dem Zimmer.

Die anderen bleiben zurück, und jeder hängt seinen Gedanken nach, bis Sally schließlich das Schweigen bricht: „Jetzt sagt bloß! Alban hat kein Sterbenswörtchen davon verlauten lassen. Deshalb hat er uns also heute abend eingeladen. Was für eine verrückte, wunderbare Überraschung!"

„Er ist anders, wenn man ihn von nahem erlebt", sagt Louis nachdenklich. „Ich habe ihn bisher nur bei Vorlesungen oder als Dirigent gesehen. Ich mochte ihn. Mir gefällt sein Selbstvertrauen."

„Das bekommt man, wenn sich alle Welt gegen einen verschwört", meint Lev. „Kein Wunder, wenn man ein jüdischer Komponist in Wien ist und keine Walzer schreibt ..."

Sally nimmt ihren Geigenkasten. „Ich möchte heute nichts spielen", sagt sie mit fester Stimme. „Nicht jetzt."

Sie wenden sich an Toby. „Wie hat er dir gefallen?"

Toby kratzt sich am Kopf. „Ich weiß nicht", gibt er zu. „Ich glaube, er ist ein unglaublich freundlicher Mensch, und ich würde ihn gerne wiedersehen. Ich bin mir jedoch nicht ganz sicher, was ich von seinen Vorstellungen halten soll. Aber es ist aufregend, ihm zuzuhören. Ich verstehe, warum ihr so erregt seid."

Er ist enttäuscht, weil er nicht richtig in Worte fassen kann, welchen Eindruck Schönberg bei ihm hinterlassen hat, und so schweigt er lieber still. Als Berg wieder ins Zimmer kommt, ist das Gespräch an einem toten Punkt angelangt.

Berg lächelt Toby an. „Na – was hältst du von unserem großen Arnold Schönberg?“ Toby weiß nicht, was er sagen soll, und Berg mißversteht sein Schweigen. „Mach keinen Fehler, Toby. Er ist ein großer Komponist. Eines Tages wird man über ihn reden, wie über Mahler und Brahms. Eines Tages wird er die Musikwelt auf den Kopf stellen.“

„Ich hatte nicht erwartet, daß er so – wohlhabend aussieht“, wagt Toby zu äußern.

Das war ein Fehler. Berg hebt die Brauen. „Diesen Anzug haben ihm seine Gönner in Berlin gekauft“, entgegnet er scharf. „Weißt du, warum er nach Berlin gehen mußte? Weil er in Wien so arm war. In dieser Stadt der Musik hat man ihn einfach ignoriert.“

„Das hatte ich vergessen“, gibt Toby zu.

Berg wird jetzt richtig ärgerlich. „Als Schönberg die Proben für die *Gurrelieder* leitete, schickte der Vater eines seiner Schüler den Gerichtsvollzieher in seine Unterkunft, weil Schönberg ihm Geld schuldete. Sie konfiszierten das Geld für seine Rückfahrt, und Schönberg mußte sich wieder an seine Freunde um Hilfe wenden. Aber weißt du was?“ Er schlägt mit der Faust auf den Tisch. „Der Schüler hatte selbst Schulden bei Schönberg; er hatte noch nie seine Stunden bezahlt! Er hätte seinem Vater bezahlen können, was er Schönberg schuldete – aber nein …“

Die Studenten schweigen verlegen. Toby, an den Bergs zornige Rede gerichtet ist, weiß nicht, was er darauf erwidern soll. Glücklicherweise verfliegt Bergs Ärger so rasch, wie er gekommen ist. „Dasselbe haben sie übrigens mit Mozart gemacht“, sagt er. „Also, jetzt tun wir das, wozu wir hier sind. Sally, du hast ein Stück für uns vorbereitet?“

„Ich würde lieber nicht spielen“, sagt Sally sofort.

„Warum nicht?“ will Berg wissen.

„Ich weiß nicht – vielleicht, weil ich Schönberg begegnet bin, habe ich das Gefühl, daß ich noch so viel lernen muß, ich bin ja erst am Anfang. Ich glaube nicht, daß ich jetzt spielen *könnte.* Ich muß mich nach dieser Aufregung erst wieder beruhigen.“

Aber davon will Berg nichts wissen. „Nein, heute werden wir spielen, wie wir es uns vorgenommen haben. Und wir beginnen mit diesen Liedern von Mahler, die bei dem Konzert zur Aufführung gelangen sollen.“

Die Studenten singen abwechselnd. Toby sitzt da und lauscht, als Mahlers *Kindertotenlieder* den Raum erfüllen. Es ist eine Pianofassung, erklärt Berg, normalerweise habe das Stück eine Orchesterbegleitung. Die Lieder können von Männer- oder Frauenstimmen gesungen werden, sie spiegeln die tiefen Gefühle und innere Unruhe Mahlers wider.

Toby ist verwirrt über die Reaktion, die diese Lieder in ihm hervorrufen. Selbst als Sally, Lev und Louis singen, die nicht mit der Musik vertraut sind, geht von den Liedern etwas aus, das Toby zutiefst zu Herzen geht. Die Worte, hat Berg erklärt, stammen von Rückert, einem deutschen Dichter aus dem neunzehnten Jahrhundert. Es seien Meditationen über den Tod seiner Kinder.

Berg hat Toby den Text der Lieder in die Hand gedrückt: „Hör mal, wie auch Mahler diese Vorgänge beschreibt. Mit seiner Musik ebenso wie mit Worten ..."

In diesem Wetter, in diesem Braus,
nie hätt' ich gesendet die Kinder hinaus,
man hat sie getragen, getragen hinaus.
Ich durfte nichts dazu sagen.

Nach einer wütenden, stürmischen Einleitung auf dem Piano sind die Worte mit einer erregenden Melodie verknüpft, die Sally eindrucksvoll singt. Der Dichter spricht von seinem Versäumnis, die Kinder zu warnen, denn er hat eine Vorahnung gehabt, daß sie ein Unglück ereilen würde, und das Piano beschreibt als Kontrapunkt seinen Kummer. Am Schluß erhebt sich eine tröstliche Melodie über die Stürme:

Sie ruhn'. Sie ruhn', als wie in der Mutter, der Mutter Haus.
Von keinem Sturm erschrecket, von Gottes Hand bedecket,
sie ruhn', sie ruhn', wie in der Mutter Haus,
wie in der Mutter Haus!

Am Schluß verhallen einige hohe, zart auf dem Piano angeschlagene Töne im Raum. Berg bleibt am Piano sitzen und sieht gedankenverloren auf die Notenblätter.

„Diese letzten Töne", sagt er schließlich, „die ganz hohen, am Schluß. Im Orchester werden sie vom Celesta gespielt. Es ist ein wunderschöner Schluß. Es ist wichtig, daß die Musik schön endet. Das schafft Mahler, siehst du; selbst wenn man die Singstimme wegließe, würde die Musik zum Ausdruck bringen, was Rückert mit seinen Worten sagen wollte ..."

Er erhebt sich und geht zu seinem Sessel zurück. „Ich frage mich, was das Publikum beim Konzert davon halten wird. Die Musik ist zwar schon aufgeführt worden. Aber Lieder über den Tod von Kindern! Das ist vielleicht zuviel des Guten, wenn man bedenkt, was sonst noch auf dem Programm steht."

Sie besuchen Alban Berg etliche Male während der Vorbereitungen für das Konzert. Er lädt die Studenten ein, ihm zu helfen, während er mit Schönberg zusammenarbeitet; er zieht oft Studenten für solche Arbeit heran, und an der Akademie herrscht unter den Studenten deswegen eine große Konkurrenz. Schönberg, der das Konzert dirigieren wird, weilt oft in Bergs Haus.

Bei ihrem zweiten Zusammentreffen überwindet Sally ihre Scheu und spielt ihm etwas vor. Er hört wohlwollend zu, wie sie die Bach-Gavotte und einige eher moderne Stücke spielt.

„Sally", unterbricht er sie dann und wühlt in einem Stapel von Notenblättern. „Spiel das einmal." Er reicht ihr ein Blatt. Sie beginnt zu spielen, und Toby merkt sofort, daß es sich um ein schwieriges Stück handelt. Sally, die sich verbissen konzentriert, scheint ganz gut damit zurechtzukommen. Schönberg hört ihrem Spiel aufmerksam zu.

„Du darfst nicht vergessen, daß die Geige in diesem Stück mit vierzehn anderen Instrumenten zusammenspielt – du wirst manchmal sehr laut spielen müssen, dann wieder sehr sanft, wenn die Violine gerade nicht das Hauptinstrument ist." Er macht mit Bleistift einige Zeichen auf das Notenblatt. „Jetzt spiel das noch einmal, aber denk diesmal daran, in diesen Takten spielt auch die Flöte, und sie hat das Hauptthema."

Als Sally das Stück zum zweiten Mal spielt, hört Toby kaum einen Unterschied, aber Schönberg nickt zustimmend.

„Nur noch einmal, Sally. Spiele jetzt *diese* Noten" – er markiert sie – „mehr *marcato*. Und dieses Mal werde ich dich auf dem Piano begleiten."

Toby ist sich nicht sicher, ob das Zusammenspiel von Violine und Klavier den Klang verbessert. Doch Schönberg ist entzückt und springt am Ende des Stücks begeistert auf. „Gut, Sally! Gut, gut!"

Auf dem Heimweg strahlt Sally. „Ich habe Schönberg auf der Geige vorgespielt! Ich habe *mit* Schönberg gespielt!" Sie umarmt Toby, Lev und Louis, und die vier laufen Arm in Arm zur Wohnung zurück und plappern unaufhörlich.

Am nächsten Tag geschehen zwei bedeutsame Ereignisse.

Sally ist allein in ihrer Wohnung. Sie macht sauber, eine Arbeit, die ihr zuwider ist. Gewöhnlich beginnt sie voller Energie und schafft, bis ihre Begeisterung allmählich abflaut, was in der Regel spätestens nach einer Stunde der Fall ist. Da sie jedes Mal an einer anderen Stelle der Wohnung mit Putzen anfängt, hat sie herausgefunden, daß der größte Teil der Wohnung zumindest alle paar Wochen von ihrem Putzeifer profitiert. Lev und Louis helfen ihr manchmal, aber Lev ist ungeschickt und neigt dazu, mehr Unordnung als Ordnung zu hinterlassen, während Louis die Sache philosophisch angeht; er zieht an seiner Pfeife, während er sich neuartige und revolutionäre Methoden ausdenkt, wie man die Arbeit effizienter angehen könnte.

Diesmal sind die Teppiche an der Reihe, hat Sally beschlossen. Der Teppichkehrer, den ihr Vermieter zur Verfügung gestellt hat, ist ein modernes und fürchterlich kompliziertes Gerät, das sehr wenig Staub aufnimmt. Sie zieht es vor, Handfeger und Schaufel zu benutzen. Gerade kniet sie am Boden und versucht, Louis Pfeifenasche aufzufegen, die um seinen Lieblingsstuhl auf dem Teppich verstreut liegt, als jemand an der Tür klopft. Sie öffnet und blinzelt in die helle Frühlingssonne. Vor der Tür stehen Arnold Schönberg und Alban Berg.

„Ich komme mit einer Bitte, aber du kannst mir vielleicht nicht helfen." Der Komponist, der es sich mittlerweile im besten Sessel der Studenten gemütlich gemacht hat, als sei es der bequemste Sessel der Welt, trinkt die Tasse Kaffee, die Sally ihm hastig bereitet hat. Er lächelt sie an. „Du hast gut gespielt gestern. Das war ein schwieriges Stück, besonders, wenn man es vom Blatt spielt."

Sally errötet vor Freude.

„Das Konzert: Ich habe eine kleine Aufgabe, die sorgfältig ausgeführt werden muß. Ich brauche jemanden, der einem der Musiker die Noten umblättert. Die Musik ist zum Teil nicht so vertraut, und manche Passagen erfordern äußerste Konzentration. Würdest du mir diesen Gefallen tun?"

Sally merkt, daß sie ihn mit offenem Mund anstarrt. „Sie meinen, ich bin dabei? Auf der Bühne? Mit den Musikern? Na, und ob ich das will! Ich meine – ja, Herr Schönberg, ich freue mich, wenn ich Ihnen behilflich sein kann."

Schönberg lächelt. „Da wäre noch etwas. Einer der Musiker, eine zweite Violine, kann nicht zu dem Konzert kommen. Ich habe das heute morgen erfahren. Er hat große Probleme in seiner Familie. Nun, wir kommen auch ohne ihn aus, denn ich habe die Partien umgeschrieben. Wir können statt dessen die Blasinstrumente einsetzen oder das Stück anders bearbeiten."

Sally nickt. Solche Arrangements sind nichts Ungewöhnliches, wenn ein Musiker zu einem späten Zeitpunkt bei den Proben ausfällt.

„Es gibt jedoch ein Problem, das wir nicht auf diese Weise lösen können. Ich habe mit Alban darüber gesprochen, und wir sind uns einig, daß es keine andere Lösung gibt. Für ein Stück, und nur für dieses eine, brauchen wir einen weiteren Geiger, der diese eine Stelle spielt, die von keinem anderen Instrument übernommen werden kann. Das stimmt doch, Alban, oder?"

Berg lächelt. „Ich glaube, daß Sally schon ahnt, um welchen Gefallen wir sie bitten wollen", meint er.

„Es muß andere geben", sagt Sally schwach. „Bessere Spieler, viel bessere ..."

„Meine Wahl ist auf dich gefallen", sagt Schönberg, „und zwar aus zwei Gründen. Erstens, du bist jung, und dies ist Musik für dich und deine Kinder. Der zweite Grund ist, daß du das Stück bereits gespielt hast. Gestern abend nämlich. Du hast deine Sache gut gemacht."

Als Lev und Louis kommen, finden sie eine immer noch sprachlose Sally vor. Auf dem Tisch liegen die sauber geschriebenen Notenblätter, von denen sie gestern abend gespielt hat.

„Ich werde Schönbergs Kammersinfonie spielen. Nur sechsundvierzig Takte, aber ich werde mitspielen. Für Schönberg. Meine Güte! Das muß ich Toby erzählen. Warum ist Toby nicht hier? Das ist die wunderbarste Nachricht, die ich je in meinem Leben erhalten habe. Das muß Toby wissen ..."

Toby sitzt in diesem Augenblick einem wütenden Herrn Onkel und einer ziemlich mitgenommenen Frau Onkel gegenüber. Braun ist glücklicherweise übers Wochenende in Frankfurt.

Die Auseinandersetzung hat damit begonnen, daß Onkel am Frühstückstisch mit ruhiger, sachlicher Stimme verkündete, er habe Sally und Toby vor ein paar Tagen in der Nähe der Schule Hand in Hand laufen sehen. Er stößt nun gräßliche Prophezeiungen aus, wohin solche Dinge führen können; Onkel läßt keinen Zweifel daran, daß es nur eine Frage der Zeit sei, bis Toby und Sally zusammen in tiefe Laster fielen und Sally schwanger würde. Er nimmt weder auf Tobys noch Frau Onkels Gefühle Rücksicht, indem er alles bis ins kleinste ausmalt.

Frau Onkel, die sieht, daß Toby innerlich vor Wut kocht, macht die Sache noch viel schlimmer, indem sie ihrem Mann widerspricht. „Sie haben sich doch nur an der Hand gehalten", wendet sie mit sanfter Stimme ein. „Sie sind gut miteinander befreundet."

Onkel schnaubt wütend. „Er hat keine Veranlassung, mit jemandem befreundet zu sein, der nicht zum Volk Gottes gehört! Er zieht am fremden Joch, er wird verführt und von der Sache des Herrn weggezogen. Wenn die Sünder dich verlocken, folge ihnen nicht. Ach, der Junge wird ins Verderben laufen, er ist in schlechter Gesellschaft."

Eine Möglichkeit, die er bisher noch nicht bedacht hat, kommt ihm in den Sinn, eine Möglichkeit, die so schrecklich ist, daß er ganz blaß wird: „Diese Frau, sie ist nicht – jüdisch?"

„Nein", stößt Toby zwischen den Zähnen hervor. „Das ist sie nicht."

„Wenigstens das ist beruhigend", meint Onkel griesgrämig. „Aber du wirst dich nicht mehr mit ihr treffen."

Frau Onkel versucht wieder zu vermitteln, aber Toby kommt ihr zuvor. Seine Stimme klingt ungewöhnlich hoch und zittert, und er versucht das zu überspielen, indem er lauter redet; schließlich brüllt er Onkel lautstark an.

„Woher weißt du, daß sie nicht zum Volk Gottes gehört?“ schreit er. „Sie glaubt an Gott.“

„Die Teufel glauben's auch und zittern“, gibt Onkel zurück.

Frau Onkel ist außer sich. „Willst du damit sagen, daß das Mädchen ein Teufel ist?“

Onkel läßt sich nicht beirren. „Sie tut das Werk des Teufels. Seit er mit diesen Studenten befreundet ist, hat er das Interesse an der Sache des Herrn verloren. Sie ziehen ihn weg, er ist in großer Gefahr.“

„Zufällig“, ruft Toby erhitzt, „habe ich mehr über die Sache des Herrn nachgedacht, seit ich Sally und die anderen kenne, als Ihre Gebete das *je* hätten bewirken können.“

Darauf sagt Onkel kein Wort. Er starrt ihn mit einem Blick voller Verachtung an, den er bislang den Juden vorbehalten hat. Dann sagt er eisig: „Du wirst dich mit keinem von ihnen mehr treffen. Mit keinem. Und den jüdischen Pöbel, den du Musiker nennst – auch von denen wirst du dich fernhalten.“

„Das können Sie mir nicht verbieten.“

„Aber dein Vater! Ich werde noch heute an ihn schreiben. Es wird ihn sehr schmerzen, wenn er erfährt, wie weit du von unserem kostbaren Glauben abgefallen bist.“

Toby, mittlerweile rasend vor Enttäuschung, brüllt ihn an, ohne die Folgen zu bedenken: „Und was würde er davon halten, wenn er wüßte, wie Sie das Werk des Herrn tun? Wie sehr würde es ihn schmerzen, wenn er von *Ihren* Unternehmungen erführe?“

Es folgt eine plötzliche, eisige Stille.

Toby atmet schwer, seine Gedanken wirbeln durcheinander. Wie würde er den Schaden, den er angerichtet hat, je wiedergutmachen können? Er sieht Frau Onkel an, die ihn mit seltsamem Blick mustert. Onkel selbst scheint kurz vor einem neuen Wutausbruch zu stehen, und so wie er aussieht, ist es gut möglich, daß er Toby zu schlagen beabsichtigt.

„Tut mir leid“, sagt Toby lahm. „Ich habe es nicht so gemeint. Ich wollte nur sagen: Niemand ist vollkommen.“

Onkel knallt mit der Faust so fest auf den Tisch, daß die Teller klappern. „Ich will nicht noch einmal hören, daß du so mit mir redest!“ brüllt er, und seine Augen blicken hart und gehässig. „Geh in dein Zimmer!“

Ein kritischer Moment für Toby. Jetzt nach oben zu gehen hieße, daß er die Rolle des unmündigen Jugendlichen akzeptiert, der gerügt worden ist. Bliebe er jedoch hier, würde er vielleicht noch mehr Worte sagen, die ihm hinterher leid täten.

Er erhebt sich. „Es tut mir sehr leid", sagt er zu Frau Onkel.

Ohne einen Blick auf Herrn Onkel zu werfen, geht er hinauf in sein Zimmer. Frau Onkel blickt ihm nach, mit verzerrtem Gesicht. Ob ihr Zorn die Ursache ist oder der brennende Schmerz, der sie in letzter Zeit so häufig quält, kann niemand sagen.

Was willst du damit sagen?

„Dieser Schaschlik ist sehr, sehr gut", sagt Onkel wohlwollend zu seiner Frau, als sie angespannt und schweigsam beim Abendbrot sitzen. „Toby, dies ist ein altes serbisches Rezept. Es ist Lammfleisch, und es wird mit Paprika und Zwiebeln gekocht." Er stochert mit der Gabel in der blassen Bratensoße herum. Grüne und rote Stücke schwimmen zwischen einsamen Fleischfetzen.

Toby nickt halbherzig. Das Leben muß schließlich weitergehen, trotz der düsteren Stimmung, die noch immer im Haus herrscht, seit er am späten Nachmittag aus seinem Zimmer gekommen ist und sich überschwenglich entschuldigt hat. Das Essen ist kaum noch warm, das Fett erstarrt bereits. Aber Onkel redet weiter, als ob er vor einem Festessen säße, und sucht auf seinem Teller nach interessanten Entdeckungen.

„Ein Knödel", strahlt er, spießt einen grauen Teigklumpen auf und hält ihn auf der Gabel hoch. „Wie nennt ihr das in England?"

„Dumpling", sagt Toby automatisch.

„Dom-plink" wiederholt Onkel mit herzhafter Stimme. „Magst du diese *Domplinx*?" Toby antwortet; er will Frau Onkel entlasten, die geistesabwesend in ihrem Essen herumstochert. „Ja, sie sind sehr gut."

Onkel legt den Knödel wieder auf seinen Teller. „Hörst du das, meine Liebe? Er mag die Dom-plinx. Er sagt, sie sind sehr gut." Es liegt ein neuartiger, drohender Ton in seiner Stimme. „Aber Toby kommt aus England, nicht wahr? Aus Lancashire. Er weiß nicht, wie gut ein Dom-plink schmecken kann."

„Wir essen zu Hause auch Knödel", sagt Toby. Seine Stimme stockt. Onkel starrt ihn an.

„Wenn meine Frau die Dom-plinx gut kocht, schmecken sie wunderbar", sagt er ruhig, beinahe flüsternd. Seine Augen ruhen die ganze Zeit auf dem Gesicht seiner Frau. Sie seufzt. Er fährt unbarmherzig fort. „Aber heute sind sie nicht so gut. Ich glaube fast, sie hat andere Dinge im Kopf." Er blickt sie finster an, dann wird sein Gesichtsausdruck wieder leutselig. „Also, morgen kommst du zu unserer kleinen Konferenz."

Toby stöhnt innerlich; er hat vergessen, daß an diesem Wochenende eine größere Zusammenkunft in der Versammlung stattfinden soll. Offensichtlich gehört das nun zu seiner Bestrafung.

Onkel fährt fort: „Dr. Pierce aus England wird zu uns sprechen. Über die Lehre von der Gemeinde. Meine Frau", sagt er mit sanfter Stimme, „kann nicht daran teilnehmen. Sie hat hier viel zu tun."

„Vielleicht sollte ich ..."

Onkel winkt Tobys Proteste mit einer Handbewegung ab. „Wir erwarten das von dir. Dein Vater würde wünschen, daß du daran teilnimmst. Hier ist ein Buch, das dir zur Vorbereitung dienlich sein wird. Es ist natürlich auf Deutsch, aber das ist ja kein Problem für dich." Onkel langt hinüber zur Anrichte und händigt Toby ein kleines Büchlein aus. Es trägt den leicht muffigen Geruch eines Buches an sich, das kaum gelesen und an einem feuchten Ort aufbewahrt worden ist. Niedergeschlagen überfliegt Toby den Titel: *Die Arche Gottes über den Wassern,* übersetzt er. *Die neutestamentliche Lehre über die Gemeinde.* Es ist von einem englischen Prediger geschrieben worden, der etliche Male zu Hause in der Versammlung gesprochen hat.

„Ich kenne ihn", sagt Toby.

„Wen?"

Toby zeigt auf den Namen des Verfassers. „Albert Chancery. Ich bin ihm einige Male in England begegnet. Er war ein guter Redner."

Er hofft, daß ihm diese Notlüge vergeben werde. Andere haben mit Sicherheit Chancerys umständliche Auslegung obskurer Bibelstellen und seine hochfliegenden vollmundigen Ermahnungen bewundert.

„Hm." Onkel ist kurzfristig aus der Fassung gebracht. „Nun, dann wirst du das Buch dieses ausgezeichneten englischen Predigers ja mit Gewinn lesen. Gut."

Toby beginnt, seinen Abgang vom Abendbrottisch zu planen, er weiß, daß Onkel ihn aufhalten will, um ihn noch mehr zu quälen. Vor allem Frau Onkel tut ihm leid. Aber das ist nicht mein Krieg, sagt er sich. Es war alles schon so, bevor ich hierher kam. Schließlich gibt es in der Versammlung nicht wenige Ehen, in denen es kriselt.

Onkel kratzt seine Essensreste in die leere Schüssel, eine widerliche Angewohnheit, die Toby verabscheut. Sie liefert ihm jedoch eine gute Entschuldigung zum Aufstehen. „Ich trage sie in die Küche", bietet er an. „Ich muß noch einige Arbeiten korrigieren." Er nimmt die Schüssel und ist schon aus der Tür, bevor Onkel Einwände erheben kann.

Als er gegangen ist, herrscht ein fast greifbares Schweigen zwischen Onkel und seiner Frau. Toby läuft zwei Stufen auf einmal hoch. Onkel lauscht seinen Schritten.

„Du wirst dir in Zukunft mehr Mühe geben", sagt er abrupt.

„Ich weiß nicht, was du meinst", entgegnet Frau Onkel teilnahmslos.

„Du sitzt da wie eine dumme Pute und sagst kein Wort. Warum soll der Junge leiden, weil du ein so lächerliches Verhalten an den Tag legst?"

„Du scheinst ihm schnell vergeben zu haben. Du hast ihn gut unterhalten."

Onkel starrt sie an. „Das Essen war schrecklich. Du hast dir noch nicht mal Mühe gegeben."

„Mühe gegeben?" In ihren Augen erscheint einen Augenblick lang ein anklagendes Funkeln. „Hätte ich mich vielleicht an dem netten theologischen Gespräch beteiligen sollen? Über die Konferenz sprechen? Vielleicht hätte ich mich tatsächlich mehr bemühen müssen."

Er erhebt sich und schneidet seiner Frau das Wort ab. „Spotte nicht. Spotte nicht! Eines Tages wirst du Rechenschaft ablegen müssen über jedes unnütze Wort, jedes einzelne, jeden dummen kleinen Scherz, jeden ..."

„Der Laden der Lautenbachs wurde vergangene Nacht niedergebrannt", unterbricht ihn Frau Onkel, und ihre Stimme klingt sachlich und neutral. „Sie haben alles verloren. Kleider, Möbel, ihre ganze Habe. Die Polizei meint, es sei Brandstiftung. Wer könnte so etwas tun?" Sie sieht sich im Zimmer um und bemerkt die teuren Vorhänge, die in Leder gebundenen Bücher, die dicken Ledersessel. „Wie schrecklich muß das sein. Sein Heim zu verlieren. Alles, was man besitzt."

Onkel läßt sich umständlich auf seinen Stuhl sinken. „Ja", sagt er ohne jedes Mitleid. „Eine Tragödie." Seine Stimme klingt beinahe sarkastisch.

„Heute morgen", fährt seine Frau mit derselben tonlosen, sachlichen Stimme fort, „habe ich mit Rahel Guntersheim gesprochen. Sie wohnt im Haus gegenüber, in diesem großen Haus im Leopoldweg."

„Ich weiß, wo sie wohnt. Es ist eine jüdische Straße, natürlich wohnt sie dort." Er nimmt einen Zahnstocher aus seiner Westentasche und beginnt sich die Fleischfasern aus den Zähnen zu holen.

„Sie hat mir etwas Merkwürdiges erzählt. Möchtest du es wissen?" Sie redet weiter, ohne seine Antwort abzuwarten. „Gestern Nacht, kurz bevor das Feuer ausbrach, schloß sie ihre Fensterläden und sah zufällig über die Straße. Du würdest nicht glauben, was sie dort gesehen hat."

Onkel wendet seine Aufmerksamkeit dem Zahnstocher zu und untersucht ihn, ohne eine Antwort zu geben.

„Sie sah einen Mann aus dem Hinterhof kommen, über die Mauer klettern und sehr schnell in Richtung Brücke rennen. Er trug die Kleidung eines Arbeiters. Aber das Merkwürdigste ist, daß sie sagt, er hätte dir zum Verwechseln ähnlich gesehen."

Er legt den Zahnstocher hin und sieht sie drohend an. „Und was will sie damit sagen?"

„Ach, das war natürlich ein Irrtum. Du warst ja gestern abend in der Versammlung." Ihre Stimme klingt liebenswürdig und verständnisvoll. „Aber es ist trotzdem sehr seltsam", fährt sie nachdenklich fort. „Denn der Mann war in Begleitung von Hans Braun."

„Braun ist in Frankfurt", entgegnet Onkel scharf. „Die Frau ist eine Närrin. Das koschere Essen ist ihr in den Kopf gestiegen."

„Oh nein", sagt seine Frau. „Da ist sie sich ganz sicher. Denn sie hat gehört, wie der Mann ihn beim Namen rief. ‚Geh den anderen Weg, Braun', oder so ähnlich. Sie glaubte sogar, du seist es, weil seine Stimme so wie deine klang." Sie erhebt sich und streicht ihr Kleid glatt. „Ich lege mich jetzt hin, mein Lieber. Mein Kopf dröhnt von all diesen Mutmaßungen."

„Es gibt keine Mutmaßungen", sagt Onkel mit dumpfer Stimme. Er greift hart nach ihrem Arm. „Du wirst dieser Närrin nicht mehr zuhören. Du wirst überhaupt nichts mehr mit ihr zu tun haben, verstanden?"

„Nimm deine Hand weg", sagt Frau Onkel erschrocken und versucht, ihren Arm aus seinem eisernen Griff zu befreien. „Ich suche mir meine Freunde ohne deine Hilfe aus. Ich bin kein Junge wie Toby, den du herumkommandieren kannst. Rahel ist eine gute Frau. Und sie hat sehr gute Augen."

Es entsteht eine lange Pause.

„Was genau willst du damit sagen?"

Frau Onkel zuckt die Achseln. „Ich weiß nicht. Du bist ein guter Mann. Du tust viel für die Versammlung. Deine Worte im Gottesdienst sind sehr erbaulich. Jeder weiß, daß du ein guter Mann bist."

„Und du?"

„Was tut das schon zur Sache?" entgegnet seine Frau ruhig. „Ich bin deine Frau. Du bist mein Mann. Rahel ist eine Närrin. Die Lautenbachs haben vermutlich ihre gerechte Strafe bekommen. ‚Es waren die Juden, die Christus ans Kreuz geschlagen haben. Die Blutschuld muß gesühnt werden.'" Sie lacht, ein kurzes, zorniges Lachen, und sieht ihrem Mann direkt ins Gesicht. „Aber ich sage dir eins. Es wird kein Wort darüber vor dem Jungen verloren." Sie scheint eine ganz andere Frau zu sein. „Du hast ihn heute morgen gedemütigt. Und heute abend mich. Wenn das noch einmal passiert, wird das Folgen haben."

„Was kannst du schon machen? Du bist eine törichte Frau, und jeder weiß das. Der Junge weiß es, er ist lange genug hier. Ich kann dich nicht vor dir selbst schützen."

Frau Onkel beginnt am ganzen Körper zu zittern; ihre Stimme überschlägt sich, sie stößt einen Laut aus, der sich anhört wie das wütende Knurren eines Tieres. Onkel seufzt. Er kennt die Anzeichen. Seine Frau würde wieder einen ihrer Anfälle kriegen – hoffentlich ist der Junge oben außer Hörweite.

Toby sitzt auf dem ersten Treppenabsatz, das Gesicht gegen das Geländer gepreßt, und versucht zu verstehen, was dort unten gesprochen wird. Er hört, wie Onkel seine Frau schlägt.

Frau Onkel preßt ihre Hand gegen die schmerzende Wange. „Du hast versprochen, nie wieder so etwas zu tun", flüstert sie.

„Und du hast versprochen, vernünftig zu sein", knurrt Onkel.

„Vernünftig?" brüllt sie ihn an. „Und du nennst dich vernünftig? *Dom-plink! Dom-plink!* Ein deutsches Buch über die Gemeindelehre! Dieses ganze Theater für deinen englischen Gentleman!"

Onkel weicht voller Abscheu vor ihr zurück. „Der Junge wird dich hören, aber was macht das schon? Es ist ein Tollhaus, in das er gekommen ist, und keiner ist so verrückt wie du."

„Ich weiß, was ich weiß, und das kannst du nicht ändern."

Onkel sieht sie streng an, er gewinnt in dem Maße die Beherrschung wieder, wie seine Frau die ihre verliert. „Dir muß man eine Lehre erteilen, meine Liebe. Was sollen wir nur mit dir machen?"

„Schlag mich nicht wieder – rühr mich nicht an!"

Oben lauscht Toby angestrengt, während Onkel seine Frau wieder am Arm packt und in den Salon zerrt. „Setz dich jetzt hin und sei still." Seine Augen schweifen im Zimmer umher. „Schau mal, dieses hübsche Ding ..." Er nimmt eine kleine Porzellanvase zur Hand. „Wunderhübsch, nicht wahr? So zart – so zerbrechlich." Er wiegt sie in der Hand. „Und du hängst so an ihr, nicht wahr, meine Liebe?"

„Sei vorsichtig", stößt sie mit gepreßter Stimme hervor. „Du wirst sie noch fallen lassen. Du behandelst sie zu grob."

„Ja, gut, daß du das sagst. Man muß so aufpassen mit so hübschen Spielsachen. Fünfunddreißig Jahre hast du sie jetzt schon, ist das richtig?"

„Ein Geschenk von meiner Mutter", sagt sie aufgebracht. „Das weißt du doch." Sie überlegt, ob sie ihm die Vase aus der Hand nehmen soll, weiß aber, daß dies keinen Zweck hat. Er muß sein Spiel zu Ende spielen.

„So ein hübsches Ding“, murmelt er.

Frau Onkel, die vor Schreck erstarrt zusieht, scheint es, als würden sich seine Finger einer nach dem anderen von der Vase lösen; als schwebe die Vase dann einen kurzen, zeitlosen Augenblick in vollkommener Schönheit in der Luft. Sie unternimmt einen vergeblichen Versuch, sie aufzufangen, doch die Vase zerspringt in tausend Scherben auf dem Boden.

Onkel beobachtet mit einem Ausdruck leichten Tadels auf dem Gesicht, wie seine Frau vor ihm auf dem Boden liegt. „Ach, du liebe Güte. Wie ungeschickt ich bin. Sie wird wohl nicht mehr zu reparieren sein. Ach, das tut mir leid.“ Als er an ihr vorbeigeht, tritt er auf eine Porzellanscherbe und zermalmt sie mit seinem Schuh.

An der Tür wendet er sich zu ihr um. „Du siehst, das törichte Gerede von Frau Guntersheim hat mir mächtig zugesetzt, meine Hand zittert schon. Also, kein Wort mehr davon! Ich gehe jetzt aus. Komme später zurück.“

„Es ist hoffnungslos“, sagt Toby. Er sitzt mit Frau Onkel am Tisch, die Scherben der Porzellanvase vor sich ausgebreitet. „Das zertretene Stück war ein wesentliches Teil. Wenn es fehlt, kann man die Vase nicht mehr zusammensetzen.“

Frau Onkel hat aufgehört zu weinen, aber ihr Gesicht ist noch tränenverschmiert. „Das macht nichts. Es hat auch keinen Sinn. Mit Sprüngen und Löchern würde sie mir nichts mehr bedeuten. Begreifst du nicht? Gerade, weil sie so vollkommen war …“

Toby sieht sie verstohlen an. „Gott weiß es“, sagt er hilflos. Zumindest hofft er das. Vielleicht stehen die Auseinandersetzungen zwischen diesem österreichischen Tyrannen und seiner unterdrückten Frau bei Gott nicht gerade an oberster Stelle.

Sie nickt. Dann erhebt sie sich, nimmt die Scherben und trägt sie zu dem Regal hinüber, wo die Vase vorher gestanden hat.

„Was hat Frau Guntersheim gemeint?“ fragt Toby zögernd. „Hat sie wirklich geglaubt, es war Ihr Mann?“

„Er war es“, entgegnet sie. „Daran besteht kein Zweifel. Zusammen mit Braun. Er behauptet, Braun sei in Frankfurt, aber er ist hier in Wien."

„Wie können Sie da sicher sein?"

„Ich bin ihm gefolgt. Er war fünf Minuten lang in der Versammlung, dann ging er mit Braun nach Leopoldstadt und zum Haus der Lautenbachs. Ich habe ihn gemeinsam mit Rahel vom Fenster der Guntersheims beobachtet." Sie fingert an einer Scherbe herum. „Heute früh ... Auch du hast es gewußt." Es folgt eine lange Pause. „Woher wußtest du es?"

Toby sieht sie verzweifelt an. „Das tut nichts zur Sache ... Ahnt er, daß Sie es wissen – daß wir es wissen?"

„Er weiß es."

„Wo ist er jetzt hingegangen?"

„Er wird bei Braun sein, um zu überlegen, was sie als nächstes unternehmen sollen. Toby, ich habe so Angst ... um Rahel."

Toby starrt sie an. „Das meinen Sie doch nicht im Ernst."

„Acht jüdische Häuser wurden letzte Woche niedergebrannt. Drei ältere Juden überfallen. In einer Woche. Das ist ein Kreuzzug." Sie geht in die Diele. „Ich muß tun, was in meiner Macht steht, um noch mehr Unheil zu verhindern."

Toby folgt ihr. Sie hat sich den Mantel umgehängt und knöpft ihre Straßenstiefel zu. „Du bleibst hier. Ich gehe nach Leopoldstadt."

„Dort können Sie nicht alleine hingehen. Ich begleite Sie. Es ist nicht sicher für eine Frau, allein auf der Straße unterwegs zu sein."

Sie wendet sich zu ihm um, ihre Augen brennen. „Du bleibst hier. Ist das klar? Das ist *meine* Aufgabe. Wenn du versuchst, mir zu folgen, werde ich dafür sorgen, daß Onkel dich morgen aus dem Haus wirft."

„Lassen Sie mich wenigstens ..."

„Auf Wiedersehen."

Sie öffnet die Haustür. Bevor sie geht, dreht sie sich ein letztes Mal um. „Toby, hör mir gut zu. Ich muß das tun. Ich tue es für Rahel, und ich tue es für den Herrn. Vergiß all diese Konferenzen und Bücher, Toby. Das alles ist bedeutungslos, wenn man keine Liebe zum Herrn hat. Das ist Onkels Problem. Er weiß alles *über* Gott, aber ich frage mich, ob er ihn jemals wirklich gekannt hat." Sie berührt seine Wange; ihre Hand ist eiskalt. „Kennst *du* ihn, Toby?"

Kaum aus der Tür, ist Frau Onkel schnell außer Sichtweite. Toby sieht noch, daß sie die Abkürzung einschlägt, durch das Labyrinth der dunklen Gassen und schmalen Torwege, die zwischen ihrem Haus und dem jüdischen Viertel liegen.

Trotz des milden Abends sind kaum Leute auf der Straße. Frau Onkel hastet über die buckligen Pflastersteine, nur einen Gedanken im Kopf: Sie muß Rahel finden, ihr sagen, daß sie in Gefahr ist. Wenn sie die Abkürzung durch die Gassen nimmt, kann sie vielleicht noch vor Onkel dort sein. Vielleicht ist sogar Braun bei ihm? Was werden sie tun? Rahel zusammenschlagen? Das Haus niederbrennen? Die Wände beschmieren? Scheiben einschlagen? Vielleicht alles zusammen ...

„Gott, erhöre mich", keucht sie im Laufen. „Laß Rahel zu Hause sein." Sie beginnt für Rahel zu beten. „Bewahre ihr Heim", keucht sie, „ihre Familie, vor dem Feuer." Als Nachgedanken fügt sie die Formel hinzu, die man in der Versammlung immer benutzt, wenn man für die Heiden betet. „Und bringe sie zu dir, laß sie teilhaben an deinem Erlösungswerk, damit sie dein Kind sei."

„Komm doch mal her, meine Süße", hört sie plötzlich eine Stimme aus dem Schatten.

Frau Onkel bleibt stehen. Der Schweiß läuft ihr übers Gesicht. Ihr Herz klopft so laut, daß es ihr vorkommt, als könne man es in ganz Wien hören. Ihre Brust schmerzt. „Wer ist dort?"

Ein Mann tritt aus dem Schatten. In der Dunkelheit kann sie kaum seine Soldatenuniform und sein ungepflegtes Haar erkennen. „Ich bin hier, um solche wie dich vor dem jüdischen Pöbel zu beschützen. Da fühlst du dich gleich sicher, was?" Drohend ragt er vor ihr auf und verstellt ihr den Weg.

„Hauptmann Horst Bauer." Er greift nach ihrer Hand und führt sie an seine Lippen. „Stets zu Diensten." Seine Stimme hat einen seltsamen Tonfall, der ihr Angst macht.

„Ich muß weiter, ich habe dringende Geschäfte."

„Ich dachte, du würdest dich gerne mit mir unterhalten", entgegnet der Soldat. Sie weicht seinem säuerlichen Atem aus. „Ich denke, deine dringenden Geschäfte können warten."

„Wer sind Sie?"

„Ein Soldat, der ein bißchen Spaß haben will“, erwiderte er. „Ich habe Urlaub, aber ich darf nicht heim nach Preußen gehen – ich werde auf dem Balkan gebraucht. Ich muß mir also hier das Leben angenehm machen. Willst du mir dabei helfen?“

„Lassen Sie mich gehen!“

Sie versucht, ihm auszuweichen, aber er packt sie und schiebt sie in eine Seitengasse, die an beiden Seiten von hohen, mit Eisenspitzen besteckten Mauern begrenzt ist.

„Ich bin ein guter Mann“, sagt er und treibt sie vor sich her bis ans Ende der Gasse. „Und die Mädchen lieben mich, weil ich so gut aussehe! Du hast großes Glück“, grinst er, als er sie gegen die Wand preßt. „Ich liebe reifere Frauen, die das Leben ausgekostet haben …“ Sie spürt, wie seine Hände an ihren Kleidern zerren.

„Hilfe! Hilfe!“ schreit sie, aber da ist niemand, der ihre Schreie hört, und er drückt seine breite Hand auf ihren Mund. Mit der anderen Hand umfaßt er sie so fest, daß es ihr unmöglich ist zu entkommen. Sie beginnt sich zu wehren, gibt aber bald auf. Was kann sie gegen dieses riesige Ungeheuer ausrichten?

Der Schmerz kommt jetzt in Wellen, ein seltsamer Rhythmus, der da in ihrer Brust schlägt. Eine rote Flut steigt vor ihr auf, und sie sieht verschwommen, wie der Soldat von ihr abläßt, sein Gesicht verzerrt aus einer Mischung von Wollust und Sorge. Als seine plumpe Umarmung sie nicht mehr stützt, sackt sie gegen die Mauer. Sie merkt nicht mehr, wie er sich über sie beugt, spürt nur den Schwarm aufgeregter Vögel, die sich anscheinend aus ihrem Brustkorb zu befreien suchen.

Ihr Angreifer hat von ihr abgelassen; aber woher sind diese anderen unsichtbaren Hände gekommen, die langsam und kraftvoll ihre Brust zusammendrücken, als wollten sie ihr das Leben aus dem Leib pressen? Plötzlich erscheint die Gegenwart des Soldaten unbedeutend, so überwältigend wird der Schmerz in ihrer Brust, der ihr bis in die Ohren pocht.

Sie begreift, daß sie sterben wird. Ihre erste Reaktion ist Furcht, aber dann fühlt sie eine große Traurigkeit. Wie dumm, in einer schmutzigen Gasse zu sterben und dabei von einem betrunkenen Soldaten beobachtet zu werden! Mit einer losgelösten, fast unbeteiligten Ruhe streckt sie eine Hand aus und greift nach ihm, aber die

Anstrengung verstärkt den Schmerz in ihren Armen, und so läßt sie ihn los.

Er weicht von ihr zurück, starrt voller Entsetzen auf sie herunter. Abrupt dreht er sich um und stolpert fort. Mit einem Mal fühlt sich Frau Onkel schrecklich einsam und unerträglich müde.

Sie steht zu Hause im Wohnzimmer. Das Haus ist sehr still. Der Schmerz in ihrer Brust ist verschwunden, sie fühlt sich sehr gut, ungewöhnlich gut, spürt das Blut in jeder Ader ihres Körpers fließen.

Sie geht im Zimmer umher, betrachtet die vertrauten Gegenstände und fragt sich, wo Onkel ist. Da hört sie ein Geräusch draußen in der Diele und öffnet erwartungsvoll die Tür. Es ist nicht Onkel, sondern ein kleiner dicker Mann in einem gestreiften rosa Anzug.

„Sie sind ganz pünktlich", bemerkt er, und Frau Onkel nickt. Sie ist kein bißchen neugierig oder überrascht. „Wir können noch einmal das Haus ansehen, bevor wir gehen", sagt er. „Dieses Zimmer ist zum Beispiel sehr hübsch. Die kleine Vase hier – sie gefällt mir sehr gut."

„Oh ja", entgegnet Frau Onkel. Die Porzellanvase steht an der Stelle, wo sie immer gestanden hat, zerbrechlich und vollkommen. Eine einzelne frische Krokusblüte schmiegt sich an ihren schlanken Hals. „Oh ja", wiederholt sie. „Mir gefällt sie auch. Sehr sogar."

Sie gehen ohne sichtlichen Grund in die Küche. Frau Onkel schämt sich, daß dieser freundliche Mann die vielen Risse und feuchten Flecke sehen würde, die Onkel immer hat beseitigen wollen. Aber er scheint voller Bewunderung: „In den alten Tagen hat man die Häuser so viel *besser* gebaut", schwärmt er. Frau Onkel sieht, daß die Wände nun makellos und vollkommen aussehen, als seien sie gerade frisch gestrichen worden. „Wir wollten immer ...", beginnt sie und hält dann inne. Es gibt keine Mängel mehr, für die sie sich hätte entschuldigen müssen.

Sie betrachtet den adretten kleinen Mann, dessen freundliches Gesicht interessiert aussieht, als sei alles sehr neu und fremdartig für ihn. Fast widerstrebend öffnet er die Haustür, und sie treten auf die Straße hinaus. Frau Onkel hat kaum Zeit zu bemerken, daß sie gar keine vertrauten Gesichter sieht. Sie spürt auch nicht die Stille, die sich über alles gelegt hat, sie fragt nicht einmal, wo Onkel ist. Dann stürzt die Sonne ihnen entgegen, und sie scheinen gemeinsam in den klaren Himmel aufzusteigen, der voller Stimmen ist, in eine strahlende Herrlichkeit, die sie alles andere vergessen läßt.

Die Beerdigung

Am Abend vor Frau Onkels Beerdigung steht Herr Onkel mit Toby in der Küche.

„Mit einem Zimmer wie diesem könnte man eine Menge anfangen." Er prüft den bröckelnden Putz an den Wänden, die zerschlissenen und verblichenen Wandbehänge und die fade, verbrauchte Luft, die davon zeugt, daß zu selten die Fenster geöffnet wurden. „Oh ja", fährt er fort und achtet nicht auf Tobys gequältes Schweigen. „Man könnte vieles tun. Streichen, alles umstellen, renovieren ..."

Frau Onkels Beerdigung verläuft so still und trübe, wie ihr Leben gewesen ist.

„*... auf daß ihr nicht traurig seid wie die andern, die keine Hoffnung haben*", deklamiert der Vorsitzende der Ältesten. Tobys Knöchel glänzen weiß, als er sich an die Banklehne vor ihm klammert. Er versucht, nicht auf den schlichten Sarg zu schauen, der vorne aufgebahrt ist.

Der Sarg ist Gegenstand einiger Diskussionen gewesen.

„Warum sollte man die Messinggriffe kaufen", hatte Onkel mit Bestimmtheit erklärt und dem Blick des Bestattungsunternehmers standgehalten, der ihn mit geschliffener Beredsamkeit zu gewinnen suchte. „Es wird alles in die Erde kommen und verrotten, es wird vergessen werden."

„Es würde Ihre Ehrerbietung zeigen", wagte der Bestatter nochmals einen kühnen Vorstoß.

„Es wäre schlechte Haushalterschaft", erklärte Onkel abschließend, und so wurden die Messinggriffe mit keinem Wort mehr erwähnt. Die Frage nach polierter Eiche, die Vorzüge gebeizten Mahagonis und das würdevolle Aussehen französischer Furnierung wurden gleichermaßen verworfen. Jetzt liegt Frau Onkel in einem Sarg aus Ulmenholz, der wie billiges Sperrholz aussieht, es aber nicht *war*, wie Onkel vor und nach dem Gottesdienst mehrmals bemerkt.

Auf dem Friedhof, einem trostlosen Stück Land, das im Schatten von Mietshäusern am Rande der Stadt liegt, versammelt sich eine kleine Gruppe um das Grab. Es regnet, deshalb bleiben die meisten auf dem Weg stehen, um ihre Schuhe nicht schmutzig zu machen.

„*... Auf daß ihr nicht traurig seid wie die andern, die keine Hoffnung haben ... Wir übergeben den Leib unserer Schwester der Erde, in der gewissen Hoffnung ... Staub zu Staub, Asche zu Asche ...*“

Onkel ist der erste, der eine Schaufel klebriger Erde in die Grube wirft. Die anderen Trauergäste stelzen über den nassen Rasen und tun es ihm nach. Toby, der auf den billigen Sarg hinunterstarrt, ist selbst überrascht, daß er zum ersten Mal Frau Onkels Vornamen dort liest.

Onkel wendet sich zum Gehen. Sein Gesicht ist versteinert. Toby, der ein paar Schritte hinter ihm geht, hat das Gefühl, er solle für sie beide weinen. Aber so sehr er es auch versucht, die Tränen wollen nicht kommen.

In den nächsten Tagen kommen zahlreiche Besucher von der Versammlung. Sie alle tragen dunkle Kleidung, die Männer halten ihre Hüte in der Hand; die Ältesten tragen ein schmales schwarzes Band ans Revers geheftet.

Onkel ist ein wortkarger Gastgeber. Die meiste Zeit verfällt er in brütendes Schweigen, spricht nur das Allernötigste. Toby gewöhnt sich daran, abends nach Hause zu kommen und im Salon einen Kreis von Besuchern um Herrn Onkel gruppiert zu sehen, der mit versteinertem Gesicht schweigend und geistesabwesend in seinem Lehnstuhl sitzt.

Toby hastet immer so schnell wie möglich in sein Zimmer, um mit seinem Kummer allein zu sein. Nichts hätte ihn dazu gebracht (selbst, wenn man ihn dazu aufgefordert hätte), sich in den Kreis der Trauernden einzureihen, deren Kummer er als bloße rituelle Totenwache versteht. Schließlich findet das Ganze in dem Raum statt, wo Frau Onkel unzählige Male von ihrem Mann gedemütigt worden ist.

Am Morgen frühstückt er allein. Onkel bereitet das Frühstück so zügig und sachkundig vor, daß Toby sich fragt, warum er allen Beteiligten so lange die grauenhaften Kochkünste seiner Frau zugemutet hat. Es gibt keine Unterhaltung. Onkel verschanzt sich hinter seiner Zeitung; wenn Toby zum Gespräch ansetzt, gibt er nur einen grunzenden Laut von sich und ist ansonsten damit beschäftigt, Zeitungsartikel mit einem dicken blauen Stift zu markieren. In der Regel nimmt er die Zeitungen mit in sein Arbeitszimmer, aber einmal läßt er eine im Salon liegen, und Toby findet sie später. Die markierten Stellen handeln alle von jüdischen Geschäftsleuten in Wien, ihre Privat- und Büroanschriften sind sorgfältig unterstrichen.

Toby schreibt weiterhin alle vierzehn Tage an seinen Vater, findet es aber anstrengend, ständig den Eindruck von innerer Stärke aufrechtzuerhalten. Er vermißt Frau Onkel sehr. Dies ist das erste Mal, daß er den Verlust eines ihm vertrauten Menschen zu spüren bekommt; beim Tod seiner Mutter ist er noch zu klein gewesen. Er wünscht, sein Vater wäre hier bei ihm in Wien; bestimmt wäre es für Onkel eine Hilfe, mit einem Mann seines Alters zu reden, jedenfalls hilfreicher, als die ernsten Trauergäste, die sich Abend für Abend im Salon versammeln.

Einmal schreibt er an Vater und schüttet ihm sein Herz aus, obwohl er wenig Hoffnung hat, daß Vater ihm einmal einen ganz anderen Brief schreiben würde als sonst – einen Brief, der echten Trost spendet und nicht nur moralische Ermahnungen enthält. Aber er schickt den Brief trotzdem ab.

„Vater, es ist schrecklich hier, die Beerdigung ist vorbei, Frau Onkel ist begraben, und Herr Onkel verliert kein Wort darüber. Ich glaube, er unterdrückt seine Trauer, er sollte seinen Kummer aussprechen, aber alles, was er tut, ist, zu Hause zu sitzen und an die Wand zu starren. Er trinkt eine Menge Wein, aber das tun sie alle hier, das ist doch recht oder? Ich habe keinen Wein getrunken, weil ich es dir versprochen habe. Ich vermisse Frau Onkel, und Herr Onkel redet nicht mit mir, und manchmal ist es richtig *schlimm* hier. Oft kommt ein Mann namens Hans Braun, aber er spricht auch nicht viel.

Vater, denkst du, ich könnte nach Hause kommen? Vielleicht für einen kurzen Urlaub, ich habe sehr hart gearbeitet, und *alle* sind zufrieden mit mir; Heinrich Spasser sagt, er kann viel besser Englisch lesen, seit er bei mir Unterricht hat (obwohl seine Aussprache *fürchterlich* ist), und es gibt noch andere, die dasselbe sagen. Wenn ich für vierzehn Tage käme ..."

Aber schon während er den Brief schreibt und dabei gelegentlich Sätze so heftig unterstreicht, daß sich die Feder kreuzt und Tintenkleckse über die Seite verspritzt, weiß er, was sein Vater zurückschreiben wird. Als in der nächsten Woche der Brief mit der englischen Briefmarke eintrifft, liest er ihn ohne Überraschung und verspürt nur eine deprimierende Resignation:

„Toby, es steht außer Frage, und es überrascht mich, daß du überhaupt fragst; denn die Reisekosten für eine Fahrt nach England und zurück vor deiner regulären Rückkehr wären *untragbar* teuer. Selbst, wenn du genug von deinem Gehalt gespart hättest, um die Fahrkarte zu kaufen, was ich bezweifle, wäre das schlechte Haushalterschaft der Güter des Herrn ..."

Es wäre ein Wunder, denkt Toby bitter.

„Dir bleiben nur noch *wenige Monate* in Österreich, und da du die Gelegenheit und das Vorrecht hast, auf eine solche Weise Gott zu dienen, was für ein schlechtes Beispiel wäre es, würdest du jetzt einen teuren Urlaub nehmen? – Um wieviel besser ist es, Onkel in seinem Kummer beizustehen und an seinem Beispiel zu lernen, wie der Herr seine Heiligen in Zeiten der Drangsal erhält und tröstet, Dein Dich liebender Vater."

Das Briefpapier ist so scharf gekniffen, daß sich der Brief nach dem Lesen von selbst wieder zusammenfaltet. Toby legt ihn zu den anderen in die Schublade.

Als Toby seinen Unterricht an der englischen Schule wieder aufnimmt, benehmen sich seine Schüler unauffällig; mehr als sonst bemühen sie sich, ihm so wenig Probleme wie möglich zu bereiten. Heinrich Spasser, der so stolz auf seine Englischkenntnisse ist, macht sich selbst zum Sprecher der Klasse und hält eine kurze Rede, in der er das Mitgefühl der Klasse für Toby und Onkel zum Ausdruck bringt. Toby ist von dieser Rede gerührt und findet, daß die Arbeit eine hilfreiche Ablenkung darstellt.

Den größten Trost findet er jedoch in der Gesellschaft von Sally, Lev und Louis. Sie haben ihm einen Brief geschickt, in dem sie erklärten, daß sie nicht an der Beerdigung teilnehmen würden. Denn obgleich sie nichts von Onkels letztem Ausbruch wußten, waren sie sich wohl seiner Abneigung gegen sie bewußt und wollten ihn nicht in Verlegenheit bringen.

Am Tag nach der Beerdigung schlüpft Toby aus dem Haus in Kaisermühlen, läßt Onkel in der Obhut der düsteren Trauergäste und begibt sich zur Wohnung der Studenten.

Alle drei sind dort. „Wir konnten uns auf nichts konzentrieren", sagt Louis. „Wir haben an dich gedacht, uns gefragt, wie es dir geht und was bei euch los ist."

„Wir konnten dich nicht besuchen", meint Lev. „Wir wollten die Beziehung zwischen dir und Onkel nicht noch schlimmer machen." Er schneidet eine Grimasse. „Ich bin in die Synagoge gegangen und habe ein Gebet für dich gesprochen."

Sally nimmt seine Hand. „Wir haben alle für dich gebetet."

„Gibt es irgend etwas, das wir für dich tun können, irgend etwas, womit wir dir helfen können?" fragt Louis.

Er überlegt und wendet sich dann an Sally. „Bitte, spiel die Gavotte für mich."

Sallys Bogen hüpft und tanzt durch Bachs fröhliche Musik. Toby weint ein wenig.

Später machen sie alle einen Spaziergang, Arm in Arm, wie sie es sonst immer getan haben, nur daß es Toby vorkommt, als sei es Jahre her.

„Natürlich!" ruft Sally plötzlich aus, „du hast ja noch gar nichts von dem Konzert gehört!" Und so erfährt Toby schließlich von der Aufgabe, die Schönberg Sally angetragen hat. „Ich habe wie verrückt geübt", sagt sie. „Natürlich kommst du zu dem Konzert."

„Ich bin nicht sicher", meint Toby zweifelnd. „Hängt davon ab, was Onkel sagt ..."

Toby hat sich vorgenommen, Onkel gegenüber gar nicht zu erwähnen, um was für eine Art von Konzert es sich handelt. Aber er hätte sich gar keine Mühe geben müssen. Seit der Beerdigung ist mit

Onkel eine merkwürdige Veränderung vorgegangen. Es scheint fast, als habe er mit seiner Frau auch die Zielscheibe für seinen Zorn verloren. Er wirkt viel kleiner, nicht mehr so überheblich, seine Reden klingen irgendwie einstudiert und kraftlos.

Das Haus scheint ohne Frau Onkel leer zu sein. Toby, der seit seinen Kindertagen eigentlich keine Angst mehr vor der Dunkelheit hatte, liegt nun des öfteren wach und lauscht auf das Knarren und Ächzen des alten Hauses, das sich zur Nacht bereitmacht.

Hans Braun ist ein häufiger Gast. Es überrascht Toby, daß er so offen seine Trauer über Frau Onkels Tod zeigt; es sieht aus, als habe er sie sehr gern gehabt. Er und Onkel machen noch immer ihre nächtlichen Ausflüge; aber Toby hat beschlossen, daß er nur ein bestimmtes Maß an Problemen auf einmal verkraften kann, und verschiebt die Entscheidung, ob er die beiden der Polizei melden soll. Auch die Suche nach seinem eigenen geistlichen Weg hat er noch nicht wieder aufgenommen. Er hat das Gefühl, seine Seele sei betäubt worden, und er weiß nicht, wann sich wieder irgendwelche Empfindungen einstellen werden.

Toby merkt es nicht, aber auch Onkel fühlt sich geistlich abgestumpft. Es fehlt etwas in seinem Leben. Eine Zukunft ohne Frau Onkel erscheint ihm kaum erstrebenswert. Er hegt einen tiefen Groll gegen Gott, der seinen ergebenen Diener nun als Witwer zurückgelassen hat. Onkel erfüllt seine Pflichten wie ein Schlafwandler und sucht nach Beschäftigungen, mit denen er die Zeit totschlagen kann. Als Toby ihn fragt, ob er etwas dagegen habe, wenn er am 31. März ein Konzert besuche, erhebt er keine Einwände, ohne überhaupt richtig zu hören, was Toby eigentlich gesagt hat.

Das Skandalkonzert

Das Publikum strömt in den Konzertsaal. Leute aus der vornehmen Wiener Gesellschaft, nach der neuesten Mode gekleidet und mit Juwelen behängt, mischen sich unter Studenten und junge Leute in einfacher Kleidung. Die funkelnden Kronleuchter über dem Zuschauerraum schicken ihre Strahlen bis in die hintersten, spärlich beleuchteten Winkel der Bühne, wo Notenständer und Stühle stehen.

Für Toby und die Studenten sind Plätze in der ersten Reihe reserviert worden, dort sitzen sie zwischen einem aristokratischen Ehepaar, das sie gar nicht beachtet, und einer Familie, offenbar gut betuchte Geschäftsleute, die ununterbrochen schwätzen. Toby hofft, daß sie ihren Redefluß einstellen, sobald die Musik einsetzt. Er hat während seines kurzen Aufenthalts in Wien noch nicht viele Konzerte besucht, und immer wieder stellt sich bei ihm eine unerklärliche Erregung ein.

„Wieviele Menschen faßt dieser Saal?“ fragt Toby.

„Zweitausend“, schätzt Louis. „Und er ist so voll, wie ich ihn noch nie gesehen habe.“

„Schönberg hat viele Freikarten ausgegeben“, meint Lev. „Schaut mal – dort ist Sally.“ Sally, die ein schwarzes Kleid trägt und auf der Bühne kaum zu sehen ist, stellt ihre Noten auf den Ständer. Ein oder zwei Musiker sind schon auf der Bühne und stimmen ihre Instrumente.

„Es ist gut, daß so viele gekommen sind“, sagt Toby.

Lev schüttelt den Kopf. „Ich mache mir Sorgen“, entgegnet er. „Spürst du nicht, was hier vorgeht? Einige dieser Leute sind darauf aus, Unruhe zu stiften. Das merkst du an ihrem Verhalten. Und was glaubst du, werden *diese* dort“, er weist mit dem Kopf auf das aristokratische Paar, „von Schönberg und Webern halten?“ Er zeigt auf eine der Logen, in der ein älterer Mann sitzt; sein feingeschnittenes Gesicht sieht besorgt aus, als er in den Zuschauerraum hinunterblickt. „Auch Webern ist beunruhigt“, meint Lev.

Die Tatsache, daß Anton Webern vor ein paar Tagen aus Stettin angereist ist, hat die Studenten in eine ebensolche Erregung versetzt wie Schönbergs Ankunft in Wien. Sally ist gebeten worden, ihm seine Violinstücke vorzuspielen, die Toby so bewundert hat. Webern lobte sie und gab ihr einige Hinweise zur Interpretation.

Einige der Zuschauer beginnen zu klatschen, und der Applaus steigert sich zu einem lautstarken, begeisterten Empfang, als das Orchester auf die Bühne kommt, gefolgt von einem festlich gekleideten Schönberg und dem Solisten. Schönberg hebt seinen Taktstock, damit Ruhe einkehrt.

Die Studenten sind sich später einig, daß die eigentliche Unruhe mit der Aufführung von Weberns *Sechs Stücken für großes Orchester* begonnen hat. Das erste Stück hat kaum eingesetzt, als ein Tumult ausbricht. Einige Zuschauer zischen und pfeifen; andere feuern die Musiker lautstark an und versuchen, die Protestgeräusche zu übertönen. Am Ende von Schönbergs Kammersinfonie (wobei Toby verzückt miterlebt, wie Sally ihren Part spielt) hört man das Rasseln von Schlüsseln. Auf den Galerien brechen zwischen Bewunderern und Kritikern Schönbergs regelrechte Kämpfe aus. Rund um die Studenten erheben sich lautstarke Rufe, manche schreien vor Furcht, andere rufen den Musikern beleidigende Worte zu, woraufhin diese rasch von der Bühne fliehen, weil ohnehin gerade Pause ist.

Die Studenten bleiben sitzen. „Es wird draußen ein großes Gedränge geben“, sagt Louis, „und wir kommen vielleicht nicht wieder hinein.“

„Warum hassen sie diese Musik so?“ fragt Toby verwundert.

„Nicht alle sind so dagegen“, sagt Louis. „Manche Zuschauer wollen die neue Musik wirklich hören. Sie haben die *Gurrelieder* gehört und sind hergekommen, um noch mehr von dieser Art Musik zu hören. Natürlich sind sie enttäuscht ... Andere sind nur hier, um Unruhe zu stiften. Schau sie dir nur mal an.“

Viele Leute, die nach der Pause zurückkommen, begeben sich nicht an ihre ursprünglichen Plätze. Überall im Konzertsaal sind kleine Auseinandersetzungen im Gange. Als das Orchester wieder erscheint, haben sich die Zuschauer in zwei Gruppen aufgeteilt, wie Armeen, die sich zum Kampf rüsten. Schönberg hat unklugerweise eine sehr lange Pause angesetzt, und die Gemüter sind erhitzt.

Die zweite Hälfte des Konzerts beginnt mit Bergs Altenberg-

Liedern, die Toby gehört hat, als er das erste Mal in dessen Haus war. Einige der Zuhörer, die in der Nähe der Studenten sitzen, scheinen die unsinnigen, seltsamen Gedichte zu schätzen, aber sie sind in der Minderheit. Eine andere Gruppe verschafft sich lautstark Gehör und beginnt zu johlen und handgreiflich zu werden.

Die Musik kommt zu einem abrupten Ende. Schönberg wendet sich ärgerlich an das Publikum: „Meine Damen und Herren, ich informiere Sie hiermit, daß ich alle Personen, die weiterhin Störung verursachen, aus dem Konzertsaal entfernen lassen werde."

Eine Stimme ruft zurück: „Und Sie – und Ihre Anhänger – und Ihre ganze sogenannte ‚neue Musik' können ins nächste Irrenhaus gesteckt werden!" Das ist eine böse Beleidigung; Peter Altenberg ist erst vor kurzem wegen einer immer wiederkehrenden Depression in eine psychiatrische Klinik eingewiesen worden. Webern ist außer sich. Er brüllt das Publikum aus seiner Loge an: „Man sollte euch Pack alle an die Luft setzen!"

Die Zuschauer schreien gehässige Worte zurück, und derweil geht vorne das Konzert weiter. Während eines von Bergs Liedern werden die Worte „Das Ende naht" gesungen; ein Zuhörer ruft „Gott sei Dank!", was ihm einen wütenden Blick von Schönberg einbringt.

Ein Anhänger Bergs klettert über die dazwischenliegenden Sitzreihen, um den Zwischenrufer tätlich anzugreifen. Auch an anderen Stellen des Konzertsaals gibt es handgreifliche Auseinandersetzungen; die Musik ist kaum mehr zu hören.

Als der Polizeichef erscheint, ist eine regelrechte Saalschlacht im Gange, und das Orchester hat praktisch zu spielen aufgehört. Schönberg steht unerbittlich auf dem Podium, während einige Zuschauer ihn anflehen, die Musiker von der Bühne zu entlassen. Der Polizeichef bahnt sich einen Weg zu Schönberg. „Ich kann nichts tun, während das Konzert im Gange ist", ruft er. „Lassen Sie die Musiker gehen."

Die Mitglieder des Orchesters sehen blaß und verängstigt aus, sie sind mehr als erleichtert, als sie die Bühne verlassen dürfen. Toby steht auf und geht hinter die Bühne, wo er Sally findet, die zwar ruhig, aber ziemlich mitgenommen aussieht.

Als sie ihn sieht, läuft sie ihm entgegen: „Das war das Schlimmste, was ich je erlebt habe, Toby. Ich dachte schon, sie stürmen die Bühne."

„Du bist jetzt in Sicherheit", sagt Toby. „Ich bin hier. Und Lev und Louis sind draußen." Er legt den Arm um sie.

Sally grinst ihn an. „Aber ich habe in einem Orchester mit Arnold Schönberg gespielt! Ist das nichts?"

Das „Skandalkonzert", wie man es später nennen wird, ist die schlimmste Störung, die je in einem Konzertsaal stattgefunden hat. Schönberg erwirkt etliche gerichtliche Vorladungen. Webern geht zurück nach Stettin, wohin Berg ihm kurz darauf schreibt: „Das Ganze ist so widerlich, daß man am liebsten weit weg fliegen möchte."

Auch Onkel hört von dem Konzert, unterläßt es jedoch, Toby noch mehr in Verlegenheit zu bringen.

„Ich war entsetzt", sagt Toby zu Sally. „Mir war nicht klar, daß die Leute die Musik so ablehnen."

„Nun", bemerkt Sally verständnisvoll, „sie ist kompliziert. Siehst du, in gewisser Weise hat Schönberg die Leute provoziert. Diese Berglieder dauern jedes nur einige Minuten, und er hatte ein ganzes Orchester als Begleitung. Dieses Publikum hat Mahlers *Sinfonie der Tausend* gehört, die ziemlich lange dauert und mit großem Aufwand inszeniert wird. Du kannst dir vorstellen, daß sie von Albans Stücken ziemlich verunsichert waren."

„Glaubst du, sie waren zu Recht empört?"

„Natürlich nicht, Toby. Aber wir leben in einer komplizierten Zeit. Jeder schlägt sich auf eine Seite, ergreift Partei. Ob im Konzertsaal oder auf dem Balkan, alle rüsten sich zum Krieg."

Ein letztes Mal ...

Wunderbarerweise folgen auf die trüben Märztage, in denen die Sonne nur ein gelegentliches Zwischenspiel gibt, ganze Wochen mit warmem, frühlingshaftem Aprilwetter. Die grauen Wiener Stadthäuser sehen viel freundlicher aus, wenn die Sonne auf die Gassen und schmalen Gehwege fällt. Blasse Zeitungsverkäufer und Straßenhändlerinnen bekommen eine gesündere Gesichtsfarbe; die Spatzen, die sich auf den Gesimsen der Kathedrale tummeln, zanken sich jetzt heftiger, und an den sonnigsten Tagen läßt man sogar die Türen der Kaffeehäuser offenstehen, so daß die Passanten innehalten und genüßlich schnuppern.

„Mit den Fenstern muß etwas geschehen", sagt Onkel eines Morgens und blickt über den Zeitungsrand auf die sonnenbeschienenen Scheiben, die den Schmutz des Winters bloßstellen.

„Ich könnte sie putzen", bietet Toby sich an und erinnert sich, daß es irgendwo im Haus eine Trittleiter gibt. Aber als er an diesem Abend nach Hause kommt, glänzen sie bereits; Onkel hat einen Arbeiter beauftragt, sie zu reinigen.

„Das hat *sie* immer gemacht", brummt Onkel, und Toby akzeptiert diese Aussage als Erklärung.

Es ist inzwischen klar, daß Onkel nicht die Absicht hat, seine Frau in irgendeiner Weise zu ersetzen. Ihre Abwesenheit bleibt spürbar, eine Lücke in dem vertrauten Bild. Der Stuhl, auf dem sie immer gesessen hat, während die Damen des kleinen Nähzirkels im Hause weilten, bleibt an seinem Platz, obwohl die Damen nicht mehr kommen. Es herrscht eine stillschweigende Übereinkunft, daß sich keiner je wieder auf diesen Stuhl setzt.

Braun geht häufig bei ihnen ein und aus, aber es gibt keine Ausflüge nach Leopoldstadt mehr. Onkel grämt sich, daß er keinen Eifer mehr für die Arbeit aufbringt, er hat das Gefühl, das einzige zu verlieren, was ihm im Leben geblieben ist: die Arbeit.

Eines Abends trifft er widerstrebend eine Entscheidung. Er wird mit der Arbeit aufhören. Er will noch ein letztes Mal nach Leopoldstadt gehen, den Juden noch einmal eine letzte Warnung erteilen, ein Haus anzünden, jemanden zusammenschlagen vielleicht – eine drastische letzte Tat. Dann wird er sich zurückziehen und sich den Angelegenheiten der Versammlung widmen, worum er in letzter Zeit öfter gebeten wurde.

Und so verläßt Onkel an einem Abend sein Haus, um zum letzen Mal an die Arbeit zu gehen. Ein paar Minuten später kommt Braun und merkt, daß Onkel ausgegangen ist. Er nickt und geht wieder fort.

Obwohl er die Straßen Wiens gut kennt, kann Onkel sich bei Nacht am besten in ihnen zurechtfinden. Er hat dann eine Art sechsten Sinn, der ihn durch das Labyrinth von engen Gassen und kaum benutzten Durchgängen führt, so daß er unfehlbar seinem Ziel zustrebt, ohne je ins helle Licht der Hauptverkehrsstraßen zu gelangen.

Er geht eine Straße in Leopoldstadt entlang. Der Mond steht direkt über ihm, eine dünne, weiße Sichel. Die Straße liegt in tiefem Schatten und verlassen da. Auf einmal vernimmt er Schritte. Er ist sich nicht ganz sicher; es kann auch ein verzerrter Widerhall seiner eigenen sein. Aber es hört sich an, als ginge jemand hinter ihm. Wahrscheinlich ist es ein nächtlicher Spaziergänger, denkt er, oder jemand, der zu einem Rendezvous geht. Die Schritte, wenn es denn welche sind, klingen zielstrebig und regelmäßig, genau wie seine eigenen.

Doch dann überfällt ihn die Angst, weil das gedämpfte Geräusch ihm folgt, als er um die Ecke biegt. Es gibt keinen Zweifel mehr; jemand ist ihm auf den Fersen. Onkel beschleunigt seine Schritte. Auch der andere geht schneller. Er geht langsamer. Der andere tut es ihm nach.

Onkel ist kein Feigling. Er läuft ein wenig weiter, bleibt dann unvermittelt stehen und dreht sich um. Hinter ihm, kaum sichtbar in der Dunkelheit, steht ein großer Mann mit Bart. Seine schlichte Kleidung sieht so ganz anders aus als sein üblicher geschniegelter Anzug.

„Du gehst spät aus“, sagt Hans Braun.

Onkels Puls hämmert in seinen Ohren. „Was tust du da?“ herrscht er Braun an. „Du hast mich zu Tode erschreckt.“

Braun mustert ihn träge. „Ich bin dir gefolgt.“

„Das habe ich gemerkt. Warum hast du dich nicht bemerkbar gemacht?“

„Ich wollte sehen, wohin du gehst.“ Brauns Gesichtsausdruck ist entspannt, fast belustigt. „Habe mich gefragt, wo du hinwillst.“

„Das ist doch wohl klar? Nach Leopoldstadt natürlich.“

„Was steht heute auf dem Programm? Ein alter jüdischer Rabbi muß zusammengeschlagen werden? Ein junger Mann erhält einen Denkzettel? Vielleicht wird ein Haus angezündet, ein Fenster eingeschlagen, Unflätigkeiten auf eine Haustür geschmiert?“

Brauns Verhalten hat etwas Seltsames. Onkel wird nicht klug daraus. „Du bist in einer sehr merkwürdigen Stimmung heute, Braun. Komm mit mir. Wir können die Arbeit zusammen tun.“

„Ich bin dir gefolgt, weil ich dir meine Lebensgeschichte erzählen wollte. Ich habe dir meine Lebensgeschichte noch nie erzählt, nicht wahr, Onkel?“ Braun stellt die Frage mit derselben betont ungezwungenen Miene, die so gar nicht zu dem Zusammensein der beiden Männer in der düsteren Straße paßt.

„Komm *weiter*“, sagt Onkel. „Wir können beim Laufen reden.“

„Ich wurde in Salzburg geboren“, sagt Braun und rührt sich nicht von der Stelle. Meine Familie waren Kaufleute. Von ihnen habe ich meinen Reichtum geerbt.“

„Das weiß ich“, sagt Onkel ungeduldig.

„Und von beiden Eltern habe ich etwas ganz Besonderes geerbt. Von meiner Mutter mein so deutsches Aussehen, meine Gesichtszüge, meine gute Stimme.“

Onkel wird es langsam unbehaglich. Was hat Braun eigentlich vor? „Komm jetzt!“ sagt er barsch.

„Und von meinem *Vater*“, erklärt Braun bedächtig, „habe ich mein kulturelles, mein ethnisches Erbe. Meine jüdischen Vorfahren.“

Onkel bleibt mitten im Schritt stehen. „Deine *was*?“

„Sieht man nicht, oder?“ Braun stellt sich mitten auf der Straße in Positur.

„Aber –“

„Und das bedeutet, Onkel, daß ich immer auf der anderen Seite gestanden habe. Ich bin einer von ihnen, Onkel. Ich bin ein Itzig, Ein Jid. Ein Judenjunge.“

„Aber du bist mit uns gekommen …"

„Und ich habe dich beobachtet. Aber ich denke, du erinnerst dich, daß ich selbst mich da rausgehalten habe." Er fügt nachdenklich hinzu: „Ich sage das als Entschuldigung – aber es ist in Wirklichkeit ein Bekenntnis, nicht wahr? Ich bin dabeigestanden und habe bei deinem *Werk* zugesehen, wie du es nennst."

„Du hast nie etwas davon gesagt. Du bist sogar in die Versammlung gegangen, du warst wie wir."

„Das ist die Sache mit uns Juden", bemerkt Braun. „Wir *sind* so wie ihr. Aber du willst uns als andersartig abstempeln, als Menschen mit geringerem Wert."

„Jetzt hör mal zu, Braun, das ist doch lächerlich. Laß uns nach Hause gehen und darüber reden."

„Ich fürchte, das ist nicht möglich", erwidert Braun gedehnt. „Siehst du, ich bin nicht auf eigene Faust hier. Ich habe Auftraggeber. Wir sind eine Gruppe, die äußerst besorgt ist über die Ereignisse in Wien, und du bist die Schlüsselfigur. Ich bin ihr Spion, Onkel. Ich muß dafür sorgen, daß du nicht nach Hause gehst. Nie mehr."

Onkel beginnt zu stammeln. „Die Blutschuld … Golgatha … die Hohen Priester, du kannst mir nicht erzählen, sie seien unschuldig …"

„Ach, reiß dich zusammen", sagt Braun gereizt und blickt auf Onkel herab. „Das interessiert mich nicht. Ich bin hier, um einen Auftrag zu erledigen. Du bist der Auftrag, so einfach ist das."

Onkel gelingt es, sich zu beruhigen. Er atmet langsamer, obwohl sein Herz immer noch laut hämmert.

„Ich mache es schnell, das ist das einzige, was ich für dich tun kann", sagt Braun.

Onkel spürt einen weiteren Anflug von Panik, und er sieht Braun mit einem stummen, flehenden Blick an. Aber sein Blick trifft auf unbeugsame schwarze Augen. Er stammelt hilflos. „Wir sollten wirklich darüber reden. Es *muß* doch …"

Das Stilett ist von feinster italienischer Machart, und Onkel spürt nur einen kurzen Schmerz, wie ein fester Stoß gegen die Brust. Dann ist alles wie in Nebel gehüllt, der Boden scheint ihm mit großer Geschwindigkeit entgegenzukommen. Braun ist nirgends zu sehen. Onkel sinkt auf das Pflaster und umklammert erstaunt sein nasses klebriges Hemd.

Als er sein Bewußtsein verliert, hat er den flüchtigen Eindruck – vielleicht ist es ein Traum, wer könnte das sagen? –, daß die Straße taghell wird. Aber dann fällt er wie ein Stein in einen bodenlosen, schwarzen Teich.

So stirbt Onkel auf den Straßen, die er terrorisiert hat.

Braun steht über ihm, als das Leben aus ihm weicht. Schließlich packt sein Mörder den Griff des Stiletts und zieht es mit einer einzigen schnellen Bewegung aus seiner Brust. Er wischt die Klinge mit seinem Taschentuch ab, steckt das Taschentuch dann sorgfältig in Onkels Brusttasche und zupft es elegant zurecht – denn auch Braun ist auf seine Art ein Künstler.

Er blickt noch einmal nachdenklich auf Onkels Leichnam herab, dann geht er rasch auf die Innenstadt zu.

Für Toby vergehen die nächsten Tage wie im Nebel. Ihm werden endlose Fragen von der Polizei gestellt, die ihn etliche Male verhört, und von den Ältesten der Versammlung, die sich im Haus versammelten, sobald sie die Nachricht von Onkels Tod erhielten. Die Ältesten tragen dieselben dunklen Mäntel, die sie bei Frau Onkels Beerdigung getragen haben, und legen sie auch drinnen nicht ab. Onkels Haus ist nie warm gewesen, jetzt ist es eiskalt.

Sie sitzen stundenlang in Onkels Salon und unterhalten sich mit leisen, schockierten Stimmen. Manche, bemerkt Toby mit dumpfer Überraschung, lassen ihren Tränen freien Lauf. Der Vorsitzende der Ältesten ist damit beschäftigt, Papiere zu ordnen; andere beginnen, Dinge einzupacken und in Kisten zu verstauen. Toby fragt sich, was mit den Habseligkeiten der Onkels geschehen wird, aber im Grunde ist ihm das auch egal.

Er hält den Haushalt einigermaßen in Ordnung, aber es fällt ihm schwer, sich zu beschäftigen. Es scheint sinnlos, ein Haus in Ordnung zu halten, dessen Bewohner nicht mehr da sind. Jede Nacht schläft ein anderer Ältester im Haus, damit Toby nicht allein ist, aber sie sind unbeholfene Gäste, die sich schon frühabends, sichtlich erleichtert, in eines von Onkels Gästezimmern zurückziehen.

Toby wünscht sich sehnlichst, mit Sally sprechen zu können, aber Sally ist in Graz und holt den Besuch bei ihren Freunden nach, den sie zu Weihnachten verschoben hat. Ein- oder zweimal fängt er einen Brief an sie an, gibt den Versuch aber bald auf; sobald er etwas in Worte faßt, verändert es sich irgendwie.

Ein Kriminalbeamter kommt und befragt Toby eine Stunde lang.

„Hatte irgend jemand einen Grund, ihn zu beseitigen?“

Toby denkt kurz über die Frage nach und macht sich dann die Antwort leicht: „Nein.“

„Wissen Sie, was er im Judenviertel gemacht hat?“

Er schüttelt den Kopf. „Nein. Er ist oft dorthin gegangen. Er hatte dort Geschäftliches zu erledigen.“

Toby hat bei sich einen Entschluß gefaßt: Onkels Konto soll mit seinem Tod abgeschlossen sein! Es hat keinen Sinn, denkt er, der Polizei irgend etwas zu erzählen. Onkels Komplizen würden sich ohnehin in alle Winde zerstreuen, und was auch immer Brauns Absichten sind, so braucht er dazu bestimmt nicht Onkel, um sie auszuführen. „Hier hat eine höhere Gerechtigkeit eingegriffen“, hat er entschieden, als er die Todesnachricht erhielt.

„Nun – wenn Sie sich an etwas erinnern oder irgend etwas hören, lassen Sie es mich wissen“, ermahnt ihn der Beamte sichtlich enttäuscht, als er das Haus verläßt.

Vier Tage nach Onkels Tod kommt Hans Braun ins Haus, schüttelt allen Ältesten die Hand und fragt Toby, ob er ihn einmal allein sprechen kann.

„Kommen Sie in mein Zimmer“, sagt Toby.

Braun übersieht den wackeligen Stuhl, den Toby ihm anbietet, und läßt sich schwerfällig auf Tobys Bett sinken, während er sich den Schweiß von der Stirn wischt; er geht nur ungern Treppen hinauf.

„So“, sagt er knapp. „Traurige Zeiten!“

Toby nickt.

Braun mustert ihn. „Die Polizei war hier.“ Es ist eine Feststellung, keine Frage.

Toby nickt wieder.

„Was haben Sie ihnen erzählt?“

„Was ich wußte. Nichts.“

„Gut.“ Er mustert Toby eingehend. „Er war mein Freund, wissen Sie.“

„Das weiß ich.“

„Ich habe ihn – geliebt, könnte man sagen. Wir haben viel Zeit miteinander verbracht.“

„Ja.“ Toby sieht im Geist Onkel und Braun Arm in Arm aus dem Haus gehen und zurückkehren, nachdem Frau Onkel zu Bett gegangen ist.

„Ach!“ ruft Braun aus, und sein Gesicht rötet sich. „Zuerst Frau Onkel! Sie war eine gute Frau. Und nun das! Es ist einfach zu viel!“

„Wenn Sie Glauben haben …“ wagt Toby einen Vorstoß, aber Braun lacht bitter.

„Glauben! Ja, wenn man Glauben hat – dann allerdings …“ Er steht auf. Ganz gegen seine Art legt er beide Hände schwer auf Tobys Schultern. „Fahren Sie heim, Toby. Gehen Sie zurück nach England. Ihre Zeit hier ist vorbei.“ Er sieht sich im Zimmer um. Mit Brauns massiger Gestalt darin wirkt es noch vollgestopfter. „Dies ist vorbei, Toby. Dieser Abschnitt Ihres Lebens ist nun zu Ende.“

Er holt seine Brieftasche aus dem Jackett, entnimmt ihr einige Banknoten und hält sie Toby entgegen. „Nehmen Sie das. Sie werden Geld brauchen.“

Toby nimmt das Geld wortlos an. Der Betrag übersteigt bei weitem die Summe, die er für seine Rückkehr benötigt, aber das merkt er kaum. Er versucht sich zu bedanken, aber es ist, als weigere sich sein Mund, die Worte auszusprechen. Toby blickt in Brauns Gesicht und sieht darin nichts als Fürsorge und Freundlichkeit. Da stolpert er auf ihn zu und vergräbt sein Gesicht in Brauns weiter Weste. Zum ersten Mal seit Onkels Tod kann er weinen.

Die Ältesten wickeln Onkels Angelegenheiten zügig ab. Eines Nachmittags wird Toby von dem grauhaarigen Schatzmeister der Versammlung in den Salon bestellt. Er händigt ihm förmlich sein ausstehendes Gehalt aus. „Wir haben die Sache mit dem Schatzmeister der Schule besprochen. Sie werden bis zum Ende des Monats bezahlt“, sagt er. „Bitte unterzeichnen Sie dieses Papier. Natürlich“, fügt er hinzu, „kann die englische Schule nicht weitergeführt werden. Was werden Sie tun?“

„Das habe ich mir noch nicht überlegt“, sagt Toby. „Ich weiß nicht …“

„Sie können nicht hierbleiben“, sagt der Schatzmeister nicht unfreundlich. „In drei Wochen, vielleicht in zwei, wird auch dieses Haus verriegelt. Es wird verkauft werden müssen. Man hat kein Testament gefunden“, erklärt er mit einem Anflug von Ärger in der Stimme. „Es ist also kein Erbe benannt. Es gibt da einen Cousin in Ungarn, der den Onkels verwandtschaftlich am nächsten steht. Er wird alles erben, wenn kein Testament gefunden wird.“ Er seufzt. „Bruder Onkel hat sich sehr für das Werk des Herrn in dieser Stadt eingesetzt. Er würde sich grämen, wenn er wüßte, daß alles, was ihm der Herr in seiner Güte über so viele Jahre geschenkt hat, an einen Verwandten weggegeben wird, den er, wie es scheint, kaum gekannt hat.“ Er wirft einen unglücklichen Blick auf die Anrichte aus Walnußholz, deren polierte Oberfläche nun aus Mangel an Pflege stumpf geworden ist.

„Ich bin sicher …“, murmelt Toby zögernd, „daß Herr Onkel gewollt hätte …“ Er weist bedeutungsvoll auf die Anrichte, „daß seine Freunde, seine Gefährten …“

„Aber selbstredend!“ entgegnet der Schatzmeister sofort, und seine Augen leuchten auf. „Daran besteht nicht der geringste Zweifel!“

„Ich würde meinen, daß Dinge, denen eine besondere Bedeutung zukommt, und gewiß alles, was in irgendeinem Zusammenhang mit der Versammlung steht …“

„Oh, es gibt viele Dinge in diesem Haus, die von *besonderer* Bedeutung für die Versammlung sind!“ Das sonst ernste Gesicht des Schatzmeisters ist plötzlich ganz lebendig, seine Augen funkeln regelrecht. „Und welchen Nutzen hätten diese Erinnerungen an die Güte des Herrn für einen Fremden? Da ist der Tisch, um den wir so viele Male zum Gebet zusammengekommen sind, diese Stühle, auf denen wir saßen …“

Der Tisch und die Stühle sind selbst für Tobys unkundigen Blick die wertvollsten Möbelstücke im ganzen Haus, aber er ist in großzügiger Stimmung. „Es wäre nur recht“, bestätigt er, denn er weiß, daß der Schatzmeister kein reicher Mann ist.

Dann erlischt das Leuchten in den Augen des Schatzmeisters so schnell, wie es gekommen ist, und seine Erregung weicht der üblichen Förmlichkeit. „Es wäre nicht recht“, sagt er entschieden. „Dies ist Bruder Onkels Besitz, und wir müssen damit so umgehen, daß es dem Herrn zur Ehre gereicht.“

Tobys Einwände wischt er mit einer Handbewegung beiseite und weigert sich, weiter über die Sache zu reden. Innerhalb von vierundzwanzig Stunden ist der herrliche Tisch auseinandergenommen und in eine Kiste verpackt, und die Stühle stehen verloren im Kreis, ihre Beine in Wachspapier gehüllt, bereit für den Transport nach Budapest.

Als Toby den Schatzmeister beobachtet, wie er die Umzugsvorbereitungen überwacht, spürt Toby eine Welle der Bewunderung für diesen verarmten Mann mit seinen hohen Grundsätzen.

Er geht ein letztes Mal in die englische Schule, um seine Sachen zu holen und sich von den Schülern zu verabschieden. Ein anderer Lehrer ist nach Onkels Tod kurzfristig für ihn eingesprungen – bis die Schule endgültig geschlossen wird.

„Es tut mir leid", sagt Toby zu dem Schatzmeister, den er inmitten von Umzugskartons antrifft.

„Leid?" Der Schatzmeister lacht. „Es war keine gute Stelle. Sie war schlecht bezahlt. Aber es war immerhin eine Stelle. Jetzt bin ich arbeitslos. Aber es tut mir nicht etwa leid! Onkel war kein guter Arbeitgeber, er war kein angenehmer Mann. Nein, es tut mir nicht leid."

Der andere Lehrer öffnet, als Toby an die Tür des Klassenzimmers klopft. Die Schüler blicken auf, und es entsteht eine verlegene Stille. „Ich wollte mich verabschieden", sagt er schüchtern.

In der hintersten Reihe erhebt sich Heinrich Spasser schwerfällig. Toby muß lächeln. Spasser ist einfach unverwüstlich. Er hat einen Kurs nach dem anderen belegt in der Hoffnung, sein Englisch zu verbessern; er ist die eine unveränderliche Konstante gewesen in all den Monaten, in denen Toby an der Schule unterrichtet hat. Selbst Spasser, denkt er, wird jetzt aufgeben müssen.

Spasser langt umständlich unter sein Pult und zieht ein kleines längliches, in Geschenkpapier verpacktes Päckchen hervor. „Das ist für Sie", sagt er. „Ein Abschiedsgeschenk." Er spricht jedes Wort ohne Fehler aus, die Vokale weich und gerundet, die Konsonanten klar und deutlich. Toby strahlt. Spasser hat es schließlich doch geschafft.

„Es ist von uns allen", sagt er. „Jeder hat eine Beihilfe gegeben."

„Beitrag", verbessert Toby automatisch. „Jeder von Ihnen hat einen *Beitrag* gegeben ... das ist wirklich sehr freundlich von Ihnen."

Er wickelt das Päckchen aus, während die Schüler ihn gespannt beobachten. Ein Füller kommt zum Vorschein, ein teures Modell mit einem glänzend grünen Kolben. Er nimmt ihn liebevoll in die Hand und stammelt ein paar Worte des Dankes.

Auf dem Weg nach unten bleibt Toby zögernd vor der vertrauten Glastür mit den gelbgrauen Vorhängen stehen. Vielleicht sind Lev oder Louis da, denkt er. Aber eigentlich ist es Sally, nach der ihn verlangt, nicht Lev oder Louis. *Oh Gott,* fleht er, *ich habe solche Sehnsucht nach Sally.*

Da hört er auf der Treppe hinter sich Schritte. Er dreht sich um. Eine vertraute Stimme ruft „Toby!“, und er fällt in Sallys Arme.

Abschied

Schließlich hebt Toby seinen Kopf von Sallys Schulter. Dort, wo seine Tränen hingefallen sind, ist ein feuchter Fleck entstanden. „Ich habe deinen Mantel naß gemacht“, stammelt er. Seine Augen sind gerötet, und seine Stimme zittert. Sally hat noch immer die Arme um ihn gelegt; er riecht den leichten Duft ihres Parfums; ihr Haar – wie unerwartet weich es ist! – kitzelt ihn an der Wange. Mehr als alles wünscht er sich, die Umarmung möge nie enden.

„Onkel ist tot“, schluchzt er.

Sally streicht ihm über den Kopf wie eine Mutter, die ein verzweifeltes Kind beruhigt. „Ich weiß. Ich habe es gehört. Deshalb bin ich zurückgekommen.“

„Ich habe mich so nach dir gesehnt.“

„Ich habe mich nach *dir* gesehnt“, sagt Sally.

Er legt seinen Kopf wieder auf ihre Schulter. So stehen sie eine ganze Weile schweigend da; von oben hören sie die Geräusche aus der englischen Schule. „Das ist schön“, flüstert Sally.

Toby hat Sally instinktiv umarmt. Jetzt spürt er, daß seine Hände, die auf ihrem Rücken liegen, taub werden. Er überlegt, was er tun soll; wenn er die Hände ganz wegnähme, wäre die Umarmung zu Ende, und eben das möchte er verhindern. Er zermartert sich eine Weile darüber den Kopf. Dies alles ist Neuland für ihn, ganz anders als die freundschaftlichen Umarmungen, mit denen Sally großzügig alle Freunde bedenkt. Er entschließt sich, die Sache direkt anzugehen.

„Sollten wir uns nicht küssen?“ fragt er, und kommt sich sogleich ziemlich töricht vor.

Sally überlegt ernsthaft. Dann meint sie : „Ja, ich glaube, das wäre eine gute Idee.“

Es wird ein unbeholfener Kuß, und Toby erkennt erleichtert, daß offenbar auch Sally keine großen Erfahrungen hat. Eigentlich ist es nur eine leichte Berührung der Lippen.

„Komm rein.“ Sally ergreift seine Hand und schließt mit der freien Hand die Tür auf.

„Ich wollte nicht klopfen“, sagt er.

„Lev und Louis werden erst später zurückkommen. Setz dich hin, Toby.“ Sie geht in die Küche. „Jetzt setz dich schon. Du siehst schrecklich aus. Hast du überhaupt geschlafen? Au weia, Lev und Louis haben eine Menge gefuttert. Kaffee?“

„Sie versucht, ihre Verlegenheit zu überspielen“, denkt Toby – und ist froh, daß sie ebenso nervös ist wie er selbst.

„Ich schlafe ganz gut“, ruft er zurück. „Die Ältesten der Versammlung bewachen nachts abwechselnd das Haus.“

Sally kommt mit zwei Bechern Kaffee wieder.

„Onkels Schule“, Toby weist mit einer Handbewegung nach oben, „macht dicht.“

„Die ganze Welt macht dicht“, sagt Sally sachlich. „Jeder macht sich aus dem Staub. Ich sage dir, Toby, alle Welt spielt verrückt.“ Sie läßt sich auf einen Stuhl sinken. „Ich habe mich in Graz viel mit Leuten unterhalten, die sich mit dem Kriegsgeschehen auskennen. Es wird ein Friedensvertrag mit der Türkei geschlossen – aber er hat keine Bedeutung, überhaupt keine. Wußtest du, daß Bulgarien einen Schutzvertrag mit Österreich-Ungarn unterzeichnen will? Weißt du, was das heißt? Der Krieg weitet sich aus, Toby. Wir werden alle hineingezogen. Ich habe Angst. Ich glaube, daß sich bald die ganze

Welt im Krieg befindet. Wenn die Balkanliga ihn nicht beginnt, werden es die Serben in Bosnien tun. Die ganze Welt fällt auseinander."

Toby sitzt an ihrer Seite auf dem Boden. Sie streicht ihm übers Haar. „Weißt du, was das wirklich Schlimme, das wirklich Traurige ist? Weißt du noch, daß ich an Weihnachten gesagt habe, ich sei nicht bereit für eine ernsthafte Beziehung mit dir? Nun – jetzt bin ich bereit. Und es ist zu spät."

Toby springt auf und packt Sally an der Schulter. „Sag das noch mal. Los, sag es noch mal ..."

„Es ist zu spät ..."

„Nein – das, was du über eine Beziehung gesagt hast."

„Ach, Toby, du dummer, dummer Kerl. Hast du das nicht gemerkt? Ich liebe dich. Ich glaube, schon seit langem ... Aber das hat jetzt ja wohl keine Bedeutung mehr."

„Wie kannst du so etwas sagen? Alles hat sich geändert. Es hat die größte Bedeutung der Welt."

Sally nimmt behutsam seine Hände von ihren Schultern und hält sie in den ihren. „Aus zwei Gründen, Toby. Erstens: Wir werden uns alle bald trennen müssen. Du wirst hier wegziehen und Lev und Louis auch. Und ich glaube, es wird nicht lange dauern, bis alle weiterziehen müssen. Ich muß zurück nach Nebraska, weil ich hier eine Fremde in einem Land wäre, das sich im Kriegszustand befindet. Zweitens: Ich habe viel über Religion nachgedacht, Toby. Ich habe über Gott nachgedacht. Ich möchte in diesem Punkt wirklich zu einer Klarheit kommen. Ich dachte immer, daß Onkel – seine Seele ruhe in Frieden – Grund genug sei, Gott nicht ernstzunehmen. Aber Frau Onkel hat dieses Argument zunichte gemacht, nicht wahr? Eben dadurch, daß sie Frau Onkel war ... Und ich fürchte, daß ich auch für mich selbst einiges klären muß, genau wie du mit diesem schrecklichen Sonntagsanzug, der dir nicht richtig paßt ... Und es wäre falsch, wenn wir ganz voneinander in Anspruch genommen würden, wo es so viel Wichtiges zu klären gibt. Ich will zuerst Gott finden, Toby. Klingt das nicht ziemlich blöd?"

Toby sehnt sich danach, sie im Arm zu halten, ihr übers Haar zu streichen, ihr zu versichern, daß schon alles gut werde, daß er, Toby, ihr von Gott erzählen, ihr Klarheit verschaffen werde ... Vor einem

Jahr hätte er das getan. Jetzt kann er nur ihre Hände festhalten und ihr zustimmen.

„Was tun wir jetzt?“ fragt er. „Du weißt, daß ich dich liebe, dich von Anfang an geliebt habe.“

„Das weiß ich“, sagt sie, „und ich bin glücklich darüber. Wir machen es so, wie ich schon einmal gesagt habe, Toby. Wir gehen Schritt für Schritt vor, einen nach dem andern.“ Sie sieht ihn mit einem sorgenvollen Blick an. „Ich weiß nicht, wie ich damit fertig werde, im Krieg zu leben, Toby.“

„Du schaffst das“, sagt Toby. „Wir alle schaffen es.“

„Vertrauen auf Gott, was, Toby?“

Er denkt eine Weile nach. „Ja, mit Vertrauen auf Gott.“

„Schönberg hat sein ganzes Künstlerleben im Kriegszustand verbracht. Er hatte die ganze Welt gegen sich. Er hätte es leichter haben können. Er hätte weiter so komponieren können wie am Anfang, als die Leute sich für seine Musik begeisterten. Weißt du, was er gesagt hat? Er sagte, er würde das nicht tun, weil der ‚höchste Kommandant‘ ihm befohlen habe, einen härteren Weg einzuschlagen. Das waren seine Worte: ‚Und von da an hat der Skandal nie aufgehört.‘ “

Sie ballt die Fäuste. „Das will ich mit meinem Leben machen, Toby. Ich will einen Grund dafür haben, *niemals* den leichten Weg einzuschlagen.“

Toby nickt, weiß aber nicht, was er darauf sagen soll.

„Ich habe immer aufgeschrieben, was Schönberg gesagt hat, und die Worte bei mir getragen, bis ich sie auswendig kannte. ‚Ich glaube, was ich tue, und ich tue nur das, was ich glaube. Und wehe demjenigen, der meinen Glauben antastet …‘ Es ist nicht nur die Musik, Toby. Schönberg hatte Glauben und Mut. Das werden wir jetzt alle brauchen.“

Als er an diesem Abend allein in seinem Zimmer sitzt, greift Toby die offenen Fragen wieder auf, die er so lange schon vor sich hergeschoben hat. Er ist ein rechtschaffener junger Mann, und deshalb hat er es weder Gott noch Sally gegenüber für fair gehalten, seine innere Verworrenheit nur aus dem Grund zu klären, damit er frei wäre für eine Zukunft mit Sally. Aber jetzt hat er den verzweifelten Wunsch, sich um seiner selbst willen Klarheit zu verschaffen.

Ein Gefühl der Schuld legt sich wie eine große Last auf ihn. Er hätte so vieles besser machen können. Es hätte Möglichkeiten gegeben, Frau Onkel zu helfen. Er hätte Onkel widerstehen können. Er hat von seinen Untaten gegen die Juden gewußt und nichts dagegen unternommen. Er ist mehr mit seiner eigenen Person beschäftigt gewesen, seinen eigenen Bedürfnissen und seinem Wunsch, bei Sally zu sein, als mit irgend etwas anderem. Er ist ein selbstsüchtiger Heuchler gewesen.

Seine Gedanken drehen sich immer wieder um die Dinge, die man ihn gelehrt, die Bücher, die er gelesen hat, die Argumente für die Existenz Gottes. Er wiederholt sich im Geist sogar Lektionen der Sonntagsschule, die er anderen erteilt hat, und versucht sich zu erinnern, welche hilfreichen Artikel er einmal in Zeitschriften gelesen hat. Stundenlang ringt er so mit seinem geistlichen Erbe, an Schlaf ist nicht zu denken.

Die Antwort erhält er auf eine höchst ungewöhnliche Weise. Er scheint plötzlich Frau Onkels Stimme zu vernehmen, genau so, wie er sie in Erinnerung hat. Es sind die letzten Worte, die sie zu ihm sagte, als sie sich an der Tür noch einmal umwandte, bevor sie in die Nacht hinausging: „Er weiß viel *über* Gott, aber ich frage mich, ob er Gott wirklich *kennt*. Toby, kennst *du* ihn?“

Es ist, als sei ein Lichtstrahl in die Finsternis gedrungen; plötzlich begreift Toby, was Frau Onkel ihm hat mitteilen wollen. „Beim Christsein geht es nicht darum, etwas zu tun oder zu wissen, sondern eine Person zu kennen.“ Mit einem Mal bekommen die Worte, die ihm seit seiner Kindheit vertraut sind, einen tiefen Sinn: Gott hat alles Notwendige getan. Er hat seinen Sohn gegeben, als vollkommenes Opfer, ein unverdientes Geschenk – aus Liebe …

„Ich habe es immer gewußt“, denkt Toby ungläubig. „Diese Wahrheit war mir immer zum Greifen nah. Er liebt mich, ganz und gar.“

Und Toby beginnt, mit Gott zu reden – zum ersten Mal in der Erwartung, daß Gott ernsthaft an dem interessiert ist, was er da sagt. Als er fertig ist, schließt er die Augen und schläft wie ein kleines Kind.

In den nächsten beiden Wochen bereitet Toby seine Rückkehr nach England vor. Er hat an Vater geschrieben und einen Brief erhalten, der beinahe zärtlich klingt; Vater ist von der jüngsten Tragödie sichtlich betroffen.

Er beginnt Abschied zu nehmen. Bei Jack fällt es ihm schwer, etwas Ernsthaftes zu sagen, aber er macht zumindest den Versuch, ihm zu danken.

„Du hast mir am Anfang sehr geholfen, weißt du das?"

„Du meinst wohl, ich habe dich in unziemliche Lokale entführt – oder mein Auto zusammengefahren, als du darin saßt?"

Toby lacht. „Du weißt, was ich meine! Tut mir leid, daß wir in letzter Zeit nicht mehr soviel Kontakt miteinander hatten."

„Nun", meint Jack gleichmütig, „ich bin eben nicht so klangvoll wie deine Studenten und nicht so hübsch wie Sally."

„Was wirst du jetzt machen?" fragt Toby, um das Thema zu wechseln.

„Helgas Leute haben eine Weinhandlung in Passau. Die hättest du dir warm halten sollen, Junge. Stinkreiche Leute. Sie glaubt, sie werden sich die Gelegenheit nicht entgehen lassen, einen redegewandten, gutaussehenden Engländer als Manager einzustellen."

„Da hast du's", sagt Toby. „Du *bist* ja auch ein hübscher junger Mann." Er läuft zur Tür hinaus, bevor Jack etwas findet, das er nach ihm werfen kann. Trotz allem, es fällt ihm schwer, sich von Jack zu trennen.

Er geht allein zu Alban Berg. Als er an die Tür klopft, wundert er sich darüber, daß er bis vor kurzem überhaupt noch nichts von Musik gewußt hat. Nicht, daß er jetzt viel weiß; aber wie anders ist die Welt für ihn geworden, seit er das erste Mal vor dieser Tür gestanden hat!

„Was glauben Sie, soll ich tun?" fragt er Berg. „Ich habe ein oberflächliches Wissen, aber eigentlich weiß ich gar nichts über Musik. Ich liebe Musik, aber ich bin schrecklich unwissend. Ich möchte den Kontakt zur Musik nicht verlieren, aber wie kann ich weitermachen – ohne Ausbildung und ohne ein Instrument zu spielen?"

„Du solltest studieren", entgegnet Berg. „Ich denke, du solltest Kunstgeschichte studieren. Du hast die richtigen Schulfächer, du hast eine rasche Auffassungsgabe, und du hast eine Menge über das nachgedacht, was du hier gelernt hast. Ich gebe dir den Rat, nach Hause zu gehen und dich an der Universität einzuschreiben."

Diese Möglichkeit hat Toby noch nie bedacht, und er läßt den Gedanken eine Weile auf sich wirken.

„Das ist ein sehr guter Rat", sagt er dankbar.

„Und dieser auch", meint Berg. „Heirate Sally. Das wollt ihr doch beide."

„Auch das ist ein sehr guter Rat", lacht Toby.

„Und befolge beide Ratschläge", sagt Berg. „Ich habe dir alle Hilfe gegeben, die mir möglich war." Mit dieser geheimnisvollen Bemerkung schüttelt er Toby herzlich die Hand und sagt ihm Lebewohl.

Bei Lev und Louis vermeidet er lange Abschiedsszenen. Es ist schmerzlich für ihn, daß sie sich trennen müssen, und zwei Wochen lang gelingt es ihm, so zu tun, als würde er gar nicht nach England zurückkehren, sondern für immer in Wien bleiben.

Schließlich stammelt er ein paar Tage vor seiner Abreise ein paar unbeholfene Abschiedsworte. Sie schwören sich ewige Freundschaft und versprechen einander, in Kontakt zu bleiben. Louis versteckt seine Gefühle in einer Wolke von Pfeifenrauch.

„Ich gebe das Rauchen auf", bemerkt er. „Schlecht für die Gesundheit. Und es kostet zuviel."

„Wir haben immer gedacht, daß du und Sally euch einmal zusammentun würdet", sagt Lev.

„Ich habe mich oft gefragt, ob du oder Louis ..."

„Nein", sagt Lev. „Wir stehen uns viel zu nahe. Wir sehen uns den ganzen Tag und studieren auch noch zusammen. Was nicht heißt", fügt er mit gespieltem Ernst hinzu, „daß wir dich nicht zur Rechenschaft ziehen, wenn du dich nicht ordentlich um sie kümmerst."

„Du wirst dich natürlich um sie kümmern", sagt Louis, und seine Augen zwinkern hinter seiner Pfeife.

„Ich weiß nicht, was die Zukunft bringt", seufzt Toby.

Er fürchtet sich vor dem Abschied von Sally. Es gibt so viel zu sagen, und sie haben so wenig Zeit. Er versucht, ihr seine geistlichen

Entdeckungen nahezubringen, hat aber Angst, sie könnte denken, daß er Druck auf sie ausüben will. Schließlich macht er mit ihr ein paar Tage vor seiner Abreise einen langen Spaziergang im Wienerwald.

„Ich werde dich vermissen“, sagt er und möchte sich gleich darauf ohrfeigen, daß er eine so offensichtliche Platitüde von sich gegeben hat.

„Ich dich auch“, erwidert Sally. „Toby, was sollen wir denn nur machen?“

Toby zögert. „Erinnerst du dich, wie du einmal über das „Schokoladenessen“ gesprochen hast? Du hast gesagt, ich soll aufpassen, daß ich nicht den Inhalt, den Preis, mit der Verpackung wegwerfe.“

Sie lächelt. „Ja, ich erinnere mich. Kein schlechtes Bild, oder?“

„Sally – ich glaube, ich habe den Inhalt gefunden.“

Sie schweigt so lange, daß er schon denkt, sie ärgere sich, aber als sie spricht, klingt ihre Stimme nachdenklich. „Das habe ich mir schon *gedacht*, Toby. Du hast dich verändert. Ach, nichts Dramatisches, du bist immer noch Toby, und ich liebe dich noch immer; aber du bist anders. Ich mag dich so.“ Sie drückt seine Hand. „Aber wo bleibe ich? Siehst du, Toby, ich würde gerne sagen, daß auch ich den Preis gefunden habe, aber das kann ich noch nicht. Ich bin noch immer auf der Suche, und ich weiß, daß ich finde, wonach ich suche. Aber es wäre nicht fair oder ehrlich, wenn ich so tun würde, als wäre ich schon am Ziel. Die Sache ist zu wichtig. Wenn die ganze Welt auseinanderfällt, muß ich etwas finden, auf das ich mein Vertrauen setzen kann.“

Er legt den Arm um sie und zieht sie an sich. „Hör nie auf zu suchen, Sally. Versprich mir das.“

„Natürlich verspreche ich das … Und wenn ich es gefunden habe, dann werde ich zu dir kommen, Toby Burgate.“ Ihre Augen leuchten. „Tausend Meilen und das bißchen Wasser, das ihr den Ärmelkanal nennt – du wirst nicht weit weg sein.“

„Wirst du mir schreiben?“

„Was glaubst du wohl? Jeden Tag. Na, sagen wir jede Woche. Bestimmt jede Woche.“ Sie befreit sich aus seinem Arm und stellt sich vor ihn hin. „Ich werde nicht aufhören zu suchen, Toby. Und wenn ich ihn finde, werde ich auch dich wieder finden.“

Drei ältere Damen und ein sehr alter Wiener Pudel hasten vorbei, und alle vier sehen mißbilligend auf Toby und Sally, die mitten auf dem Weg stehen. Sie halten sich umschlungen, als könnten sie den Lauf der Welt für eine Weile anhalten.

Zwei Briefe

Toby hängt ein Bild an die Wand; die Reproduktion einer Ansicht Wiens aus dem siebzehnten Jahrhundert. Es zeigt den Blick von der Hofburg über die Stadt und die Donau bis nach Kaisermühlen. Über einem heiteren Gewirr von Häusern längs der geordnet angelegten Straßen erhebt sich der Stephansdom. Er erkennt auf dem Bild viele vertraute Orte, einschließlich eines undeutlich gezeichneten Rechtecks in der Nähe der Donau, das vielleicht sogar Onkels Haus darstellt.

Er tritt zurück, betrachtet das Bild mit kritischem Blick und prüft, ob es gerade hängt. Befriedigt wendet er sich wieder seinen Koffern zu. Fünf Tage nach seiner Rückkehr hat er sie immer noch nicht ganz ausgepackt. Er beginnt, die restlichen Dinge herauszunehmen und zu verstauen.

Unten bereitet Vater mit viel Geklapper Tee zu – als wolle er sich geräuschvoll bemerkbar machen in einem Haus, das allzulange still gewesen ist. Entschlossene Schritte kommen die Treppe hoch. Die Tür zu Tobys Zimmer, die nur angelehnt ist, öffnet sich ganz. Vater tritt mit dem Tablett ein, das er vorsichtig in den Händen hält, und blickt sich um, wo er es abstellen kann. Toby macht auf dem Tisch Platz, der bereits mit Büchern und Papieren übersät ist.

„Danke, Vater. Setz dich hierhin." Toby hat noch immer ein merkwürdig unsicheres Gefühl in Gegenwart seines Vaters. Ihre Gespräche, die auch früher schon etwas steif waren, sind seit seiner Rückkehr noch gezwungener geworden; sie müssen sich wieder ganz neu kennenlernen.

Vater schenkt zwei Tassen Tee ein und zögert dann, seine Hand schwebt unsicher über der Zuckerdose. Toby schüttelt den Kopf. Der ältere Mann errötet leicht. Er reicht Toby eine Tasse und setzt sich dann sachte aufs Bett. Er scheint sich weniger leicht als früher zu bewegen, denkt Toby. Plötzlich wird es ihm schmerzlich bewußt, daß Vater alt wird. Sie schweigen eine Weile, während sie ihren Tee trinken.

„Solch einen Tee habe ich in Wien nicht bekommen, Vater", sagt Toby schließlich. „Guter, starker Tee mit richtiger Milch. Wir haben meistens Kaffee getrunken, aber auch der war anders. Schrecklich stark."

„Ah", sagt Vater und nimmt nachdenklich kleine Schlucke aus seiner Tasse.

„Manchmal sind wir in Kaffeehäuser gegangen. Wir – das heißt meine Freunde und ich, weißt du, die Studenten, von denen ich dir geschrieben habe. Diese Kaffeehäuser sind sehr beliebt. Man geht dorthin, um Leute zu treffen. Der Kaffee ist nicht das Wichtigste. Wie in der Kneipe."

Vater sieht auf, seine Augenbrauen ziehen sich zusammen, als habe er ein Wort gehört, das er nicht versteht. Toby spricht hastig weiter. „Ich bin nicht in Kneipen gegangen." Er hofft, daß das Heurigenlokal und die Restaurants, die Bier verkaufen, nicht in diese Kategorie fallen.

„Das hoffe ich doch", sagt Vater mit trockener Stimme, die nicht mehr so kraftvoll klingt wie früher.

„Man kann dort Zeitungen lesen", fügt Toby hinzu. „Die hängen dort auf langen, hölzernen Stangen. Es ist sehr – interessant."

Ein Stapel Bücher liegt neben Vaters Ellbogen. Er nimmt eines nach dem anderen in die Hand und mustert es langsam und bedächtig, dann legt er jedes wieder genau an die Stelle, wo es zuvor gelegen hat, so daß der Stapel ordentlicher aussieht als vorher. „*Die Arche Gottes über den Wassern*", liest er überrascht. „Herr Chancery. Er war hier, in der Versammlung, bei der Osterkonferenz. Ich habe gehört, daß er dieses Buch geschrieben hat. Wo hast du es her?"

„Herr Onkel hat es mir gegeben. Bevor – du weißt ja ..."

„Herr Chancery ist ein gottesfürchtiger Mann", sagt Vater anerkennend. „Ich würde es gern von dir ausleihen."

„Aber natürlich“, sagt Toby – erleichtert, dieses Thema abschließen zu können, ohne eingestehen zu müssen, daß er das Buch nie gelesen hat.

„Was ist das dort?“

Zwischen dem Papierkram auf seinem Bett liegen die Programme der Konzerte, in denen er gewesen ist. Toby stöhnt innerlich. Er hat gehofft, diese Auseinandersetzung noch eine Weile hinausschieben zu können. „Die Studenten haben mich zu ... musikalischen Abenden eingeladen.“

„Ich freue mich, daß du die Zeit gefunden hast, an Anbetungsversammlungen teilzunehmen“, sagt Vater anerkennend. „Es ist gut, den Herrn zu loben! Ich freue mich, daß du nicht deine ganze Zeit mit Arbeit zugebracht hast.“

„Diese Musikabende“, tastet Toby sich vor, „fanden in einem Privathaus statt. Ich war dort Gast. Es war sehr schön.“ Er redet weiter von anderen Dingen; erleichtert, die unvermeidlichen Erklärungen noch eine Weile hinausgeschoben zu haben. „Ich trage das Tablett runter“, bietet er sich an.

Sein Vater nickt, nimmt Tobys Bibel zur Hand und sieht mit Befriedigung die Anmerkungen und Notizen, die zwischen den Seiten liegen. Als er das Buch zuklappt, fallen zwei Briefe heraus; er erkennt, daß es die beiden sind, die für Toby eine Woche vor seiner Heimkehr angekommen sind, und die er ihm ausgehändigt hat. Vater, ein überaus gewissenhafter Mann, legt sie in die Bibel zurück. Als Toby fünf Minuten später wieder erscheint, ahnt er nicht, daß sie überhaupt herausgenommen worden sind.

Toby hat Jacks Brief schon viele Male gelesen:

„Lieber Toby, es ist wunderbar hier. Helgas Leute sind steinreich, und der Job ist ein Kinderspiel. Jeder könnte diese Arbeit tun. Selbst du. Wenn nicht das Geld und Helga wären und einige ziemlich gute Kneipen hier, würde ich mich fast langweilen.

Nun, Toby, der Krieg hat wieder begonnen, Rußland ist eingetreten, was wir ja immer schon gewußt haben. Das Problem ist, Rußland kämpft gegen Bulgarien, und wie du weißt, haben wir einen Vertrag mit Bulgarien, Bulgarien liegt mit Griechenland und Serbien im Krieg, und wir stecken bis über die Ohren mit drin. Diese Serben haben nichts Gutes vor. Wird nicht lange dauern, bis die Bombe wirklich platzt, sage ich dir. Du wirst dich noch an meine Worte erinnern.

Österreich kommt gut ohne dich aus, alter Junge – es gab viel Stunk wegen einer Ballettaufführung hier, von einem Kerl namens Strawinsky, *Das Frühlingsopfer.* Riesenspaß – Tumulte, Beschimpfungen, ein bißchen wie das Spektakel, das du mit Schönberg erlebt hast. Aber das Leben in der Hauptstadt geht an mir vorbei, jetzt, wo ich hier ein geruhsames Landleben führe.

Das wär's für heute. Schreib mal ein paar Zeilen, wenn du Zeit hast. Halt die Ohren steif, und viel Spaß – Jack."

Sallys Brief war länger, aber er kennt ihn auswendig.

„Ich glaube, daß alles im Umbruch ist, schon jetzt. Schönberg arbeitet in Berlin, er sagt, er will sich freiwillig zum Kriegsdienst melden. Auch Anton redet davon und Alban. Er hat eine schreckliche Auseinandersetzung mit Schönberg gehabt, und es ist alles ziemlich schlimm. Die Hälfte der Maler sind schon nicht mehr hier. Auch die Juden beginnen fortzuziehen, die Stadt verödet langsam. Die meisten Künstler und Schriftsteller gehen weg. Ich bin in der Nähe vom Stephansdom spazierengegangen, und alle Menschen sahen irgendwie traurig aus, obwohl die Sonne schien und einige Bäume in der Ringstraße in Blüte standen.

Ich habe neulich die Gavotte geübt und dachte an den Tag, wo du sie das erste Mal hast spielen hören. Dein Gesicht war ein herrlicher Anblick, Augen wie Untertassen. Ich bin froh, daß wir dir zeigen konnten, worum es in der Musik geht. Und ich bin froh, daß wir dir Antons Musik, und die der anderen vorgespielt haben. Weißt du, ich habe so ein seltsames Gefühl, daß die Welt in ein gräßliches Chaos hineinschlittert, aber daß irgendwo mittendrin die Dinge sind, von denen Anton und Bach und die anderen immer geredet haben.

Ich sage ‚Gott segne dich', lieber Toby. Ich glaube, daß du diesen Segen brauchst, weil wir alle ihn brauchen – und in Kürze wird so viel in der Welt zu Bruch gehen, daß es kaum Rettung geben wird. Aber eines weiß ich, und das lasse ich mir nicht nehmen. Es gibt in dieser verdorbenen Welt etwas, das *Sinn* hat. Ach, wie kann ich die Welt so schlecht machen, wo es doch auch so viel Schönes gibt? Aber du weißt, was ich meine.

Jedenfalls, nach all der Aufregung um Onkels Tod, als du so durcheinander warst, habe ich die Dinge für mich selbst durchdacht, und ich glaube nicht, daß Gott für uns irgendeine Bedeutung haben kann, wenn er nicht ein *persönlicher* Gott ist – er muß mehr sein als eine bloße Gottheit, mehr als ein uns wohlwollend gesinntes höchstes Wesen, von dem Mahler schreibt. Ich weiß, das klingt jetzt etwas verworren, aber trotzdem, ich will folgendes sagen: Ich habe angefangen, mit Gott zu reden, wie ich mit dir oder Lev und Louis rede. Frau Onkel hat dir mal erzählt, wie sie betet, daran habe ich denken müssen. Nun, ich weiß nicht, wohin das führt, aber irgendwohin führt es, und es ist nicht ins Leere gesprochen. Toby, mein Liebster, ich glaube, auch ich habe jetzt den ‚Preis' gefunden.

Ich verstehe es so, daß der, zu dem ich rede, niemals vergehen wird, was auch sonst immer geschehen mag. Und wenn sie meine Geige wegnehmen, dann kann ich die Gavotte immer noch pfeifen. Ich wünschte, du wärest hier, so daß wir reden könnten!!!

Bleib behütet, mein Liebster."

Vater steht im Türrahmen und sieht etwas verloren aus. „Ich wollte dich fragen, ob ich bei dir bleiben kann, während du deine Sachen auspackst", fragt er scheu.

„Ach Vater, das ist doch selbstverständlich", entgegnet Toby. „Komm herein, setz dich."

Vater setzt sich langsam hin und stößt einen zufriedenen Seufzer aus. „Es ist gut, daß du wieder da bist."

„Ich freue mich, daß ich wieder zu Hause bin", bestätigt Toby.

„Du hast mir noch gar nichts über deine Erlebnisse in Wien erzählt", meint Vater. „Vielleicht heute abend …"

„Warum nicht jetzt?" sagt Toby und setzt sich neben seinen Vater. „Wo soll ich anfangen? Vielleicht sollte ich dir erst mal von meiner Freundin Sally berichten …"

Ein Wort zum Schluß …

Alle Sehenswürdigkeiten sowie die historischen und künstlerischen Gedenkstätten, die Toby in diesem Buch gesehen hat, kann man auch heute noch in Wien besichtigen. Bergs Haus in der Trautmannsdorffgasse zum Beispiel wird als Museum geführt, es ist voll von Dingen, die ihm einmal gehört haben. Auch das „Skandalkonzert“ hat tatsächlich stattgefunden. Im Konzerthaus findet heute ein manchmal ebenso bewegtes wie reges kulturelles Leben statt.

Für Onkels Haus habe ich eine Straße in Kaisermühlen, in der Nähe des Donauparks nördlich der Donau erfunden. Zu jener Zeit war es der zweite, heute ist es der zweiundzwanzigste Distrikt. Leopoldstadt, wo viele Juden lebten, liegt in dem Distrikt zwischen dem Donaukanal und dem Fluß selbst.

Abgesehen von den historischen Persönlichkeiten sind alle Personen dieses Romans frei erfunden.

Die „Versammlung“, die Toby besucht, gibt es in dieser Form nicht, obwohl sie gewisse Ähnlichkeiten mit den Nonkonformisten in Nordengland aufweist, unter denen ich aufgewachsen bin (und bei denen ich die Grundlagen für meinen eigenen christlichen Glauben erhalten habe). Meine Erfahrungen mit Gemeinden in Wien waren rundherum angenehmer Art!

Tobys Vater ist nicht etwa mein eigener; mein Vater hatte zugegebenermaßen wenig Beziehung zur Musik, aber er hat mir die Liebe zur Dichtkunst, Literatur und Malerei vermittelt, die noch immer besteht.

Ich möchte hier noch einmal wiederholen, was in dem Roman bereits zum Ausdruck kam: daß Onkels extremer Antisemitismus nicht von seinen Glaubensgeschwistern geteilt wurde; und ich brauche wohl nicht zu betonen, daß für seine persönliche Haltung nicht etwa irgendeine Gemeinde Pate gestanden hat.

Mein Dank geht an viele, die mich bei meinen Nachforschungen unterstützt haben, insbesondere gilt er dem Direktor des Alban-Berg-Hauses, der mir gestattete, mich mit den dortigen Schätzen vertraut zu machen. Ich danke auch dem Komponisten Dr. Rainer Bischof, der mir seine Kenntnisse über die Zweite Wiener Schule und das Konzerthaus weitergab, dessen Verwalter er war. Ganz besonders danke ich der Familie Steurer im Distrikt Floridsdorf, wo ich während der fünf Jahre, in denen ich mehrmals in Wien war, zu Gast sein durfte.

David Porter, Ostern 1995

Emis Dion

Nikias & Katharina

Bd. 1 Es begann in Korinth

208 Seiten, ISBN 3-7655-1051-3

Bd. 2 Der Schatten des Sängers

192 Seiten, ISBN 3-7655-1052-1

Bd. 3 Der Lorbeer des Lebens

224 Seiten, ISBN 3-7655-1053-x

Spannend bis zur letzten Seite erzählt Emis Dion die Liebesgeschichte von Nikias und Katharina. Die antiken Olympischen Spiele, das schillernde Korinth, Griechen, Römer, Sklaven, Christen und Athleten – eine versunkene, faszinierende Welt erwacht zum Leben. Mitreißend und voller Überraschungen.

BRUNNEN

VERLAG GIESSEN · BASEL

Heinz-Lothar Worm

Schulzes Anna

Die Geschichte der Anna W.

128 Seiten, Hardcover, 3. Auflage, ISBN 3-7655-1592-2

Nur hundert Jahre liegt es zurück – das uns heute so unglaublich erscheinende Leben der hübschen Tagelöhnerstochter Anna. Stolz und voller Freude war Anna in den Dienst eines Dorfschulzen getreten. Doch entgegen aller Erwartungen erfuhr sie nichts als Demütigungen und schlimmste Erniedrigungen. Hingerissen in einen Strudel schrecklicher Ereignisse, wird sie schließlich aus der dörflichen Gemeinschaft ausgeschlossen und muß für sich und ihre kleine Tochter ums bloße Überleben kämpfen. Doch kann kommt es zur entscheidenden Wende in Annas Leben. Eine wahre Geschichte.

Die Geschichte von Anna geht weiter in: *„Klara und Katharina" Schulzes Anna und ihre Töchter.* ISBN 3-7655-1606-6

BRUNNEN

VERLAG GIESSEN · BASEL